잭웰치의 마지막강의

경영의 신 잭 웰치 60년 비즈니스 노하우의 모든 것

잭 웰치의 마지막 강의

THE REAL-LIFE MBA

잭 웰치 · 수지 웰치 지음 강주헌 옮김

ALFRED

내가 지난 10년 동안 새롭게 알게 된 것들

축하합니다!

축하한다고 말하는 이유는 이 책을 선택한 당신의 결정이 옳았기 때문입니다. 아마도 당신이 이 책을 집어 든 이유는 지금 현재 상황에 불안을 느끼고 더 나은 길을 찾기 위해 진지하게 고민을 하고 있기 때문일 것입니다. 당신이 어떤 위치에서 무슨 고민을 하든 이 책에서 아주 유용한 해답을 찾을 수 있을 것입니다. 이것이 미리 축하를 드리는 이유입니다. 당신의 선택이 옳았다는 것을 이 책을 통해 증명해 보이겠습니다.

이 책에는 내가 40년 동안 GE에 있으면서, 그리고 최근 15년 동안 경영 연구소를 운영하며 수많은 기업의 경영에 관여하면서 깨달은 비즈니스의 가장 중요한 핵심이 모두 담겨 있습니다. 그래서 이제는 새로운 책을 쓰지는 못할 것 같습니다. 이 책에 모든 것을 쏟아부었으니까요.

당신이 생각하는 비즈니스는 무엇인가요? 이 어려운 시기에 반전을 만들기 위해서는 먼저 비즈니스의 성격을 제대로 이해해야만 합니다. 비즈니스는 궁극적으로 단체 경기입니다. 회사의 규모는 중요하지 않습니다. 5명이든 5000명이든 15만 명이든 다르지 않습니다. 인디애나 주 소도시 게리에서 철강을 만드는 회사나 실리콘 밸리의 팰로앨토에서 소프트웨어를 제작하는 회사나 똑같습니다. 또 당신이 직장에 들어온 지 사흘밖에 안 된 햇병아리 신입 사원이든, 시내가 한눈에 내려다보이는 본사 건물 45층의 호화로운 사무실에 앉아 모든 과정을 지휘하는 최고 경영자이든 다를 게 없습니다.

비즈니스는 '내'가 하는 게 아니고 '우리'가 하는 것입니다. 나는 비즈니스를 '모든 조언과 아이디어를 받아들이고 최선을 다해 돕는 행위'라고 정의합니다. 이 책을 읽고 나면 여러분도 비즈니스의 핵심을 분명하게 이해할 수 있을 것입니다. 그리고 당신이 어떤 분야에 있든 당신만의 방식으로 극적인 결과를 만들어 낼 방법을 찾을 수 있을 것입니다. 비즈니스에 관한 한 우리는 끊임없이 배워야 합니다. 비즈니스는 방대하고 다원적인 데다 예측할 수 없고 과학 기술에 큰 영향을 받으며, 범세계적인 동시에 국지적입니다. 한마디로 세상에 존재하는 모든 것입니다. 그래서 아무도 감히 '이미 다 해 봤고 다 알고 있다'라고 말할 수 없습니다. 나 또한 여전히 배우고 있습니다. 1960년 비즈니스계에 발을 들인 이래 어느덧 60여 년의 세월이 지났지만, 지난 10년 동안이 비즈니스에 관해 가장 많은 것을 배운 시간이었습니다.

그렇습니다. 지난 10년은 새로운 배움으로 가득한 시간이었습니다. 2005년 《위대한 승리》를 발표한 이후 전 세계를 돌아다니며 강연을 하고 다양한 매체에 글을 쓰고 여러 기업의 컨설팅 업무를 하는 등 비즈니스 현장에서 바쁜 나날을 보냈습니다. 헤아려 보니 40여 개 기업의 인수 합병에 관여했고, 100여 개 기업에 컨설팅을 해 주었으며, 다양한 경로를 통해 100만 명 이상의 비즈니스 리더를 만났더군요. 그 덕분에 급변하는 시장 상황과 경영 관리로 고전하는 많은 기업의 내부를 들여다보면서 다양한 문제와 고민을 경험할 수 있었습니다.

중국에서는 외국 기업들과 중국 제조 회사들을 연결해 주는 회사를 세우려는 기업가, 칠레에서는 가족 기업에서 시스템을 갖춘 회사로 변화하려고 애쓰던 와인 양조장, 애리조나 주의 피닉스에서는 언제 어떻게 주식을 공개할까 고민하던 신생 항공 우주 벤처 기업에게 도움을 주었습니다. 그 밖에도 많은 기업에게 도움을 주었습니다. 이런 경험들이 오늘날 기업이 마주하는 시련과 기회를 직시하는 창문 역할을 해 주었습니다.

그와 동시에 강연과 질의응답을 통해 기업인들이 실제로 어떤 생각을 하고 무엇을 걱정하는지 생생한 현장의 목소리를 들을 수 있었습니다. 2002년부터 사모 투자 회사에서 활동하며 많은 최고 경영자의 컨설팅 요청에 응해 주었습니다. 의료 관리부터 물 처리 및 온라인 데이팅 서비스까지 다양한 산업의 많은 기업을 평가해 올바른 방향을 제시하며 성장을 돕는 역할도 해 왔습니다. 뿐만 아니라 이 기간에 스트레이어 대학교에 '잭 웰치 경영 연구소'Jack Welch Management Institute' 라는 온라인 MBA를 성공적으로 론칭 하는 성과를 거두기도 했습니다. 현재 약 900명의 학생이 온라인을 통해 비즈니스를 공부하고 있습니다. 세계 전역에서 전문직 종사자로 일하는 그들의 다양한 경험을 통해 오늘날 비즈니스에 대한 이해의 폭과 깊이를 더하고 새로운 방향을 모색할 수 있었습니다.

《위대한 승리》를 쓸 때도 비즈니스에 대해 웬만큼 알고 있다고 자부했지만 아주 많은 것이 바뀌었습니다. 비즈니스 세계는 계속해서 변하고 있지만, 다행히 비즈니스 현장의 한복판에 있어서 새로운 것을 많이 알게 되었습니다. 그렇다고 지난 10년 동안 배운 것이 《위대한 승리》에서 제시한 원칙들과 관례들을 부정한다는 뜻은 아닙니다. 오히려 정반대입니다. 이 책에서 2005년 이후 새롭게 배운 것을 바탕으로 과거의 원칙들과 관례들을 근본적으로 새롭게 다듬고 확대했습니다.

정말이지 요즘은 급변하는 시대입니다. 한편으로는 기대감으로 흥분되는 시대이기도 합니다. 여러 면에서 기업이나 팀을 운영하기가 과거보다 훨씬 힘들어진 것은 사실입니다. 이를 부인할 사람은 없을 것입니다. 경제가 과거처럼 눈에 띄게 성장하지 않는 게 현실입니다. 어느 나라를 막론하고 정부의 간섭이 심해졌습니다. 사방팔방에서 경쟁은 더욱 치열해졌습니다. 테크놀로지는 우리를 더욱 빠른 속도로 몰아세우고 있습니다.

게다가 지금 우리는 눈앞이 어지러울 만큼 놀라운 혁신의 시대에 살고 있습니다. 눈을 깜빡일 때마다 멋진 신제품이 출시되고, 제조 공정이나 마케팅 기법도 하루가 다르게 향상되는 혁신의 시대라는 것을 실감합니다. 기업과 조직원이 일을 해내는 방법에서도 그렇습니다.

1925년 캘빈 쿨리지 대통령은 '미국의 가장 중요한 임무는 비즈니스다'라는 명언을 남겼습니다. 그로부터 거의 한 세기가 지났지만 이 말은 여전히 유효합니다. 저는 이 말을 약간 변형해서 '모든 세계인의 가장 중요한 임무는 비즈니스다'라고 말하고 싶습니다. 전 세계 어디에서나 모든 사람이 뭔가를 만들고, 뭔가를 판매하며, 뭔가를 창조하고, 뭔가를 짓고 있습니다. 그야말로 지금은 영원한 기업가 정신의 시대입니다. 개인이든 조직이든, 구멍가게든 대기업이든, 제조업 분야든 정보 통신 분야든 어디에서나 그렇습니다.

현상 유지에 만족하는 사람도 있을 것입니다. 그러면 반드시 위기를 맞게 되어 있습니다. 더 정확히 말해서, 배우지 않으면 언제 무너질지 모릅니다. 끊임없이 배우고, 여러분이 속한 조직과 팀 그리고 여러분의 커리어에 어떤 일이 벌어지고 있는지 주도면밀하게 파악하는 편이 더 낫지 않겠습니까? 자극이 있어야 성장과 성공을 도모할 수 있을 테니까요.

이 책이 그런 배움을 시작하는 첫걸음이 될 수 있기를 바랍니다. 이 책은 오늘 배워서 내일 당장 적용할 수 있는 최상의 기법과 빅 아이디어에 대한 실질적이고도 현실적인 가이드를 찾는 사람들을 위해 쓴 것입니다. 이미 경영 대학원을 마치고 MBA를 가진 독자가 있을지도 모르겠습니다. 하지만 졸업장에는 이미 먼지가 수북이 쌓였을 것입니다. 또 비즈니스가 뭔지에 대해 급하게 알아야 할 처지에 놓인 독자도 있을 것입니다. 대학을 졸업하고 첫 직장에 들어갔거나 관리자로 처음 승진한 독자, 혹은 비영리 조직에서 처음으로 관리직을 맡았거나, 이제 막 창업해서 직원이 나 혼자뿐인 기업의 최고 경영자로서 첫날을 맞이한 독자도 있을 것입니다. 어떤 경우든 목표를 향해 힘차게 출발하십시오! 이 책을 통해 극적인 결과를 만들어 낼 방법과 곧바로 적용할 수 있는 매우 유용한 팁들을 얻게 될 것입니다.

한마디로 이 책은 비즈니스는 절대 혼자 할 수 없다는 것을 알고 있는 모든 사람을 위해 쓰인 것입니다. 배움에 있어서도 마찬가지입니다. 이 책만으로는 부족합니다. 온갖 수단을 동원해 비즈니스에 대해 배워야 합니다. 동료와 상관, 텔레비전과 웹사이트 및 신문, 강연과 팟캐스트 그리고 다른 책 등 어디에서나 배워야 합니다. 당신이 종사하는 업계에서 존경받는 전문가를 찾아내 그에게도 배우십시오. 당신과 생각을 달리하는 전문가를 찾아내 그가 어떻게 행동하는지에도 관심을 기울이십시오.

이 책의 목적은 당신을 한 분야의 전문가로 키워 내려는 게 아닙니다. 비즈니스의 핵심을 체계적으로 정리해서, 당신이 지금 어떤 분야에서 일하든, 또는 앞으로 어떤 분야에서 일하게 될지에 상관없이 비즈니스가 어떤 것이고 경쟁이 어떤 식으로 진행되는지에 대한 기본 틀을 제시하는 것입니다.

　이런 목적을 달성하기 위해 이 책은 '비즈니스에 대해 알아야할 모든 것'으로 시작합니다. 여기에서는 기업의 규모와 상관없이 시장에서 승리를 거두려면 기업이 어떻게 조직되고 어떻게 운영되어야 하는지를 다룹니다. 생산성을 향상시키기 위한 전략을 세우고, 경쟁에서 패배한 후에도 꿋꿋하게 다시 일어서며 저성장 환경에서도 놀라운 성장을 이뤄 내려면, 또 연구 개발부의 머리 좋은 연구원들에게는 물론 모든 조직원에게 혁신을 추진하게 하려면, 모두가 하나의 목표를 중심으로 일사불란하게 움직이게 하려면 모두를 어떻게 배치하고 어떻게 행동하게 해야 할까요?

　파트 1에서는 또 많은 사람이 불안해하고 두려워하는 두 가지 골칫거리, 마케팅과 재무 회계의 본질에 대해 이야기합니다. 가장 핵심적이고 유용한 사실만을 이야기했기 때문에 쉽게 당신의 것으로 만들 수 있을 것입니다. 또한 오늘날 비즈니스에서 가장 현실적인 문제인 '위기'를 극복하는 방법에 대해 언급합니다. 요즘은 사고가 터지면 아주 빠른 시간에 전 세계로 퍼지기 때문에 손 놓고 있다가는 회복하기 어려운 타격을 입습니다. 그렇기 때문에 여론과 대중의 무자비한 심판을 받아들이고 이를 지혜롭게 극복하는 방법을 반드시 알아 두어야 합니다.

　파트 2 '팀에 대해 알아야 할 모든 것'에서는 리더십의 새로운 모델을 제시합니다. 반드시 지켜야 할 원칙은 두 가지뿐입니다. 두 원칙 모두 실천하기는 매우 어렵지만 반드시 필요합니다. 이 리더십 모델을 채택한 기업들은 한결같이 엄청나게 변화했음을 제가 직접 확인했습니다.

또 최고의 팀을 구성하는 방법을 살펴볼 것입니다. 저는 최고의 인재들이 모여 상상을 초월하는 결과를 만들어 내는 팀을 '와우 팀'이라고 합니다. 유능한 선수들을 어떻게 영입해서 그들에게 동기를 부여하고 그들을 성장시켜 붙잡아 두는지에 대해 자세하게 살펴봅니다.

끝으로 '특별한 능력을 지닌 천재들', 다시 말해 누구도 그 역할을 대신할 수 없는 사람들을 관리하고 그들과 함께 일하는 방법에 대해서도 살펴보겠습니다. 요즘처럼 고급 기술과 고급 두뇌 및 고급 전문 기술이 필요한 시대에는 그런 인재가 더더욱 필요하기 때문입니다. 여러분의 손이 닿지 않는 곳에 있는 사람들을 관리하고 그들과 함께 일하는 방법에 대해서도 다룹니다. 몇몇 추정에 따르면, 전문직 종사자의 20퍼센트가 재택근무자이거나 프리랜서로 사무실이란 공간 밖에서 일하며, 그 숫자는 점점 증가하는 추세입니다. 그렇다고 여러분에게 필요한 전문가를 구하기가 쉬워지고 그들과 일해서 결실을 쉽게 높일 수 있다는 뜻은 아닙니다. 따라서 그렇게 만들어 갈 수 있는 방법에 대해서도 살펴보겠습니다.

마지막 파트 3 '당신에 대해 알아야 할 모든 것'에서는 경력을 관리하는 방법을 집중적으로 다룹니다. '어떤 일을 하며 살

것인가?', '어떻게 해야 지옥 같은 직업에서 벗어날 수 있을까?'
라는 질문에 스스로 대답하는 데 도움을 얻을 수 있을 것입니다.
또한 여러분이 공식적으로 은퇴한 후에는 어떻게 해야 하는지
에 대해서도 살펴봅니다. 제 대답이 '은퇴하라'가 아니라고 해
서 놀랄 사람은 없을 것입니다.

경력 관리가 MBA의 전형적인 커리큘럼에는 없다는 사실을
잘 알고 있습니다. 그러나 저는 기업에 종사하는 사람들이 실제
로 어떤 생각을 하고 무엇에 대해 말하며 무엇을 걱정하는지 돌
이켜 보려고 이 책을 썼습니다. 그들이 이런 문제로 고민하며 밤
잠을 이루지 못하고 아침에 일어나서도 걱정하는 게 아니겠습
니까. 어쩌면 여러분도 마찬가지일 것입니다.

비즈니스를 조금이라도 더 영리하게 하십시오. 비즈니스를
올바른 방향을 끌어가십시오. 그렇게 하면 비즈니스가 정말 재
미있을 것입니다. 여러분의 기업은 나날이 성장하고 직원들의
삶은 더욱더 나아질 것입니다.

이 책에 제가 비즈니스에 대해 아는 모든 것을 담았습니다. 이
책이 당신과 제가 책을 통해 만날 수 있는 마지막이 될 것입니
다. 이 책을 읽는다는 것은 저를 당신의 팀원으로 뽑았음을 의미
합니다. 거듭 말하지만, 비즈니스는 단체 경기입니다.

여러분의 비즈니스에 저와 이 책이 함께할 기회를 주셔서 정
말 고맙습니다.

CONTENTS

PART TWO_IT'S ABOUT THE TEAM
【팀에 대해 알아야 할 모든 것】

PART THREE_IT'S ABOUT YOU
【당신에 대해 알아야 할 모든 것】

PART ONE

IT'S ABOUT THE GAME

【 비즈니스에 대해 알아야 할 모든 것 】

가장 먼저 걸림돌부터 제거하라

TAKING THE GRIND OUT OF THE GAME

몇 년 전, 나는 아내 수지 웰치와 함께 라스베이거스로 여행을 떠났다. 카지노에서 놀기 위해 간 것은 아니었다. 도박은 우리 부부가 즐기는 놀이가 아니다. 6만여 명이 참석하는 국제 쇼핑센터 협회의 대규모 강연 스케줄이 잡혀 있었다.

공교롭게도 강연이 이른 아침에 예정돼 있어 우리는 전날 저녁에 도착했다. 저녁에 특별히 할 일이 없어 평범한 관광객처럼 공연을 구경하기로 했다. 때마침 유명한 가수가 로스앤젤레스에서 공연을 하고 있다는 소식을 접하고 공연장으로 향했다. 수지는 무척 들뜬 마음으로 공연장으로 달려갔으나 나는 그저 아내의 그런 바람을 순순히 따랐을 뿐이다.

50인조 오케스트라의 연주가 시작되며 오색찬란한 연기가 기계에서 뿜어져 나왔다. 크게 부풀린 머리, 심금을 울리며 힘차게 노래하는 목소리, 천장에서부터 늘어뜨려진 철선에 매달린 채 노래하는 합창단, 끊임없이 바꿔 입는 화려한 의상 등 정말 멋진 무대였다.

하지만 1시간도 안 돼 나는 잠에 푹 빠지고 말았다. 그러다 깜짝 놀라 잠에서 깨어 엉겁결에 이렇게 물었다.

"점수는 어떻게 됐어?"

내가 운동 경기와 비즈니스를 좋아하는 사람이란 사실이 단적으로 드러난 것이다.

운동 경기와 비즈니스는 똑같다. 그렇다고 생각하지 않는가? 둘 모두 경쟁은 치열하지만 재미있고 흥미진진하다. 둘 모두 힘들지만 빠르게 전개된다. 전략과 팀워크가 필요하고, 작은 차이가 뜻밖의 결과를 낳는 격전지라는 점에서도 운동 경기와 비즈니스는 똑같다. 승리를 노린다는 점에서도 둘은 같다.

브랜드 관리자는 팀원들과 뒹굴며 신상품의 매출을 극대화할 방법을 고민한다. 대학을 갓 졸업한 세 친구는 소형 양조장을 시작하거나 새로운 응용 프로그램을 개발하려고 월스트리트를 떠난다. 생산 관리자는 아침에 눈을 뜨자마자 공장의 생산성을 향상시킬 기막힌 아이디어를 떠올린다. 인사 책임자는 3주 전에 채웠어야 할 자리의 지원자 6명을 인터뷰한 끝에야 적격인 사람을 찾아낸다.

이처럼 우리는 매일 하루 종일 일하며 더 나은 조직과 더 나은 삶을 위해 노력한다. 가족을 위해, 직원과 동료를 위해, 고객을 위해, 심지어 기업이 위치한 지역의 공동체를 위해 작은 도움이라도 되려고 애쓴다.

우리는 일을 통해 자신의 삶에 의미를 부여한다. 물론 일이 삶의 의미 전부는 아니다. 삶은 깊이와 폭에서 한없이 넓기 때문에 일 밖에도 분명히 보람찬 삶이 존재한다. 그러나 일은 삶의 목적에서 상당한 몫을 차지한다.

그래서 기업이나 팀이 아무런 의미도 없는 소음과 행위로 북적대는 상황에서 일한다면 끔찍한 일이 아닐 수 없다. 한 걸음도 앞으로 내딛지 못할 테니 아무런 성과도 거두지 못할 것이고, 성장과 승리는 기대할 수도 없다. 웬만한 가능성조차 기대하기 힘들다.

의미 없는 소음과 행동은 경쟁적이지도 않고 재미도 없다. 냉정하게 말하면, 비즈니스가 아니다. 의미 없는 소음과 행동은 걸림돌에 불과하다.

하지만 이런 상황에 빠진 채 허우적대는 기업과 사람이 도처에 널려 있다. 프롤로그에서도 말했지만, 나는 2001년 GE를 떠난 이후 세계 전역을 돌아다니며 거의 100만 명을 상대로 강연했고, 그때마다 질의응답 시간을 가졌다. 강연에 참석한 사람들은 크고 작은 기업에서, 오랜 연륜을 지닌 기업과 신생 기업에서, 또 중공업계와 게임업계, 소매업계와 금융업계에서 일하는 사람들이었다. 기업가, 고위 경영진, MBA 학생은 물론 개인적인 호기심에 참석한 사람들도 있었다. 이처럼 다양한 사람들이 약속이라도 한 듯이 '모두가 한마음으로 일하도록 만드는 게 어려운 이유가 무엇일까요?'라고 묻거나, 많은 직원이 하나의 팀으로 일하지 못하는 상황을 하소연하며 해결책을 묻기 일쑤였다. 이런 상황을 뒷받침하는 객관적인 증거가 있기도 하다. 우리가 운영하는 경영 대학원에 재학 중인 학생은 1000여 명인데, 대부분 30대와 40대로 괜찮은 기업에서 관리직으로 일하고 있다. 그들을 상대로 조사한 결과에서도 3분의 1이 회사가 교착 상태에 빠져 있는 기분이라고 대답했다.

그야말로 엉망진창이다. 하지만 이런 상황은 해결될 수 있을 뿐만 아니라 예방할 수도 있다. 필요한 것은 얼라인먼트^{Alignment}와 리더십이다. 이 둘은 똑같이 중요하며, 둘 중 하나만 없어도 안 된다. 비즈니스를 이해하는 데 이 둘에 대한 연구보다 적합한 것은 없다.

얼라인먼트, 잘나가는 조직이 모두 가지고 있는 것

어쩌면 얼라인먼트의 중요성은 이 책을 읽는 대부분의 독자에게 새로운 주장이 아닐 것이다. 실제로 얼라인먼트라는 개념은 경영계에 오래전부터 존재했고, 경영 전문가와 권위자 및 교수와 컨설턴트가 끊임없이 그 중요성을 강조했던 개념이다. 얼라인먼트는 자동차의 타이어를 한방향으로 조절하거나 전파를 송출하고 수신하는 장비의 주파수를 맞추는 것처럼 조직의 모든 구성원이 목표, 행동, 결과를 공유하여 한마음으로 일하는 것을 의미한다.

업종을 불문하고 대다수의 기업이 얼라인먼트를 끈질기게 적용하지 못하는 것이 현실이다. 그리고 그것이 모든 문제의 시작이다. 끝없이 이어지는 지긋지긋한 업무량이 얼라인먼트의 엄격한 적용을 방해한다.

충분히 이해되는 상황이다. 누구나 업무를 최우선적으로 처리해야 한다는 압박감에 시달린다. 요즘처럼 어려운 경제 환경에서는 더더욱 그렇다. 변덕스러운 고객의 항의, 사사건건 코칭이 필요한 직원, 당신의 허점을 찌르며 기습적으로 출시된 경쟁회사의 신제품, 트위터에 난무하는 나쁜 소문 등이 하루에 하나씩 일어날 수도 있지만, 때로는 한꺼번에 터질 수도 있다.

이런 걸림돌을 떼어 놓고 싶다면, 일하기 전에, 일하는 과정에서, 또 일을 끝낸 후에 얼라인먼트가 있어야 한다. 얼라인먼트는 끊임없이 시행돼야 한다. 얼라인먼트 자체가 '일'의 일부가 돼야 한다.

당연히 이런 질문이 제기된다. 정확히 무엇을 얼라인먼트 해야 한다는 것인가?

목표와 행동, 결과에 대해 얼라인먼트 해야 한다.

'목표'는 조직의 지향점을 정확히 보여 주어야 한다. 다시 말하면, 조직이 나아가려는 방향과 그 이유가 분명해야 한다는 것이다. 또한 목표가 달성되면 그 결과가 조직원 개개인의 삶에 어떤 영향을 미치는지를 알리는 것도 중요하다.

'행동'은 목표가 벽에 걸린 명판처럼 먼지를 뒤집어쓴 채 냉소의 대상이 되지 않도록 직원들에게 요구하는 태도, 즉 생각하고 공감하며 소통하고 행동하는 방식을 가리킨다.

'결과'는 시스템의 실효성을 높여 준다. 직원들이 목표를 잘 받아들여 이를 진척시켰는지, 행동 강령을 제대로 준수했는지의 여부에 따라 결정되는 승진과 상여금이 주로 결과에 속한다.

어쩌면 여기까지는 당신에게 당연한 말처럼 들릴 수도 있다. 앞에서 말했듯이 얼라인먼트는 새로운 개념이 아니기 때문이다. 하지만 진정한 얼라인먼트는 거의 시행되지 않기 때문에 생소하게 들릴 수도 있다.

당신이 어느 쪽에 속하든 한 가지는 분명하다. 얼라인먼트가 행해지면, 다람쥐가 쳇바퀴를 도는 듯한 교착 상태는 더 이상 존재하지 않는다는 점이다. 오로지 진전만이 있을 뿐이다. 그러나 걸림돌이 제거되어야 진전이 가능하다.

얼라인먼트가 진정한 변화의 시작이다

얼라인먼트가 기업에서 변화를 유도하는 힘을 갖는다는 것은 의심할 여지가 없다. 그러나 사모 투자 회사만큼 얼라인먼트 효과를 확실하게 보여 주는 사례는 없다. 사모 투자 회사는 소수의 참여자가 투자한 자금을 바탕으로 특정 기업의 경영에 참여해 사업 구조나 지배 구조를 개선해 기업의 가치를 높이는 일을 하는 회사다.

왜 사모 투자 회사가 얼라인먼트 효과를 가장 잘 보여 줄까? 조금만 생각해 보면 답은 간단하다. 사모 투자 회사가 관심을 갖는 기업은 그 자체로 저평가된 기업이다. 잘못된 리더십으로 고전하거나 변화하는 시장에 제대로 대응하지 못한 기업이다. 승계 계획을 수립하지 못한 가족 기업, 혹은 성공한 모기업으로부터 방치되거나 등한시되는 사업 부서일 수도 있다. 어떤 경우든 그 조직은 제대로 돌아가지 않게 마련이다.

사모 투자 회사는 행운을 기대하며 숨어 있는 보석을 찾아내 깨끗하게 다듬어 큰 이익을 남기고 재빨리 빠져나가거나, 투자자들에게 수익을 분배하려는 다른 사모 투자 회사로부터 정상화된 기업을 사들인다. 그러나 이런 경우는 극소수에 불과하다. 대부분 사모 투자 회사는 침체된 기업을 인수한 후 훌륭한 리더를 영입해 그 기업을 정상화시키려는 힘든 일을 시작한다. 따라서 사모 투자 회사의 입장에서 무엇보다 중요한 일은 얼라인먼트를 직원들에게 명확히 이해시키는 것이다.

네덜란드의 복합 기업, VNU Verenigde Nederlandse Uitgeverijen의 경우를 예로 들어 보자. VNU는 1964년 출판 기업으로 시작해 여러 차례의 인수 합병을 통해 미디어 및 리서치에 주력하는 복합 기업으로 성장했다. 그리고 2001년 시장 조사와 데이터 분석 전문 기업인 헝가리 기업 소유의 AC 닐슨을 인수했다.

2006년 VNU는 대단하지는 않았지만 그런대로 이익을 내던 10년의 시절을 끝내 가고 있었다. 당시 최고 경영자이던 호판덴 베르흐는 연례 서신에서, VNU가 자랑스럽다고 말하며 《할리우드 리포터》와 닐슨 시청률 조사 회사를 비롯해 상당한 자산을 보유하고 있기 때문에 VNU를 '건강하다'고 주장했다. 하지만 사모 투자 회사는 VNU를 새롭게 개척할 기회로 보았다. 그래서 여섯 회사가 컨소시엄을 구성해 VNU를 13조 원에 인수한 후 노련한 리더인 데이브 칼훈을 최고 경영자로 영입했다.

마흔다섯 살에 제너럴 일렉트릭의 부회장을 지냈을 정도로 화려한 경력을 지닌 데이브는 많은 대기업을 운영했지만, 브랜드와 상품이 수렁처럼 뒤범벅된 곳을 운영해 본 적은 없었다. 데이브는 당시를 회상하며 이렇게 말했다.

"내가 그 역할을 맡았을 때 목표는 '우리는 시장 정보Market Intelligence의 리더'였습니다. 멋지게 들렸지만 실제로는 '너의 영역에서 네가 가장 잘하는 일을 하라'는 뜻이었습니다. 결코 두루뭉술한 의미가 아니었습니다."

데이브와 그의 팀은 곧바로 VNU를 개조하는 작업을 시작했다. 가장 먼저 한 일은 VNU에서 닐슨으로 회사 이름을 바꾼 것이었다. 그와 동시에 새로운 닐슨은 '소비자가 무엇을 시청하고 무엇을 구매하는지 조사한다'는 하나의 일관된 목적을 위해 존재한다는 점을 분명히 밝혔다. 그 후 닐슨은 소비자의 시청 습관과 구매 습관에 대한 모든 것을 파악하는 데 세계 최고의 기업이 되었다. 재미있고 신나지 않은가?

목표는 열망을 품게 하고 영감을 주며 실질적이어야 한다.

"와우, 정말 멋지게 들리는데! 그런 목표를 성취하려고 노력한다는 생각이 마음에 들어."

이렇게 말할 수 있을 정도로 열망을 심어 줘야 한다.

"좋아! 전력을 다해 노력하면 우리도 충분히 할 수 있다는 걸 알겠어."

이렇게 말할 수 있을 정도로 영감을 주어야 한다.

"좋아! 합리적인 것 같아! 팀원들과 합심해서 목표를 성취해 보겠어."

이렇게 말할 수 있을 정도로 실질적이어야 한다.

하나가 더 필요하다. 앞에서도 말했듯이, 목표가 성취되면 조직원 개개인에게 어떤 이익이 있는지 알게 해 주어야 한다는 것도 잊지 말아야 한다. 그래야 잘 짜인 목표라 할 수 있다. 이런 기준에서 닐슨의 목표는 도전 의식을 북돋우기에 충분했다. 잘 짜인 목표는 상품의 성장, 서비스의 성장, 글로벌 한 성장 등 전반적인 성장을 보증할 뿐 아니라, 경력을 충실하게 쌓을 수 있는 기회까지 보장한다.

사모 투자 회사가 신속하지만 분명하게 목표를 설정한 또 하나의 사례는 2007년에 인수한 사업 다각화 기업, 날코다. 2008년 날코의 새로운 소유자들은 에릭 피어왈드를 최고 경영자로 영입했다. 에릭에게 승계된 날코의 현황은 1만 2000명의 직원과 4조 원대의 매출, 원만한 현금 흐름이었다. 하지만 날코의 성장률은 지지부진한 상태였고, 목표는 '우리는 물 사업을 한다. 멋지지 않은가!' 정도로 표현할 수 있는 것이었다.

에릭은 최고 경영자로 취임하자마자 날코의 사업장들을 방문해 고객들을 만나며 꼬박 석 달을 보냈다. 날코의 '킬러 애플리케이션Killer Application', 즉 변화를 유도하고 확고한 경쟁력을 구축할 수 있는 해결책을 찾아내기 위해서였다.

놀랍고도 기쁘게도 에릭은 날코가 이미 6년 전에 개발한 상품에서 해결책을 찾아냈다. 공정 과정에서 물 사용량을 최적화하는 시스템인 3D 트라사3D TRASAR였다. 약 4000개의 시스템이 이미 상업적으로 임대되어 사용 중이었다. 에릭은 고객들이 3D 트라사를 무척 호의적으로 평가한다는 사실을 어렵지 않게 확인할 수 있었다. 실제로 고객들은 날코의 3D 트라사 덕분에 물을 크게 절약할 수 있었고, 다른 회사의 시스템과는 달리 환경 보호국의 과태료까지 피하는 일석이조의 효과를 거두었다며 고마워했다.

에릭은 이 소식을 관리자들에게 알려 주었다. 관리자들은 3D 트라사의 가능성에 고무되어 2년 내에 2만 개의 시스템을 임대하겠다는 목표를 세웠다. 이런 야심 찬 목표가 조직 전체에 활기를 불어넣었다. 연구 개발팀은 3D 트라사의 성능을 개선하는 데 집중함으로써 고객들의 욕구를 충족시킨 스물여섯 가지의 새로운 특허를 확보했다. 덕분에 모방을 일삼는 경쟁자들을 멀찌감치 따돌릴 수 있었다. 영업팀도 새로운 목표를 설정하고 교육을 실시하는 동시에 인센티브제를 도입했다. 그와 동시에 3D 트라사 서비스 센터가 인도에 세워져 40명의 '물 박사'가 세계 전역에 임대된 시스템을 관찰하며 고객보다 먼저 문제를 찾아내 해결하는 역할을 맡았다.

이렇게 날코의 새로운 목표가 완성되었다.

'우리는 날코의 고객에게 경제적인 이득을 보장하고, 세계는 환경적으로 지속 가능하도록 맑은 물을 제공한다.'

새로운 목표는 날코에 활기를 불어넣었다. 과연 날코는 2년 내에 2만 개의 시스템을 임대하겠다는 목표를 달성했을까? 당연히 그랬다.

에릭은 당시를 이렇게 회상했다.

"직원들이 왜 일하러 나와야 하는지를 깨달았습니다. 직원들은 세상을 구하는 데 일조하며 고객의 성공을 돕는다는 생각에 신명 나게 일했지요. 게다가 직원들은 자신들을 위한 미래를 보았습니다. 그러자 정말 믿어지지 않을 정도로 멋진 아이디어가 폭죽처럼 쏟아져 나오기 시작했습니다."

좋은 목표의 장점이 이런 것이다. 좋은 목표는 모두를 집중하게 만들고, 열정적으로 일하게 만든다. 그런데 목표가 정해지면 이때부터는 행동이 중요해진다.

행동도 목표만큼 무척 중요하다. 목표가 기업의 지향점이라면 행동은 목표에 도달하기 위한 수단, 즉 운송 도구라 할 수 있다. 이런 관계가 희망 사항이라는 것은 우리 모두가 알고 있다. 기업은 고객 중심이란 목표를 내세운다. 현장 직원들은 고객을 싫어하는 게 현실이지 않은가. 어쩌면 현장 직원들은 고객을 죽도록 싫어하는 게 아니라, 원칙대로 제시간에 퇴근하려는 계획을 방해하기 때문에 고객을 경멸하고 무시하는 것일 수 있다. 또 기업은 신속한 시장 진입 속도를 강조하는 목표를 내세우지만, 관리자들은 관료주의에 물들어 있을 수 있다. 한편 기업은 혁신을 강조하는 목표를 내세우지만, 실패를 각오하고 위험을 무릅쓰나 결국 실패한 직원들이 좌천되거나 해고당하는 경우가 있다. 목표와 행동의 관계가 제대로 작동되지 않은 결과다.

목표와 행동 사이의 얼라인먼트는 끊어진 데가 없이 매끄러워야 한다. 고객 중심이란 목표를 지닌 기업에서 직원들은 공감 능력을 발휘할 수 있어야 한다. 근무 시간 후에도 연락할 수 있도록 휴대폰 번호까지 고객에게 알려 줄 수 있어야 한다. 불량한 서비스에 대한 불평을 고객의 입장에서 받아들여야 한다. 가능하다면 모든 상품을 하나씩 집에 가져가 직접 사용해 보며 그 상품이 완벽하게 작동하는지 확인해 봐야 한다.

약간 과장된 말일 수 있지만, 어떤 의도에서 이렇게 말하는 것인지 충분히 이해할 수 있을 것이다. 결론적으로 목표와 행동은 하나의 사슬에 엮인 두 고리여야 한다.

만약 내가 쓴 책이나 칼럼을 읽은 적이 있는 사람이라면, 이쯤에서 내가 '행동Behavior'이란 단어를 반복해 사용하는 이유가 궁금할 것이다. 지난 10년 동안 나는 동일한 맥락에서 '가치Value'라는 단어를 주로 사용했기 때문이다. 따라서 내가 '가치'라는 단어를 좋아한다고 생각할 사람도 적지 않을 것이다.

그렇다. 나는 '가치'라는 단어를 좋아한다. 그러나 나는 '가치'가 혼동을 야기하는 단어일 수 있다는 사실을 알게 되었다. '가치'는 상당히 추상적인 단어다. 실제로 '가치'라는 단어를 들으면, '가족의 가치'라는 표현처럼 정치나 문화를 떠올리는 사람이 의외로 많다.

하지만 내가 말하는 '가치'는 그런 '가치'가 아니다. 나는 직원들이 직장에서 어떻게 '행동'하고, 직원들의 '행동'이 기업의 목표에 어떻게 활기를 불어넣을 수 있는가를 말하고 있을 뿐이다. 따라서 '행동'이란 단어가 더 적합할 듯하다.

다시 본론으로 돌아가서, 직장에서의 행동을 강조하는 이유가 무엇이겠는가? 리더는 기업의 목표를 성취하기 위해 무엇을 해야 하고 무엇이 필요한지 명확하고 일관되게 직원들에게 알려야 하기 때문이다.

닐슨의 사례로 다시 돌아가 보자. 닐슨의 새로운 목표를 발표한 직후 데이브 칼훈은 그 목표의 실현을 위해 활력을 더해 줄세 가지 행동 원칙을 발표했다. 첫 번째 원칙은 열린 마음이었다. 즉 마음가짐이 완전히 바뀌어야 한다는 것이다. 데이브는 당시를 회상하며 이렇게 설명했다.

"직원들은 우리 회사가 시장 조사 회사라고 생각했습니다. 어떤 사람이 시장 조사 회사에서 성공하겠습니까? 그런데 자기만의 알고리즘을 완벽하게 해내는 똑똑한 사람들이 그 알고리즘을 남들에게 도둑맞을 수 있다는 생각에 누구에게도 보여 주려 하지 않았지요. 우리가 고객에 대해 모든 것을 알아내려는 세계를 진정으로 지배하려면, 온갖 출처로부터 얻은 자료를 공개하고 자신의 알고리즘을 이해하는 사람과는 물론 그 누구와도 기꺼이 함께 일하려는 사람이 필요했습니다."

두 번째 행동 원칙은 융합하려는 열정이었다. 데이브는 닐슨의 성장은 빅 데이터Big Data 덕분에 모든 각도에서 얻은 시장 조사 결과를 결합하고 조화롭게 종합하는 과정을 좋아하는 수준을 넘어 '사랑'하는 사람들에게 달려 있다고 믿었다.

또한 고객의 관점에서 이런 모든 정보를 이해하는 능력에 닐슨의 성장이 좌우되기 때문에, 닐슨을 성공의 길로 인도하는 데 필요한 세 번째 행동 원칙은 단순함이었다. 데이브의 표현대로 디지털 세계가 점점 확대돼 가고 있다. 디지털 세계에 존재하는 자료들이 우리를 거의 익사시킬 지경이다. 이런 상황에서는 하나의 경우를 두고 완전히 다른 두 주장이 팽팽하게 맞설 수 있다. 결국 이런 상황은 모두에게 흙탕물에 불과하다. 데이브는 단호하게 주장했다.

"우리가 단순하고 이해하기 쉽게, 하지만 확신을 갖고 고객에게 권고하고 조언할 수 있다면 우리는 백전백승할 수 있을 것입니다."

실제로 닐슨은 확고한 승리를 거두었다. 데이브가 최고 경영자로 재직한 6년 동안 닐슨의 시가 총액은 세 배 증가했다.

에릭 피어왈드와 그의 팀도 날코에서 새로운 목표를 성취하는 데 필요한 핵심적인 행동 원칙을 설정했다. 첫째는 물을 구하겠다는 목표를 반드시 성취하겠다는 단호한 열정이었다. '아, 괜찮은 것 같은데'라는 정도의 열정이 아니라, '내가 날코에서 어떤 일을 하는지 남들에게 자랑스레 말할 수 있는가? 나는 물을 아낌으로써 세상을 구한다!'라고 자신 있게 말할 수 있는 열정이었다. 에릭은 그들이 원하는 사람은 매일 아침 컴퓨터를 켜고 계량기를 확인하고는 진정으로 기뻐하고 감격하는 사람이었다고 말한다. 물론 에릭이 말하는 계량기는 날코의 인트라넷을 통해 확인할 수 있는 계량기, 즉 고객당 물을 얼마나 절약했는지를 누적해서 보여 주는 것이었다.

두 번째 행동은 성장을 향한 갈망이었다. 한 자릿수의 성장으로는 만족할 수 없었다. 에릭은 새로이 세운 목표를 성취하기 위해 전에는 모두가 고개를 절레절레 저으며 힘이 닿지 않는 곳에 있다고 생각했던 고객을 오히려 기회로 삼는 직원들, 즉 성장 중독자가 필요했다. 2009년 날코의 시스템을 이용하던 대부분의 기업이 경기 둔화를 두려워하며 중국에서 철수할 때, 날코는 능력이 입증된 강력한 리더를 영입해 아시아 지역의 운영을 맡겼다. 그는 아시아 지역 본부를 편안한 싱가포르에서 상하이로 옮기며 새 건물을 지었다. 게다가 고객과 직원을 위한 훈련 센터와 기술 연구소 및 영업과 마케팅 시설까지 갖추었다. 날코의 헌신적인 노력 덕분에 중공업 분야의 물 처리와 생산성 향상을 통해 환경을 개선하려는 중국의 뛰어난 인재들을 채용할 수 있어 고용 인원이 200명에서 800명으로 늘어났다.

거의 같은 시기에 날코는 물과 관련된 화학 응용 산업에서 글로벌 한 성장을 공격적으로 추진하려고 석유가스부를 신설했다 (1배럴의 석유를 얻기 위해 사용되는 4배럴의 물을 분리해 정제한 후 안전하게 환경으로 되돌려 주는 기술이 필요하다). 멕시코 만의 심해에서 석유를 채굴하는 고객들 덕분에 날코는 신속하게 사업을 확장할 수 있었다. 게다가 서시베리아, 카자흐스탄, 아제르바이잔, 나이지리아, 앙골라, 말레이시아를 비롯해 내륙에서 석유와 천연가스를 채굴하는 새로운 고객들과도 생산적인 관계를 성공적으로 맺어 갔다. 에릭은 이를 이렇게 평가했다.

"석유가스부의 리더는 기업가 정신과 지속적인 성장 모델을 제시한 훌륭한 역할 모델이 되어 주었습니다. 그는 팀원들에게 자신과 똑같은 열망, 즉 성장을 향한 열망을 품게 만들었지요."

그를 비롯해 목표를 틀림없이 달성할 수 있을 거라고 굳게 믿은 사람들이 조직 내에서 본보기로 굳게 자리 잡았다. 그 결과 2010년 날코의 매출과 수익은 모두 두 자릿수로 성장했다.

결과를 구체적으로 보여 줘라

목표와 행동이 갖추어지면, 완전한 얼라인먼트를 위해 이른바 '결과Consequence'라는 시스템이 더해져야 한다. 결과라는 개념이 가혹하게 여겨질 수 있지만 실제로는 그렇지 않다. 물론 좌천이나 해고라는 결과는 부정적일 수 있다. 하지만 결과가 승진과 상여금이란 긍정적인 형태로 나타나는 경우가 더 많다. 어느 쪽이든 결과를 통해 기대하는 목적은 똑같다. 목표와 행동에서 원하는 걸 얻어 내려고 고함치고 헉헉대더라도 이 둘을 강화하고 보강하는 조직적인 메커니즘이 없으면 아무런 효과도 기대할 수 없다. 한마디로 누구도 귀를 기울이지 않는 구호는 아예 없는 편이 낫다는 뜻이다.

물론 가장 부정적인 결과를 낳는 메커니즘은 해고다. 대부분의 리더는 해고라는 수단을 사용하는 걸 좋아하지 않는다. 정상적인 리더라면 해고를 피하고 싶어 하기 마련이다. 그러나 때때로 목표와 행동이 제대로 연계되지 않으면 양쪽 모두를 위해서라도 해고는 필연적이고 최선일 수 있다.

데이브 칼훈은 VNU의 창업 멤버 중 한 사람을 해고할 수밖에 없었다. 심지어 그는 회사에서 가장 인기 있는 관리자 가운데 한 사람이었다. 그가 회사의 통합을 불필요하고 불가능하다고 생각했기 때문이다. 그렇다고 데이브가 해고를 좋아했을까? 물론 그렇지 않다. 데이브는 그의 해고를 전 직원에게 교훈을 전하는 계기로 삼고 싶었을 뿐이다. 그런 점에서 올바른 판단을 한 것이었다. 데이브 칼훈은 '○○ 씨가 가족과 함께 더 많은 시간을 보내겠다며 퇴직했다'라고 에둘러 말하지 않았다. 직원들에게 어떤 행동을 용납할 수 없고 어떤 행동에 보상이 따르는지 분명하게 전달해야 했기 때문에 닐슨의 주주 총회에서 공개적으로 그 결정을 발표했다.

에릭 피어왈드도 날코에서 목표와 행동의 관련성을 전 직원에게 분명히 전달해야 했을 때, 변화에 반발하는 사람들을 해고해야만 했다. 그들은 '그 방법은 전에도 시도해 봤지만 날코에서는 효과가 없었다'라는 말을 곳곳에 흘리고 다녔다. 날코에서도 많은 리더의 이동이 단행되었다. 정확히 말하면, 상위직 100명의 리더 가운데 절반 이상이 내부 직원이나 외부에서 영입한 인물로 교체되었다. 데이브 칼훈과 마찬가지로 에릭 피어왈드도 반대 세력에 굴복할 사람이 아니었다. 어떤 감독이 경기 도중에 선수들의 완고한 반대에 부딪쳤다고 반대하는 선수들에게 동의를 구하겠는가. 정리해서 말하면, 어떤 행동이 중요한가를 결정할 때는 한 사람의 인사이동이 100명의 목소리보다 더 크다는 것이다.

물론 인사이동 자체가 얼라인먼트 과정에서 긍정적인 형태의 결과일 수 있다. 목표에 맞추어 행동한 사람의 승진은 조직 전체에 분발을 독려하는 메시지가 될 수 있다. 특별 상여금도 마찬가지다. 돈이면 웬만한 문제는 어느 정도 해결된다. 이는 만고불변의 진리다. 하지만 얼라인먼트에서 결과 부분은 훌륭한 성과를 적절하게 평가하고 보상하는 시스템의 문제인 경우가 더 많다. 평가하고 보상하는 시스템이 복잡하거나 그것에 굳이 많은 돈을 들여야 할 필요는 없다. 모든 직원을 가능한 한 자주 접촉해야 한다. 접촉은 필수 조건이다. 관리자는 1년에 적어도 두 번 정도는 직원들과 함께 허심탄회하게 현재의 상황에 대해 대화를 나누어야 한다.

"회사의 목표에 당신들은 현재 이러저러한 정도로 기여하고 있습니다. 하지만 이러저러한 부분에서 당신들은 더 잘할 수 있습니다."

"당신들은 회사가 목표를 달성하는 데 필요한 이러저러한 행동을 하고 있습니다. 하지만 이러저러한 부분에서 당신들은 더 잘할 수 있습니다."

그리고 마지막에는 반드시 이런 말을 덧붙여야 한다.

"내가 방금 말한 것을 어떻게 해내느냐에 따라 당신들의 봉급과 상여금 및 미래가 결정됩니다."

이것이 전부다. 얼라인먼트에서 결과 부분은 이 정도에 불과하다. 그런데도 어렵다고 생각되는가?

그다지 어렵지 않다. 하지만 실상이 어떻다는 건 나도 잘 알고 있다. 나는 강연을 듣는 사람들에게 '당신 조직에서 당신의 위치가 어디인지 알고 있는가?'라고 자주 묻는다. 이 질문에 10~20퍼센트가 손을 든다면 그나마 운이 좋은 편이다. 스무 살을 조금 넘긴 내 자녀들과 그들의 친구들도 남들이 부러워하는 기업에서 일하고 있지만, 성과 보고서를 한 번도 받지 못했다는 녀석이 적지 않았다. 게다가 한 녀석은 연봉이 상당히 올라서 상관에게 그 이유를 물었더니 '일을 잘하니까!'라는 대답이 전부였다고 한다. 그 녀석 말에 한숨이 저절로 나왔다. 그 녀석도 한숨이 나왔다고 했다.

이런 이유에서 날려 버리는 기회가 너무도 많다. 직원들이 기업의 목표와 행동 원칙을 이해해서 기업을 성공으로 이끌어 갈 수 있기를 그저 앉아서 기다리고 있을 뿐이다. 목표를 분명히 제시하고 목표의 성취에 필요한 행동을 설정했다면, 직원들이 얼마나 잘 해내느냐에 따라 평가하고 보상해야 한다.

목표와 행동과 결과의 얼라인먼트는 쉽지 않다. 나도 얼라인먼트가 쉽다고 말한 적은 없다. 그러나 얼라인먼트는 그다지 어려운 게 아니다. 안타깝게도 많은 리더가 얼라인먼트를 회피하는 게 현실이다. 하지만 얼라인먼트가 없으면 건강한 조직을 유지하고 만들어 가는 건 불가능하다.

완벽한 변화를 위해 오늘부터 당장 시작해야 할 다섯 가지 행동

이번에는 얼라인먼트를 만드는 사람들, 즉 리더에게 필요한 리더십에 대해 살펴보자.

앞에서도 말했듯이, 업무 현장에서 걸림돌을 제거하는 얼라인먼트를 활성화하기 위해서는 리더십이 무척 중요하다. 고장난 자동차 타이어를 정비했지만 자동차를 집까지 운전할 사람이 없다면 타이어를 정비한 게 무슨 소용이겠는가. 대부분 새로 영입된 리더십이라도 기존 조직의 목표, 가치, 결과와 완전히 떼어 놓고 생각할 수는 없다. 기존의 것을 완전히 버릴 수는 없기 때문에 새로운 리더십은 기존의 것을 어떤 식으로든 껴안고 가야 한다.

'팀에 대해 알아야 할 모든 것'에서 한 장을 할애해 리더십에 대해 살펴볼 예정이다. 리더십은 관리자에게만 해당하는 게 아니다. 누군가와 함께 일하는 사람 모두에게 필요한 항목이다. 여기서는 지금까지 경험하고 관찰한 모든 것을 바탕으로 개발한 새로운 전체론적 리더십Holistic Leadership 모델을 제시할 것이다. 전체론적 리더십이란 집요하게 진실을 추구하며 끊임없이 신뢰를 구축해 가는 리더십을 뜻한다.

그러나 우선은 경쟁의 걸림돌을 제거해야 한다는 관점에서, '진실'과 '신뢰'를 바탕으로 한 핵심적인 전술에 대해 살펴보자. 즉각적으로 시행해야 할 다섯 가지 행동 단계에 대해 하나씩 살펴보자. 당신 조직이 어떤 단계에 있든 경쟁력이 떨어지거나 침체 상태에서 허우적댄다면, 여하튼 잠재력을 완전히 발휘하지 못하고 있다면, 그 문제의 해결을 다음 주, 아니 내일까지 미루어서는 안 된다. 오늘 당장 시작해야 한다. 이제 그 방법에 대해 하나씩 살펴보자.

첫째, 조직원들을 완벽하게 파악하라

못난 장군처럼 여기저기를 들쑤시고 다니며 보좌관에게 고함을 질러 대고, 부하 직원들과의 회의나 상관들과의 회의를 준비하는 게 유일한 업무인 것처럼 행동하는 거만하고 자존심 강한 관리자보다 고약한 존재가 있을까? 이처럼 고급 사무실을 차지하고 우월감에 빠진 속물들이 위세를 부리던 때가 있었다. 예를 들면, 매디슨 애버뉴(뉴욕 매디슨 스퀘어의 남동쪽에 위치한 곳으로, 광고 회사 및 홍보 회사가 많이 몰려 있어 미국 광고업계를 가리키는 의미로 쓰인다)와 디트로이트가 우주의 중심이었을 때다. 당시에는 그런 사람이 상당히 많았다. 그들은 점심 식사를 할 때에나 안락한 사무실을 떠났다. 지금은 이런 속물들이 완전히 사라졌을까? 안타깝게도 조금도 그렇지 않다. 나는 지난 10년 동안 그런 속물을 무수히 보았다. 첨단 테크놀로지 뒤에 숨는 속임수가 더해진 걸 제외하면 옛날과 조금도 다르지 않았다.

업무에 관해 어쩌고저쩌고 많은 말을 하지만 결단력 있게 결론을 내려 주지 못하는 우유부단한 관리자도 여전히 눈에 띈다. 그런 관리자가 매일 출근해 성가시게 하는 이유가 궁금할 뿐이다.

정상적인 현상이 아니다. 얼라인먼트를 맞춘 후 바람직한 성과를 끌어내고 싶다면, 그런 쓸모없는 속물들을 솎아 내고 해고해야 한다. 즉 직원들을 개별적으로 파악하고 그들에게 진심으로 관심을 가져야 한다. 실제로 훌륭한 리더라면, 옆줄에 서서 선수들의 움직임을 지켜보며 흥분을 억제하지 못해 펄쩍펄쩍 뛰고, 선수들이 경기장에서 나올 때 축축한 땀에도 아랑곳없이 선수들을 껴안아 주며, 어떻게 하면 선수들 개개인 모두의 잠재력을 극대화할 수 있는지를 아는 코치가 돼야 한다.

이 단계를 좀 더 심화시켜 보자. 최고의 리더는 실제로 자신보다 추종자들을 더 아낀다. 얼마 전 〈뉴욕 타임스〉에 소개된, 당시 클로록스의 최고 경영자이던 도널드 크나우스의 감동적인 인터뷰를 기억해 보자. 그 인터뷰에 따르면, 도널드는 20대에 하와이에 주둔한 해병대 중위였다.

"나는 새벽 5시부터 일어나 임무를 수행했습니다. 그동안 아무것도 먹지 못해 배가 미칠 듯이 고팠지요. 점심시간이 되자마자 줄 앞쪽에 서려고 걸어갔습니다. 그런데 중사 한 분이 내 어깨를 잡더니 돌려세우고는 '중위님, 야전에서는 사병들이 먼저 먹습니다. 사병들이 먹고 남은 게 있으면 드십시오'라고 말했습니다. 물론 나는 '알았네'라고 대답했지요. …… 중대원들이 중요합니다. 당신이 중요한 게 아닙니다."

얼마나 멋진 이야기인가! 위대한 리더는 부하들을 존중하고 중요하게 여긴다는 점을 말과 행동으로 반복해 증명해 보이며 신뢰와 믿음을 쌓아 간다.

그렇게 하려면 진이 빠질 것 같은가? 때로는 그럴 것이다. 제대로 해내려면 정말 힘들 것이다. 그러나 당신 팀이 승리하기를 원한다면, 이 원칙을 당연하게 받아들여야 한다. 항상 이렇게 행동하겠다고 다짐하고 또 다짐해야 한다.

둘째, 당신을 최고 의미 책임자(CMO)로 생각하라

데이브 칼훈과 에릭 피어왈드가 최고 경영자로 취임한 후 18개월 동안 목표와 행동에 대해 직원들에게 얼마나 자주 이야기했을 거라고 생각하는가? 매일 하루도 빼놓지 않고 이야기했을까? 그렇다. 조직의 상하를 불문하고 기회가 있을 때마다 목표와 행동에 대해 언급하려고 애썼다. 지나치다 싶을 정도의 커뮤니케이션은 반드시 필요하다. 변화를 유도하려는 과정을 시작했을 때는 물론 그 후에도 계속 필요하다.

리더의 존재 이유는 팀에 목적의식을 주기 위해서다.

"우리가 나아가려는 방향은 ○○이고, 그 이유는 ○○입니다. 그 목적을 달성하기 위해 우리는 ○○하게 행동하고, ○○하게 협력해야 합니다. 목적을 달성하면 ○○한 점에서 당신들에게 좋을 것입니다."

이렇게 집요하고 열정적으로 전달하는 게 리더의 역할이다.

리더는 모든 것을 설명한 후에도 기회가 닿을 때마다 목표와 행동을 거듭 강조해야 한다.

직원들은 매주 40시간 이상을 일한다는 사실을 기억해야 한다. 그렇게 많은 시간을 투자하는 직원들에게 일의 의미를 깨닫도록 도움을 주지 못한다면, 리더는 직원들의 시간과 삶을 헛되

이 낭비하는 셈이다. 잔소리꾼이 되라는 이야기가 아니다. 이런 리더십이 쉽지 않다는 건 나도 잘 알고 있다. 입에 재갈을 물리고 싶을 정도로 똑같은 말을 반복하는 사람을 누가 좋아하겠는가. 아마 아무도 없을 것이다. 그러나 누군가와 진정한 관계를 맺으려 할 때와 마찬가지로, 직원을 고용하면 관심을 가져야 하는 게 리더의 책무다.

덧붙여 말하면, 최고 경영자만이 최고 의미 책임자CMO:Chief Meaning Officer가 돼야 할 이유는 없다. 기업의 규모와 상관없이 직원들에게 업무의 의미를 깨닫게 해 주고 목적의식을 고취하는 것은 아래의 팀 리더까지 모든 리더의 역할이다.

셋째, 업무에 방해되는 장애물을 제거하라

컬링이란 올림픽 경기를 본 적이 있는가? 경기에 혼신을 다하는 선수를 정말 존경하지 않을 수 없지만 컬링은 약간 특이한 경기다. 한 선수가 목표를 향해 얼음판에서 화강암 스톤을 밀면, 다른 두 선수는 옥수수 껍질로 만든 빗자루로 얼음판을 미친 듯이 닦는다. 컬링 경기장 얼음판에는 작은 얼음 알갱이를 뿌려 놓는다. 스톤과 얼음판의 마찰력을 키우기 위해서다. 그런데 빗자루로 얼음판을 닦으면 순간적으로 얼음 알갱이가 녹아 스톤이 잘 미끄러진다. 빗자루질을 얼마나 열심히 하느냐에 따라 스톤을 10미터까지 멀리 보낼 수도 있고 방향을 바꿀 수도 있다. 스톤이 목표를 향해 정확히 다가가는 길을 매끄럽게 다듬는 역할을 한다는 점에서 그들은 훌륭한 리더의 역할을 하는 셈이다. 그들은 스톤이 목표를 향해 다가가는 길을 방해하는 것이면 무엇이든 열심히 문질러 닦아 낸다.

그 방해물이 무엇과 비슷하다고 생각되는가? 대부분의 조직에 존재하는 고질적인 관료주의적 병폐와 유사하다. 규칙과 규정은 때로 그것을 집행하는 사람들에게 일거리를 주려는 목적에서만 존재하는 듯하다. 준법이나 안전을 위해 반드시 지켜야 할 지침에 대해 말하는 것이 아니다. 성장을 방해하는 하찮은 것들에 대해 말하는 것이다. 지난해가 힘들었고 성과가 엉망이었다는 이유로 전 직원에게 2퍼센트의 실적 향상을 일방적으로 요구하는 최고 재무 책임자, 혁신보다 과정을 더 중요하게 생각하며 분석보다 자료 수집에 더 열중하는 정보 기술 관리자, 어떤 일도 해낼 수 없을 정도로 까다롭게 법을 따지는 사내 변호사 등이 대표적인 예다.

리더의 책무는 이런 허섭스레기 같은 방해꾼들을 완전히 없애는 것이다.

모든 팀에서 이런 유형의 사람들을 없애 버려라.

"그것은 우리가 지금까지 해 온 방식이 아니다."

"전에도 그렇게 해 보았지만 소용이 없었다."

이런 식으로 말하며 뭔가를 해 보려는 도전을 방해하는 사람, 변화에 저항하는 사람, 과정에 집착하는 사람을 없애 버려라. 때로는 그런 사람을 2명쯤은 너그럽게 남겨 두는 것도 괜찮다. 거

듭 말하지만 '때로는'이다. 조직의 제도적 기억Institutional Memory
을 되살리거나 바람직하지 않은 강력한 묵인 문화를 줄이는 데
그들에게 일정한 역할을 기대할 수 있기 때문이다. 그러나 대부
분의 경우, 이런 사람은 독단적이고 독선적인 잔소리꾼이어서
주변 사람의 진을 빼놓고 소중한 시간을 빼앗기 일쑤다. 좋은 리
더는 방해꾼을 찾아낼 수 있어야 한다. 컬링 선수들처럼 빗자루
를 효과적으로 사용해 그 능력을 입증해 보여야 한다.

넷째, '관용 유전자'를 마음껏 과시하라

과학자라면, 관용 유전자는 실제로 존재하지 않으며 관용은
학습되는 행동이라고 따지고 들지도 모르겠다. 하지만 우리에
게는 관용이 선천적인 기질이든 학습되는 행동이든 상관없다.
경외심을 불러일으키는 최고로 유능한 리더들에게 하나의 분명
한 공통점이 있다는 것만은 확실하다. 그들은 주는 것을 좋아한
다. 그들은 직원들이 성장해 승진하는 모습을 지켜보는 걸 좋아
한다. 유능한 리더는 돈과 더 많은 책임, 공개적인 칭찬 등 온갖
수단을 동원해 직원들의 사기를 높여 준다. 이런 격려에 힘입어
직원들은 목표의 성취를 위해 더욱 노력한다.

예를 들어 설명해 보자. 한 직원과 수주 동안 긴밀하게 협조하
며 어떤 프로젝트를 진행해야 했던 관리자가 있었다. 처음에는
일이 제대로 진행되지 않았다. 수시간 동안의 코칭이 있은 후에
도 그 직원은 관리자가 기대하던 결과를 내놓지 못했다. 그런데

어느 날 아침, 직원이 피곤한 모습으로 출근해서는 관리자에게
말했다.

"밤을 꼬박 샜습니다. 이메일을 점검해 보십시오."

관리자는 직원의 말대로 이메일에 첨부된 서류를 살펴보았
다. 놀랍게도 프로젝트가 완벽하게 완성돼 있었다. 관리자는 사
무실에서 뛰쳐나오며 "해냈어! 정말 완벽하게 해냈어!"라고 주
변에 있는 모든 직원이 들도록 소리쳤다. 이처럼 리더가 진심으
로 칭찬하며 사기를 북돋워 주면, 상관과 부하 간의 장벽이 무너
지고 직원들에게 팀과 고객을 위해 대단한 일을 해냈다는 커다
란 자부심을 느끼게 해 준다.

간혹 나는 관용 유전자가 어느 정도나 적용되고 있는지에 대
한 질문을 받는다. 대답하기 상당히 어려운 질문이다. 하지만 관
용 유전자가 적용되어 시너지를 일으키는 사례를 수도 없이 목
격했다. 관용의 리더십에 근거한 행동을 권장하며 보상하는 몇
몇 탁월한 기업과 함께 일한 덕분이었다. 관용 유전자가 주변에
서 흔하게 발견되는 것은 아니다. 오히려 임금 인상과 승진을 억
제하려는 경향을 가진 리더가 훨씬 많다. 선천적으로든 후천적
으로든 그들은 돈과 감정을 베푸는 데 인색한 구두쇠들이다. 게
다가 유능한 직원들이 거둔 성과에서 받은 인상을 겉으로 드러
내지 않으려 한다. 일례로 내 친구는 대형 미디어 회사에서 근무
했지만 지지부진한 승진에 실망해 사표를 썼다. 인사 담당자와
퇴직 면담을 할 때에야 그 친구는 상관에게 '최고의 성장 잠재

력'을 지닌 직원으로 평가받고 있었음을 알게 되었다.

그 상관은 내 친구에게 조금도 비판적이지 않았지만 그런 속내를 겉으로 드러내지 않았던 것이다. 내 친구는 이렇게 말했다.

"그분에게 칭찬을 받은 기억이 없어요. 심지어 매년 연봉을 인상해 줄 때도 별다른 설명이 없었어요. 인사 담당자가 퇴직 면담에서 이야기해 줄 때까지 내 연봉이 회사에서 가장 높다는 것조차 몰랐어요."

이 친구의 사례가 일반적인 현상일 수 있지만, 나는 그렇지 않기를 바랄 뿐이다. 직원으로부터 성과와 헌신을 기대할 때 리더가 진심으로 관용을 베풀며 지갑을 여는 것보다 더 좋은 것은 없기 때문이다.

다섯째, 일을 재미있게 할 수 있게 만들어라

일이 재미있다는 말에 버럭 화를 내며 이렇게 말하는 사람도 있을 것이다.

"일이 재미있다니 뭐가 잘못된 거 아닙니까? 정말 그렇게 생각할 사람이 있을까요?"

그런데 일이 힘들고 따분하고 재미없을 때 일은 일일 뿐이라고 생각하는 사람이 많은 이유는 무엇일까?

일은 우리를 힘들게 한다. 여유가 있다면 누구도 일하려 하지 않을 것이다. 하지만 일은 곧 삶이다. 일이 삶의 전부는 아니어도 큰 부분을 차지한다. 따라서 당신이 리더인 조직이 19

세기 사상가 헨리 데이비드 소로의 표현대로 '조용한 절망Quiet Desperation'의 요새가 된다면 끔찍하기 이를 데 없을 것이다. '조용한 절망'이 생산성과 성과를 좀먹는 최악의 원인이라는 걸 알아야 한다.

재미는 조직을 위해서나 개개인을 위해서나 좋은 것이다. 재미있는 것은 건강에 좋고 기운을 북돋워 준다. 재미라는 것을 정확히 측정할 수는 없기 때문에 객관적인 증거가 나오지는 않았지만 99.9퍼센트의 관리자가 이 말에 동의할 것이다. 하지만 많은 관리자가 사무실에 들어서면 재미와 담을 쌓아 버린다. 소극적인 성격 때문에도 그렇지만, 솔직하지 못하거나 정치 놀음 때문에도 재미를 멀리한다. 또한 일은 진지하게 해야 하는 것인데 재미는 진지하지 못한 것이란 선입견에 사로잡혀 재미를 꺼림칙하게 여기거나, 직원들이 재미있게 일하는 분위기를 조성하는 것은 자신의 책임이라 생각하지 않는 관리자가 의외로 많다.

직원들은 낮 시간, 때로는 밤 시간까지 리더인 당신을 위해 일한다. 직원들은 두 손과 두 발, 머리와 마음까지 당신을 위해 내던진다. 물론 회사가 그들에게 봉급을 준다. 봉급이 그들의 지갑을 두둑이 채워 준다. 그러나 리더로서 당신은 그들의 영혼을 채워 주어야 한다. 그들을 진정으로 이해하고, 그들의 일에 의미를 부여하며, 업무를 진행하는 데 걸림돌이 되는 장애물을 제거하고, 관용 유전자를 마음껏 과시함으로써 그들의 영혼을 채워 줄 수 있다. 즐거운 마음으로 재미있게 일하는 환경을 조성해 주는 것이야말로 가장 효과적으로 그들의 영혼을 채워 주는 것이다.

어떻게 해야 재미있게 일할 수 있는 환경을 조성할 수 있을까? 그 방법은 무수히 많고 무척 쉽기도 하다. 획기적인 성공만이 아니라 작은 성공이라도 공개적으로 칭찬해 보라. 유머와 솔직한 직언을 열린 마음으로 받아들여라. 직원들이 본연의 모습을 되찾도록 도와주라. 관료주의적 행동이 엿보일 때마다 과감하게 척결하라. 업무의 원활한 진행을 방해하는 멍청이들을 없애 버려라. 사무실 밖에서도 시간을 함께하는 모임을 가져라. 상관과 하급 직원은 친구가 되어서는 안 된다고 말하는 이는 제정신이 아닌 사람이다. 당신이 하루를 함께 보내는 사람들과 친구가 되지 못할 이유가 대체 무엇인가.

일을 하다 보면 어려울 때도 있고 스트레스가 쌓일 때도 있기 마련이다. 당연한 것이다. 그러나 리더는 그런 상태가 계속 유지되는 걸 예방할 수 있어야 한다. 어렵고 힘들 때에도 직장은 직원들이 있고 싶어 하는 곳이 되어야 한다. 직장을 그런 곳으로 만들어 가는 것이 리더의 역할이다.

이 장의 앞에서, 기업이 얼라인먼트와 리더십을 결합한 힘을 통해 어떻게 위험을 벗어날 수 있는가에 대한 사례의 보고가 사모 투자 회사라고 말했다. 그러나 이쯤에서 분명히 해 두고 싶다. 얼라인먼트와 리더십이 결합된 힘은 가족이 운영하는 식당부터 첨단 기술을 앞세운 세계적인 대기업까지 업종을 불문하고 침체 상태에서 버둥대는 기업이나 부서를 바꿔 놓을 수 있다. 침체가 흔하디흔한 현상이 된 이유는 직원들도 어차피 인간이기 때문이다. 침체에 빠진 조직은 어떤 형태로든 잘못에 대한 대가를 치르기 마련이다.

물론 업무의 걸림돌을 제거하는 것이 쉽지는 않다. 그러나 분명히 해낼 수 있는 일이며, 생각보다 신속하게 해낼 수 있다.

얼라인먼트와 리더십, 이 둘을 결합하면 경쟁을 다시 이겨 낼 수 있다.

시련을 기회로 만드는 법

GETTING WHACKED AND GETTING BETTER

며칠 전 차고에서 내가 오래전부터 사용해 손에 익은 골프채를 찾고 있었다. 솔직히 우리 집 차고는 더 이상 사용하지 않는 물건이 산더미처럼 쌓여 있는 창고 같은 곳이어서 그 골프채를 찾을 가능성은 거의 없었다. 포기하는 마음으로 상자 하나를 아무 생각 없이 열어 봤는데 놀랍게도 그 상자 안에 골프채가 들어 있었다. 나는 기뻐서 골프채를 들고 고개를 번쩍 들다가 벽에 돌출된 선반에 뒷머리를 세게 부딪쳤다. 비명 소리가 온 동네에 울려 퍼졌다.

그렇다. 세게 얻어맞으면 미칠 듯이 아프다. 처음에는 '별이 보인다'라는 표현이 적절할 정도로 심하게 아프다. 곧이어 정신적인 충격이 밀려오며 '도대체 어쩌다 이런 실수를 한 거야?'라고 자책한다. 충격의 고통이 사라지고 시간이 한참 지나면 '세게 얻어맞은 덕분에 뭔가를 배웠어. 다시는 그런 실수를 하지 말아야겠다'라고 다짐한다.

비즈니스에는 이런 충격적인 공격들이 끊이지 않는다.

한 주요 고객이 당신과의 계약을 파기하려고 월례 회의를 기회로 삼아 불평을 일방적으로 늘어놓을 수 있다. 주당 1000개는 팔릴 것으로 예상했던 신제품이 기껏해야 500개나 250개, 심지어 10개밖에 팔리지 않을 수도 있다. 당신의 최대 경쟁 기업이 2위 경쟁 기업을 인수한 후 강력한 영업팀을 만들어서 당신의 고객들을 빼 가기 시작할 수도 있다. 당신에게 중요한 마케팅 채널을 제공하던 최대 디지털 파트너가 보름 후에 서비스를 중단하겠다는 소식을 일방적으로 통보해 올 수도 있다. 당신 기업이 운영하는 판매장의 서비스가 엉망이라고 트위터를 통해 비난을 퍼부어 대는 고객이 느닷없이 나타날 수도 있다.

이런 충격적인 타격은 급소를 때리는 '된불'에 가깝다. 지금까지 버젓이 존재하던 시장이 규제나 자연재해로 사라지거나, 혁신적인 테크놀로지의 등장으로 하나의 산업이 순식간에 없어지기도 한다. 게다가 80년을 주기로 닥치는 엄청난 불경기와 같은 경기 불황도 무시할 수 없다.

처음 듣는 말인가? 그렇지는 않을 것이다. 실리콘 밸리에서는 갑작스러운 파산이 일상적이다. 따라서 '우리는 망했다. 이제 끝났다We're Fucked. It's Over'를 뜻하는 WFIO라는 약자까지 널리

쓰이고 있을 정도다. 테크놀로지 산업은 본래 외부의 타격을 피할 수 없는 산업이다.

반면에 타격이 난데없이 혹은 아무런 경고도 없이 닥치기도 한다. 2005년 미국 자연재해 역사상 최악의 피해를 남긴 허리케인 카트리나에 의해 완전히 파괴된 뉴올리언스의 기업들이나 2012년 북대서양 허리케인 역사상 최대 규모로 미국 동북부 22개 주를 강타한 초대형 폭풍 샌디를 생각해 보라.

물론 이런 전면적인 재앙은 무척 드문 편이다. 대부분 조직이 만반의 준비를 하지 않은 까닭에 타격을 받는다. 보이지 않게 다가오는 경고를 파악하지 못했기 때문이다. 경쟁 기업의 위협, 문화의 변화, 새로운 테크놀로지 등 위협 요인은 얼마든지 나열할 수 있다. 구글의 최고 경영자 래리 페이지는 2014년 테드 강연에서 이렇게 말했다.

"많은 기업이 실패하는 주된 원인은 미래를 제대로 파악하지 못했기 때문입니다."

당신 조직이 타격을 받은 원인을 찾는 것은 이 책의 목적이 아니다. 뭔가 잘못된 것이 있었기 때문에 타격을 받은 것이다. 여기서는 교정하는 방법, 즉 조직이 최대한 신속하게 복구되어 활력을 되찾고, 더 나아가 향후에 또다시 타격을 받을 가능성을 최소화하며 기능적으로 운영될 수 있도록 조직을 개편하는 방법에 대해 살펴보려 한다.

따라서 타격으로부터 회복하는 데 필요한 여섯 가지 전술을 먼저 제시하고, 이에 대해 하나씩 자세히 설명해 보겠다.

첫째, 타격을 받았음을 인정하라.

둘째, 유능한 직원은 반드시 잡아 두라.

셋째, 데이터를 지표로 활용해 비용과 성과 및 성장과 관련된 요인들에 미친 듯이 파고들어라.

넷째, 당신의 전략 과정을 다시 설정하라.

다섯째, 당신의 소셜 아키텍처Social Architecture를 직시하라.

여섯째, 더욱 생산적으로 걱정하라.

준비됐는가? 좋다. 나는 이런 전술에 대해 조언하는 걸 좋아한다. 힘겹게 회복 과정을 겪는 기업들에게 필요한 전술들이다. 타격 여부에 상관없이 모든 기업에 적용되는 전술이라고도 감히 말할 수 있다. 최상의 방어가 경기를 승리로 이끄는 공격이라는 말을 들어 보았을 것이다. 비즈니스라는 경기에서도 마찬가지다.

죽어 가는 기업, 이렇게 살린다

훌륭한 공포 영화는 언제나 많은 사람에게 사랑받는 듯하다. 몇 천만 원의 적은 제작비를 들여 몇 천억 원의 흥행 수익을 올린 영화들은 대부분 공포 영화다. 자신이 직접 공포에 떠는 상황에 놓인다는 것과 공포 영화를 '보는 것'은 완전히 다르다.

에이치디 서플라이HDS의 최고 경영자, 조셉 디안젤로와 그의 팀에게 물어보자. HDS는 1975년 캘리포니아의 건축업자들에게 자재를 납품하는 지역 회사인 메인트넌스 웨어하우스로 시작했다. 1997년까지 메인트넌스 웨어하우스가 놀라운 성장을 이루어 내자 사방팔방으로 생산성 향상을 모색하던 홈디포가 메인트넌스 웨어하우스를 재빨리 매수해 한 부서로 편입한 후 온라인 주문과 배송에 대대적으로 투자했다. HDS 고객은 배관공, 토건업자, 신축 아파트 현장 감독, 시설 관리자 등으로 분산된 편이었다. 하지만 부동산 시장이 호황일 때는 이런 분산이 전혀 문제 되지 않았다. 따라서 HDS는 수십 년 동안 성공을 누렸다. 2005년에는 매출이 12조 원으로 증가했고, 법인세 · 이자 · 감가상각비 · 분할 상환 차감 전 영업 이익EBITDA:Earnings Before Interest, Taxes, Depreciation and Amortization(기업이 영업 활동을 통해 벌어들이는 현금 창출 능력을 보여 주어 기업의 수익성과 실가치를 나타내는 지표)도 1조 원에 달했다.

그러나 2008년, 조셉의 표현을 빌리면 HDS는 두 번의 심한 카운터펀치를 맞았다. 하나는 오랫동안 지나치게 부풀어진 주택 시장 거품이 터진 사건이었다. 물론 주택 시장 붕괴는 HDS에게 큰 타격이었지만, HDS는 이차적인 시장인 상업용 부동산으로 눈을 돌릴 수 있었다. 일반적으로 상업용 부동산 시장은 주택 시장과는 반대로 움직이는 경향을 띠기 때문이다. 하지만 수개월 후 경기 침체로 말미암아 상업용 부동산 분야도 속절없이 추락하기 시작했다. 결국 HDS의 매출도 40퍼센트나 줄어들었다. 오로지 살아남기 위해 HDS는 2만 6000명의 직원을 감원했고, 세 곳의 사업 부서를 매각했으며, 전국에 산재한 지점 중 3분의 1을 폐쇄했다.

이런 사건이 연이어 터질 당시 HDS는 이미 재무적으로도 불안한 상태였다. 적자가 누적되자 홈디포는 HDS를 사모 투자 회사에 매각했다. 유능한 사모 투자 회사는 적자에 허덕이는 기업을 구원하고 재정비할 수 있지만, 해당 기업에게는 불리하게 작용할 수 있다. 초기에는 현금의 흐름을 제약하고 대차 대조표에 과도한 부채가 잡히기 때문이다.

실제로 조셉은 2008년 당시를 회상하며 이렇게 말했다.

"외부에서는 누구나 우리가 끝났다고 생각했습니다. 그들은 사망 진단서만을 기다리고 있었지요."

하지만 그런 사태는 일어나지 않았다. HDS 사례가 극단적인 경우인 것은 분명하지만, 타격을 받은 후 보여 준 HDS의 대응은 앞에서 제시한 전술 중 처음 네 가지를 훌륭하게 적용한 대표적인 예라 할 수 있다.

원인을 찾기보다 문제 해결에만 집중하라

타격을 받은 조직에서 일한 적이 있는 사람이라면, 그 조직 내에서 즉각적으로 어떤 행동이 시작되는지 잘 알 것이다. 직원들이 문을 꼭 닫고 옹기종기 모여 '누가 해고될까?'라고 소곤거리고, 관리자들은 누구와도 눈길을 마주치지 않으려 애쓰며 서류를 잔뜩 껴안은 채 수심 어린 표정으로 회의실을 부지런히 들락거린다. 구내식당에 들어서도 불안과 걱정의 감정이 팽배해 소화가 제대로 되지 않을 지경이다. 이처럼 조직은 내부적으로 마비되고 직원들은 뜬소문에 귀를 기울이며 이력서를 새로 쓰기에 바쁘다.

누구에게나 자기 보호 본능이 있기 때문에 이런 반응은 당연한 것이다. 그러나 이런 반응은 현실을 더 큰 위기로 몰아가는 원인이기도 하다. 겁에 질려 비관적으로 생각하며 정신을 집중하지 못하면 어떤 문제도 해결하지 못한다.

HDS는 이런 부정적 반응을 원천적으로 봉쇄했다. 그렇다고 위기를 부정한 것은 아니었다. 또한 위기를 남의 탓으로 돌리며 피해자라고 주장하지도 않았다.

"재무팀이 이런 사태를 진즉 예견했어야 했다."

"우리에게 이런 위기가 닥쳤다는 게 아직도 믿어지지 않는다. 우리가 이런 대접을 받아야 할 이유가 없다."

이런 식의 평가는 엄격히 금지되었다. 우유를 쏟은 뒤에 울어봤자 무슨 소용이 있겠는가. 오히려 HDS 리더들은 '우리는 이번 위기를 금세 이겨 낼 것이다'라는 사고방식으로 무장하고 그렇게 행동하는 직원들을 포상했다. HDS의 목표와 행동 기준을 끊임없이 언급함으로써 이런 사고방식을 직원들의 머릿속에 각인시킬 수 있었다. 조셉은 이렇게 설명했다.

"우리는 1만 4000명의 임직원을 똑같은 방향으로 끌어가야만 했습니다. 우리 목표는 '우리부터 하나의 팀이 되어야 고객에게 성공을 안겨 주고 가치를 창조할 수 있다'라는 것이었지요. 우리는 이런 목표를 귀에 딱지가 앉도록 끊임없이 강조했습니다."

그와 동시에 HDS의 행동 기준은 SPIRIT라는 신조어를 통해 직원들에게 확산되었다. SPIRIT는 서비스Service, 성과Performance, 성실Integrity, 존중Respect, 혁신Innovation, 팀워크Teamwork의 이니셜을 따서 만든 것이다. 행동 기준에 따른 직원들에게 작지만 마음에서 우러나는 상금으로 보상함으로써 더욱 강화되었다. 특히 현장에서 거둔 승리에는 공개적인 칭찬이 주어졌다.

타격을 받았음을 인정하면 극적인 효과도 기대할 수 있다. 이때 조직에 활력을 다시 불어넣기에 가장 적합한 방법을 생각해 내야 한다. 팀워크를 다지기 위한 외부 행사를 열거나 영감과 용기를 북돋워 주는 강사를 초빙하는 방법이 있을 수 있다. 여하튼 창의적으로 생각해서 어떤 방법이든 동원할 수 있다.

HDS의 경우, 조셉은 특별팀을 조직해 역사적으로 유명한 투사들, 예컨대 조지 워싱턴, 무하마드 알리, 세크러테어리엇(1970년대 초반 활약했던 미국의 경주마로 단 두 시즌만 뛰면서 메이저 대회 3관왕을 포함해 21승을 거둔 전설적인 명마. 이 말이 메이저 대회에서 세운 기록은 아직까지 깨지지 않았다. ESPN이 선정한 20세기 가장 위대한 운동선수 35위에 뽑히기도 했다) 등이 공통적으로 지닌 특성을 찾아내는 '챔피언 프로젝트'라는 임무를 맡겼다. 그들이 찾아낸 공통점은 무엇이었을까? 그것은 바로 비정상적인 근면함, 패배는 없다는 사고방식, 최고 중 최고가 되겠다는 열정이었다. 이렇게 찾아낸 핵심 비법을 2년 동안 귀찮을 정도로 강조했고, 회의가 있을 때마다 언급했다. 조셉은 이 핵심 비법을 이렇게 활용했다.

"우리는 챔피언 프로젝트의 결과를 틈나는 대로 언급했습니다. 세크러테어리엇은 31마신(말의 코끝에서 엉덩이까지의 길이로 말과 말 사이의 거리를 의미한다. 1마신 차이만 나도 박진감이 떨어지는 경주로 여긴다) 차이로 우승했습니다. 직원들의 사고방식을 뜯어고치기 위해 그 사례를 끊임없이 활용했지요. 우리는 모든 임직원이 '저 사람을 고용하면 우리가 31마신의 차이로 승리하는 데 도움이 될까? 저 콘퍼런스에 참석하면 우리가 31마신의 차이로 승리하는 데 도움이 될까?'라고 스스로에게 묻기를 바랐습니다."

조셉이 이 일로 배운 것은 무엇일까? 그는 이렇게 결론을 내렸다.

"챔피언 프로젝트는 패배 의식을 떨쳐 내는 데 실질적인 도움을 주었습니다. 우리가 어떤 방향으로 더 나아지고 있는가를 세상에 보여 주는 수단이 되었지요. 사고방식을 바로잡자 우리는 변하기 시작했습니다. 패배는 선택 사항이 아니었습니다."

최고의 직원들은 반드시 잡아라

기업이 곤경에 처하면, 리더들은 성과를 고려하지 않고 직원을 무작정 해고하는 방식으로 대응한다. 성과에 대한 적절한 평가 시스템이 없기 때문에 이런 막무가내식 대응이 비일비재하다. 게다가 경영진은 감원을 단행하는 아픔을 감수하며 위기에 신속하게 대응하고 있다는 걸 이사회에 보여 주려고 손쉬운 방법을 택해서 중간 관리자들에게 직원의 10퍼센트를 해고하거나 무차별적으로 봉급을 10퍼센트까지 낮추라고 강요한다. 게다가 경영진은 퇴직하는 직원에게는 퇴직금과 해고 수당을 주겠다고 약속한다. 그럼 대부분의 고액 연봉을 받는 유능한 직원들이 그 조건을 덥석 받아들이고 회사를 떠난다. 그들은 최고의 조건과 최고의 기회를 보장 받으며 어렵지 않게 다른 기업에 취업할 수 있기 때문이다.

노골적으로 말하면, 이런 행동은 조직의 사기를 꺾어 놓는 유약하고 비겁한 경영의 전형이다. 해고 수당까지 안겨 주며 유능한 직원들에게 퇴직을 독려하고 재능의 대거 탈출을 방치하는 위험을 자초하는 이유가 무엇인가?

물론 위기에서 벗어나는 게 쉽지는 않다. 그러나 유능한 직원이 없으면 위기에서 탈출하기가 거의 불가능하다. 따라서 힘든 시기가 닥치면 리더는 직관을 버리고 담대하게 대응해야 한다. 유능한 직원들에게는 연봉을 인상해 주고, 장기적으로는 성과에 따른 주식 양도까지 약속해야 한다. 유능한 직원이면 숫자에 연연하지 말고 지나치게 많다는 생각이 들더라도 붙잡아 두는 편이 낫다.

담대하게 대응하라고 말했다. 앞이 보이지 않는 암울한 시기에 상관 혹은 이사회에서 연봉을 인상해 주면서까지 유능한 직원을 붙잡아야 한다는 의견을 개진한다는 것은 윙윙 돌아가는 헬리콥터 날개 속으로 걸어 들어가는 것과 비슷하기 때문이다. 십중팔구 그런 제안에 상관은 보통 직원들을 생각하며 움찔하고, 이사회는 걱정에 사로잡히기 마련이다. 따라서 이렇게 말할 수 있는 담력이 필요하다.

"연봉 인상을 두고 일반 직원들이 불만을 터뜨리며 곤란한 상황이 닥치겠지만, 우리 회사가 파산했다는 기사가 대문짝만 하게 신문에 실리는 고통과 비교해 보십시오."

그렇다. 배짱과 담력이 필요하다. 실제로는 그 이상의 것이 필요하다. 앞에서 언급한 관용 유전자를 발휘해야 할 때가 있다면 바로 지금이다. 힘든 시기에는 유능한 직원이 본받고 싶은 최고의 역할 모델이 된다. 또한 많은 직원이 이렇게 생각할 것이다.

'샘과 사라가 떠나지 않았다는 것은 상황이 그다지 나쁘지 않다는 뜻일 거야. 상황이 틀림없이 앞으로 더 나아질 거야.'

달리 말하면, 유능한 직원은 생존, 더 나아가 성공을 보장하는 최고의 희망이다. 그들을 잃지 않기 위해 필요하다면 어떤 짓이라도 하라.

성과를 내는 사업만 파고들어라

유능한 직원을 확보했다면, 타격으로 받은 상처를 회복하기 위한 다음 단계로 넘어갈 수 있다. 즉 사업의 모든 부분을 개선하기 위한 방법을 꼼꼼하게 찾아 나서야 한다.

꼼꼼하게? 그렇다고 느릿하게 진행하라는 뜻은 아니다. 현명하고 계획적으로 진행하라는 뜻이다. 무엇보다 무상으로 얻을 수 있으면 좋겠지만 상당한 비용을 들여서라도 시장과 고객에 대한 방대한 정보를 당장 확보해서 적극적으로 활용하라는 뜻이다. 요즘 빅 데이터라 일컬어지는 방대한 자료를 활용하라는 뜻이다. 전문 용어 냄새가 약간 풍기지만, '빅 데이터'는 괜찮은 용어인 듯하다. 빅 데이터란 다양한 형태의 방대한 디지털 데이터를 의미한다. 문자, 이미지, 음성, 영상, 위치 정보 등 생성 속도가 매우 짧고 종류가 무수히 많으며 어마어마한 양의 데이터다. 이를 통해 사람들의 생각이나 의견, 트렌드 등을 분석하고 예측할 수 있다. 빅 데이터의 필요성은 반드시 더 많은 정보를 구하기 위한 것이 아니다. 자칫하면 정보에 파묻혀 갈피를 잡지 못할 수도 있다. 어떤 정보가 당신 조직에게 중요한지 알아낸 후 그 정보를 완벽하게 분석해서 비용과 성장에 관련된 진정한 요인들을 찾아내는 것이 핵심 쟁점이다. 영국에 본사를 둔 세계적인 유통 회사, 테스코의 전 최고 경영자 테리 레이히가 현명하게 지적했듯이, 당장 이용할 수 있는 자료만이 중요한 자료다.

분석을 통해 HDS는 어떤 사업 부문을 처분해야 하는지 신속히 결정할 수 있었고, 시장에서 주도적 위치를 차지할 명확한 길이 보이지 않는 사업 부문을 포기했다. 다시 조셉의 말을 인용해보자.

"그 처방 덕분에 우리는 어떤 시장에 집중해야 하는지 알 수 있었습니다. 그때까지 우리는 시장 전체를 대상으로 삼았지요. '어떤 시장에서 돈을 벌 수 있는가? 고객들이 원하는 게 무엇이고, 그중에서 가장 중요한 것은 무엇인가? 또 경쟁자와 비교하면 우리 경쟁력은 어떤가?'를 고민했습니다."

또한 빅 데이터 분석을 통해 투자 대비 최적의 수익을 올릴 수 있는 부문도 정확히 찾아낼 수 있었다.

그 결과 HDS는 목재와 배관, 산업용 파이프 부문을 매각했고, 시설 유지 부문에 한층 집중하며 유통 과정을 개선하기 위한 테크놀로지에 더욱 투자했다. 또한 데이터 분석을 최대한 활용해 실적 개선을 이룬 팀을 보상하고 그 방법을 모든 지사에 전달하는 프로그램을 적용하기 시작했다. 로스앤젤레스 지사는 다른 지사들에 비해 많은 부분에서 훨씬 나은 실적을 올리고 있었다. 본사팀에게 그 이유를 알아내 전국의 지사에 전파하라는 임무가 주어졌다. 그 사이에 HDS의 현장팀은 세일즈포스닷컴 소프트웨어를 장착한 아이패드를 들고 고객을 일일이 찾아다니며 어떤 제품을 사용할 때 최적의 결과를 얻을 수 있는지를 조언했다.

조셉은 당시를 회상하며 이렇게 말했다.

"기본적으로 우리는 성과에 광적으로 집착했습니다. 생존이 위협받는 상황에서 다른 대안은 없었습니다."

다행히 요즘에는 자료를 수집하고 분석하는 방법이 크게 발전한 덕분에 '광적'이란 표현이 '꼼꼼하고 신속하다'를 뜻할 수 있게 되었다.

다섯 장의 슬라이드로 최고의 전략을 세우는 법

이번에는 HDS의 회생에 중요한 역할을 한 또 하나의 전술에 대해 살펴보자. HDS가 타격을 받은 후 전략을 재설정한 방법은 오늘날 환경에 상관없이 전략과 전술이 어떻게 통합되어야 하는지를 잘 보여 주는 사례다.

전략 수립, 적어도 마흔 살을 넘긴 사람들이 알고 있던 전략 수립은 이미 죽은 것이나 다름없다. 전략 수립은 이제 시대에 뒤떨어진 부적절한 개념이다. '트렌드'와 '핵심 역량' 등에 대한 프레젠테이션을 화려하게 꾸며진 널찍한 회의장에서 연 2회 실시한다고 무슨 소용이 있는가? 내부 구성원들에게 동의를 얻으려고 회의 전에 회의를 하는 것이 무슨 효과가 있는가? 이런 의례적인 절차는 이제 잊어라. 시장은 과거의 낡은 관례로 대응하기에는 너무 빨리 움직인다. 시장은 하루가 다르게 움직이고 엄청나게 빠른 속도로 변하고 있다.

나는 전략에 훨씬 단순하고 유연하게 접근하는 방법을 오래 전부터 주장하며, 전 과정이 다섯 장의 슬라이드에 기본적으로 요약될 수 있기 때문에 '다섯 장의 슬라이드Five Slides' 접근법이라 칭했다. 덧붙여 말하면, 이런 슬라이드의 작성은 이른바 '전략 담당 부사장'이나 외부 컨설턴트에게 맡겨서는 안 된다. 최고 경영자가 직접 운영하는 팀과 조직에서 가장 뛰어난 인재, 즉 매사에 적극적이고 많은 것을 알며 호기심이 많고 독창적인 인재가 작성해야 한다. 부서와 지위에 상관없이 논쟁하고 반박하는 걸 즐기는 직원을 끌어와야 한다. 특히 편집증적 성향을 지닌 직원이 필요하다. 그런 직원은 온갖 가정을 머릿속에 그릴 뿐 아니라 최악의 경우까지 고려할 것이기 때문이다. 오늘날의 비즈니스에서는 실질적으로 어떤 일이라도 벌어질 수 있고, 또 실제로 벌어지고 있기 때문에 전략 수립에도 이런 사고방식이 필요하다. 첨단 기술로 무장한 신생 기업이 옆문으로 들어와 대기업을 무너뜨리고, 중역의 즉흥적인 발언에 수많은 고객이 떠나기도 한다. 이런 사례는 얼마든지 나열할 수 있다.

이런 이유에서 다섯 장의 슬라이드는 편집증적으로 신중하게 외부 사항에 집중한다. 슬라이드의 목표도 결국에는 '조직 밖의 상황을 직시하자'라는 한마디로 정리된다. 모든 전략 수립 과정이 여기에 목표를 두어야 한다. 엄청난 도전이 아닐 수 없다. 다섯 장의 슬라이드라는 전략 과정을 다시 복습해 보자.

첫 번째 슬라이드에서는 현재의 경쟁 상황을 엄밀하게 재평가한다. 경쟁자는 누구인가? 경쟁자의 시장 점유율은 어떻게 되는가? 경쟁자의 강점과 약점은 무엇인가? 전략 과정을 원만히 진행하기 위해서는 이런 질문들에 대한 논쟁이 지식인들의 지적인 담론처럼 공허한 논의로 끝나서는 안 된다. 나는 이런 경우를 헤아릴 수 없이 많이 보았다. 공허한 논의는 에너지 낭비에 불과하다. 세부적인 것까지 따지고 들어야 한다. 당신이 각 경쟁자의 회의실에 있는 것처럼 세세한 것도 놓치지 않아야 한다. 어렵게 들리는가? 그렇다. 무척 어렵다. 그러나 경쟁자의 머릿속을 파헤치려면 철저함과 인내심이 필요하다. 그러나 내가 되풀이해서 관찰한 현상 하나가 있다면, 전략 수립가들이 현재의 경쟁 상황을 과소평가한다는 것이다. '우아, 우리 비용이 이렇게 높았어?'라고 자책하는 대신 '이 회사의 비용은 미쳤구먼. 곧 파산하겠어'라고 오만하게 판단한다. 설상가상으로 전략 수립가들은 미래를 예측할 때 경쟁자는 정체 상태에서 허우적댈 거라고 판단하는 경향을 띤다. 이런 전략 수립가들에게 크게 한 방을 먹일 수 없는 게 안타까울 뿐이다. 인간은 워낙에 그런 동물인 듯하다. 경쟁자들은 겨우 현상을 유지하는 반면에 자기들만 나날이 좋아질 거라고 분석하기 일쑤다. 그야말로 미친 짓이다. 이런 문제를 해결할 방법은 하나밖에 없다. 시장을 분석할 때는 궁지에 몰린 쥐처럼 절박하고 두려운 마음으로 해야 한다.

두 번째 슬라이드에서는 경쟁자가 최근에 내놓은 제품과 테크놀로지 및 인재 영입으로 경쟁 판도를 어떻게 바꿔 놓았는지 분석한다. 세 번째 슬라이드에서는 당신이 같은 시기에 동일한 항목들에서 무엇을 했는지 냉정하게 돌이켜 본다. 네 번째 슬라이드에서는 어떤 상황이 곧 닥칠지에 대해 분석한다. 특히 경쟁자의 신제품, 경쟁 판도를 실질적으로 바꿔 놓을 수 있는 인수 합병, 다른 업종에서 끼어들어 혼란을 부추기는 기업 등 당신을 공포의 수렁으로 밀어 넣는 것이 무엇인지 찾아낸다. 마지막으로 다섯 번째 슬라이드에서는 기존 경쟁자와 새로운 경쟁자는 물론이고 잠재적 경쟁자로 득실대는 시장에서 시장의 판세를 바꿔 놓는 동시에 게임을 지배하며 당신을 승리의 길로 끌어갈 수 있는 비장의 무기를 찾아낸다.

'다섯 장의 슬라이드' 접근법에는, 전략 수립은 특별한 고급 두뇌가 필요한 작업이 아니라 당신의 상황에 대한 '큰 깨달음Big Aha'을 얻는 문제라는 내 믿음이 고스란히 반영되어 있다. 요컨대 적절한 인재에게 적절한 자리를 배치함으로써 그런 깨달음을 가열하게 추진하고, 그 깨달음을 성취할 수 있는 '베스트 프랙티스Best Practice' (최선의 관행으로 번역되며 최고의 성과를 창출해 내기 위한 운영 방식을 뜻한다)를 끈질기게 찾아내기 위한 방법이 다섯 장의 슬라이드에 담겨 있다. 여기서 '큰 깨달음'은 경쟁에서 지속 가능한 이점을 확보하기 위한 현명하고 현실적이며 상대적으로 신속한 방법을 뜻한다.

10년 전 내가 다섯 장의 슬라이드 접근법에 대해 처음 언급하기 시작했을 때, 이 접근법은 다소 '이단적인 방법'이란 평가를 받았다. 경영 대학원 졸업생을 대거 고용한 컨설팅 회사는 말할 것도 없지만, 당시 경영 대학원 커리큘럼도 복잡하기 이를 데 없는 전략 수립 과정 중심으로 짜인 것을 고려하면 이런 평가는 조금도 놀라운 게 아니었다.

하지만 지난 수년 동안 나는 전략 수립 과정이 민첩한 대응을 강조하며 한층 탄력적이고 상대적으로 신속하게 변해 가는 현상이 눈에 띄게 늘었다는 걸 확인할 수 있었다. 민첩한 대응이 무엇보다 중요하기 때문이다. 예를 들어 설명해 보자. 나는 얼마 전에 열린 테크놀로지 콘퍼런스에 참석했다. 당시 퀄컴의 최고 경영자이던 폴 제이콥스(지금은 퀄컴의 집행 위원장)는 자신의 팀은 매달 비공식적으로 전략을 검토하는 시간을 가지며, 시장의 요구가 있을 때는 더 자주 전략을 재검토한다고 말했다. 이 말에 청중의 누구도 충격을 받지 않는 듯했다. 많은 사람이 그가 어떤 의도에서 그렇게 말했는지 정확히 알고 있다는 듯이 고개를 끄덕였다.

HDS로 다시 돌아가자. 타격을·받기 전 HDS는 과거의 전략 수립 모델에 완전히 매몰돼 있지는 않았지만 새로운 모델을 완전히 받아들인 상태도 아니었다. 하지만 위기를 맞아 HDS는 전략 수립 과정을 새로운 모델로 바꾸었다. 분기별로 갖던 전략 회의 대신 매주 목요일 시장 상황을 평가하는 회의를 가졌다.

그랬다. 목요일마다 전략을 재조정하는 회의가 열렸다.

HDS에게 목요일의 전략과 전술 검토 과정 시간은 외부 상황을 정밀하게 분석하는 시간이었다. 이런 변화는 무척 의미 있는 것이었고 회생을 위한 열쇠이기도 했다.

전략 회의는 자칫하면 많은 사람이 문자 그대로 혹은 상징적인 뜻에서 창문 없는 방에 모여 자신들이 겪은 과거의 사건이나 자신들이 관찰한 트렌드에 대해 이야기를 주고받는 시간이 되기 십상이다. 때로는 누가 언제 무엇을 했다거나, 자신들이 직접 참여했다는 이유로 맞는다고 확신하는 방법에 대해, 혹은 비즈니스 세계에서 업무가 진행되는 방법에 대해, 현재 회사에서 일어나고 있는 사건에 대해서도 이야기를 나눈다. 또 이 사람이나 저 사람 때문에 회사가 제대로 굴러간다거나 회사가 아무 일도 할 수 없다는 근거 없는 평가를 내리기도 한다.

이런 식의 전략 회의는 아무짝에도 소용이 없다.

효과적인 전략 수립은 미래 지향적이고 시장 중심적이어야 한다. 오늘의 고객과 경쟁자가 내일이나 1년 후에도 고객이고 경쟁자일 거라고 단정할 수 없다. 새로운 테크놀로지가 시시각각 출현하고, 아직 발명되지 않은 제품이 언제 나타날지 모른다. 게다가 사회적이고 정치적인 변화도 꿈틀거린다. 여하튼 지금까지 경험했던 세계와는 완전히 다른 세계가 눈앞에서 전개되고 있다. 조셉은 이렇게 말했다.

"나는 전략 검토를 위해 대화할 때마다 어김없이 시장에 초점을 맞추었습니다. 우리에 대해, 우리가 무엇을 할 수 있고 무엇을 할 수 없는지에 대해서만 이야기했더라면 우리는 회생에 성공하지 못했을 것입니다. 고객과 경쟁자, 새로운 제품과 새로운 서비스, 새로운 테크놀로지에 대해 이야기를 나누었습니다. 그 밖에 중요한 것이 무엇이 있습니까?"

무척 중요한 의문을 제기한 것이다.

타격을 받고도 생존하는 데 그치지 않고 시련을 딛고 일어나 더 나아지기 위해 필요한 전술 중 나머지 두 가지에 대해서도 살펴보기로 하자.

조직이 어떻게 구성되어 있는지를 제대로 파악하라

소셜 아키텍처는 기업이 직원들을 배치해 어떤 직원과 어떤 부서가 조직에서 중요한지를 외부에 드러내는 인력 구조를 뜻한다. 쉽게 말해 '조직표Organizational Chart'다.

일반적으로 기업인들은 조직표에 대해 언급하는 걸 꺼린다. 점선으로 이어진 복잡한 조직표가 끼어들면 대화가 따분해지기 때문이다. 게다가 조직표는 직원들을 화나게 만들기도 한다. 실제로 조직표에서 자신의 이름과 다른 직원의 이름이 차지하는 위치에 유난히 신경을 쓰는 직원이 적지 않다. 하지만 여기서는 이런 자질구레한 이야기를 하려는 게 아니다.

핵심을 먼저 이야기하면 '소셜 아키텍처가 현실에 발맞추어 적절히 변하지 않았기 때문에 타격을 받는 회사가 의외로 많다'

는 사실이다. 더 구체적으로 말하자면, 과거에 구성된 조직을 그대로 유지함으로써 정보 기술과 위기관리에 관련된 중대한 기능이 그 기능을 제대로 이해하지 못하는 사람들에게 보고되거나, 보고하는 사람도 그 기능의 가치를 제대로 이해하지 못한 채 보고하기 때문에 타격을 받은 회사가 상당히 많다는 뜻이다.

물론 시대에 뒤진 소셜 아키텍처를 고수한다고 무조건 나쁜 것은 아니다. 비상근 법률가나 은퇴한 회계사가 기업의 감사팀과 1년에 두 번쯤 만나 위기관리에 관해 담소를 나누고, 때때로 현장 직원들을 만나 안부를 묻던 시절부터 전해지는 오랜 관례가 아직도 남아 있다. IT에 관해서도 과거에 당신이 현장팀과 웹엑스WebEx(원격 회의 시스템)를 사용하는 데 도움을 받으려면 당장 필요한 것이 전화번호였다.

물론 오늘날 IT는 거의 모든 사업 분야에서 주된 전략적 기능을 갖는다. 사이버 범죄의 확산과 정부 규제의 급증으로 위험 관리도 전략적인 면에서 무척 중요하게 다루어져야 한다.

하지만 소셜 아키텍처가 현실을 제대로 반영하지 못하고 있음을 지금도 많은 기업에서 확인할 수 있다. 위험 관리자는 1년에 두 번 이사회에 출석해서 보고하고는 머리를 긁적이며 자신의 동굴로 돌아간다. 또한 수많은 기업의 리더들이 최고 정보 관리 책임자를 과감히 방에 불러들여 전략 회의를 갖지 못한다. 이런 두 가지 어려움이 어디에서 기인하는 것인지 나는 잘 알고 있다. 이제 클라우드를 기반으로 한 저비용 솔루션이 가능하지만, IT 부서가 이런저런 시스템을 업그레이드한다며 막대한 돈을 요구하거나, 누구도 정확히 이해하지 못하는 다른 테크놀로지 인프라를 구축하는 프로젝트가 '긴급하게' 필요하다고 주장할까 봐 겁먹는 현상은 여전한 듯하다. 따라서 리더들은 한결같이 '이해할 수 없는 곳에서 돈을 잡아먹는 하마가 제발 좀 사라졌으면!' 하고 생각하곤 한다.

하지만 위험 관리를 등한시하고 최고 정보 관리 책임자를 멀리한 대가는 혹독하다. 회사가 엄청난 타격을 받은 뒤에야 그 사실을 깨닫는다. 종합 유통 회사, 타깃의 경우를 예로 들어 보자. 2013년 크리스마스 직전, 연중 최고치 판매가 이루어지는 기간을 앞두고 타깃은 해커가 시스템에 침투해 7000만 명에 달하는 고객의 계좌 정보에 접속했다는 달갑지 않은 발표를 해야 했다.

7000만 명!

타깃만이 아니었다. 영화 〈인터뷰〉의 개봉을 앞두고 소니 영화사가 해킹을 당한 사태를 생각해 보라. 전 세계가 들썩인 국제적인 사건과 다를 바 없었다. 제너럴 모터스가 점화 장치 결함으로 발생한 교통사고로 13명이 사망한 후에야 수백만 대를 리콜한 늑장 대응을 생각해 보라. JP모건 체이스 은행이 이른바 런던고래London Whale (2012년 초 이후 JP모건 런던 지사 투자 담당 직원의 파생 상품 거래 잘못으로 6조 원대의 손실을 일으킨 사건) 사건으로 막대한 손실을 입은 경우도 생각해 보라.

정말 가슴 아픈 사건들이다. 재앙을 당한 후에야 자주 보고하고 검토하는 등 호들갑을 떨어서는 안 된다. 물론 '이상적'인 소셜 아키텍처는 없다. 기업에 따라, 또 시장에 따라 '이상적'인 소셜 아키텍처가 다를 수 있다. 그렇더라도 업종을 불문하고 어떤 기업에서든 위험과 정보를 관리하는 부서를 뛰어난 인재로 채워야 한다. 자신의 역할을 정확히 이해하고 비즈니스 전략을 전반적으로 이해하는 인재들이 인사 문제를 담당하는 고위층과 긴밀한 관계를 유지하며 기업의 중요한 문제를 논의하는 회의가 있을 때 회의실에 앉아 있어야 한다.

답 안 나오는 걱정이 아닌, 생산적인 걱정을 하라

작년에 나는 한 친구로부터 한밤중에 이메일을 받았다. 여기서는 그 친구를 줄리라고 부르기로 하자. 줄리는 시간제로 근무하는 12명의 직원을 데리고 20억 원 규모의 광고 회사를 운영한다. 광고업계가 호황이어서 당시 그녀는 사업의 규모를 키울 생각을 하고 있었다. 하지만 그날 밤의 이메일에서 그녀는 '요즘 걱정이 끊이지 않아요. 걱정하는 건 멍청한 짓이겠죠?'라고 물었다.

그렇지 않다. 걱정하는 걸 걱정하는 게 멍청한 짓일 뿐이다. 당신이 어떤 문제로 걱정하는지 정확히 파악하고 그 문제를 직시한다면 걱정하는 게 더 낫다.

이 문제는 장황하게 언급할 필요도 없이 한 가지만 지적하면 충분하다. 걱정은 당신이 조만간 타격을 받을지도 모른다는 신호일 수 있다는 것이다. 다시 말하면, 걱정은 막연하고 모호한 정보에 근거해서 움직이는 조기 경보 시스템이다. 큰 고객이 평소보다 몇 시간이나 늦게 이메일에 답장을 보내거나, 당신은 특별한 게 없다고 판단한 경쟁자의 제품을 긍정적으로 평가하는 트위터가 폭발하거나, 건물 주인이 건물을 결국 팔기로 했다는 계획을 당신에게 애매하게 전달하는 경우를 가리킨다.

이처럼 모호하고 확실하지 않은 정보는 모든 관리자에게 일상적이어서 유능한 관리자라면 그런 정보에 귀를 기울이지 않는다. 앞에서 이미 말했듯이, 끝없이 이어지는 지긋지긋한 업무량이 방해가 된다. 따라서 얼라인먼트가 필요하고 얼라인먼트가 업무의 일부가 돼야 한다고 말했다. 여기서는 건설적인 걱정도 업무의 일부라고 말해 주고 싶다. 당신이 뭔가를 잘못했다는 자책감을 안겨 주는 것이 있다면 힘들더라도 그것이 무엇인지 정확히 찾아내려는 걱정을 해야 한다. 그런 걱정이 합당한 것인지 편집증에서 비롯된 것인지를 힘들더라도 조사해야 한다. 어느 쪽이든 건설적인 걱정이 있을 때 당신은 승리할 수 있다. 만약 당신 걱정에 정당한 이유가 있는 것으로 판명 나면 너무 늦지 않게 상황을 바로잡을 수 있을 테고, 당신이 편집증에 사로잡혀 지나치게 걱정한 것으로 판명 나면 적어도 이번에는 '젠장, 이런 일이 일어날 줄 알았어!'라고 투덜대지 않아도 된다는 걸 알고 안심할 수 있지 않겠는가.

줄리는 유감스럽게도 걱정의 원인을 철저하게 조사하지 않으려 했다. 나는 그녀에게 걱정의 근원이 무엇인지 찾아보라고 다그쳤지만, 그녀는 기껏해야 '해리가 나에게 화가 났다는 느낌이에요.'라고 대답할 뿐이었다. 해리는 줄리의 주 고객인 기업의 마케팅 담당 부사장으로, 줄리가 주로 접촉하는 사람이었다.

그래서 나는 줄리에게 해리를 직접 찾아가 정말로 걱정할 문제가 있는지 확인해 보라고 조언했다. 하지만 그녀는 조언을 받아들이지 않았다. 아마도 그녀는 너무 바빠 그럴 경황이 없었을 것이다.

여하튼 다음 달 정례 회의에서 줄리는 고객으로부터 성과가 없다는 불평 세례를 받았다. 줄리는 곧바로 내게 전화를 걸었다.

"지금 내 차에 앉아 있어요. 사무실로 돌아가 직원들에게 이런 소식을 알릴 엄두가 나지 않아요. 창피해 죽겠어요."

나는 "내일 내가 연락할게요"라고 말하는 것밖에는 달리 위로해 줄 길이 없었다. 앞에서도 말했듯이, 그런 충격적인 타격은 가슴이 찢어질 것처럼 아프다. 나는 줄리에게 한밤중에 받은 이메일을 새삼스레 언급하고 싶지 않았다. 그러나 줄리가 그 이메일을 화제에 올리며 "내가 걱정한다고 말했잖아요"라고 말했다.

그랬다. 그녀의 말은 사실이었다. 그러나 적절한 방법으로 충분히 걱정하지 않았다. 달리 말하면, 걱정의 원인을 추적해서 찾아내는 방식으로 걱정하지 않았다. 한마디로 요약하면, 뒤늦게 타격을 받는 것보다 생산적으로 걱정하는 편이 훨씬 낫다.

얼마 전에 줄리를 만났다. 해리는 더 이상 그녀의 고객이 아니었지만 그 운명적인 날 그에게 문전박대를 당한 경험은 그녀에게 결코 잊지 못할 교훈을 남겨 주었다. 줄리는 그런 호된 시련을 겪은 덕분에 회사 형편이 더 나아졌다고 말했다.

이런 이유에서 타격을 받는 게 때로는 긍정적인 결과를 낳는다. 조셉 디안젤로도 이런 결론에 동의할 것이다. 실제로 그는 죽을 고비를 넘겼던 HDS의 경험을 회상하며 이렇게 말했다.

"다시는 그런 사태를 겪고 싶지 않습니다. 하지만 당시의 경험으로 우리는 모든 것을 한층 정교하게 다듬을 수 있었지요. 위기 덕분에 모든 것을 신속하고 효과적으로 해낼 수 있었습니다. 위기가 망가진 것을 신속하게 교정해야 한다는 절박감을 줍니다."

2014년 HDS는 성공적으로 주식을 공모하며, 타격을 받은 후 소생한 즐거움을 직원들과 소유자들에게 만끽하게 해 주었다.

타격은 수조 원 규모의 대기업부터 1인 기업까지 규모에 상관없이 어떤 회사에나 닥칠 수 있다. 이런 것이 삶이고, 이런 것이 비즈니스다.

끝으로 하나만 기억해 두자. 누군가 당신의 빈틈을 노리고 다가오더라도 무방비 상태로 타격을 받는 충격은 어떻게든 피해야 할 최악의 것이다.

우리는 성장해야만 한다: 지금 당장 시작해야 할 여섯 가지
GOTTA HAVE GROWTH

'새라 리를 좋아하지 않는 사람은 아무도 없다Nobody doesn't like Sara Lee.'

새라 리라는 식품 회사가 오랫동안 사용해 온 슬로건이다(정확한 문구는 '모두가 좋아하는 것은 하나도 없지만 새라 리를 좋아하지 않는 사람은 아무도 없다'이다). 이 광고 문구는 모르는 사람이 없을 만큼 유명하다. 말장난처럼 재미있는 데다 기억하기 쉽고, 인간의 삶에서 모두가 진심으로 의견을 함께할 만한 것이 거의 없다는 걸 본능적으로 깨닫게 해 주기 때문이다.

성장은 거의 다루어지지 않는 주제 중 하나다. 하지만 모두가 성장을 원하고 좋아한다. 특히 비즈니스에서는 거의 모두가 성장을 좋아하는 수준을 넘어서 사랑한다.

언젠가《하버드 비즈니스 리뷰》에 〈성장이 뭐가 그렇게 중요한가?〉라는 논문을 기고했던 한 교수를 제외하면, 성장이 규모와 업종에 상관없이 모든 조직에게 '장생불사의 묘약'이라고 생각하지 않는 사람을 여태껏 만난 적이 없다. 신제품과 새로운 서비스의 제공, 새로 확보한 고객…… 한결같이 성공을 거둔다! 주변의 모든 것이 신명을 돋운다.

그런데 성장이 만물의 자연적 질서라고 허황되게 생각하던 때가 있었다. 제2차 세계 대전 이후 2008년까지 대략적으로 말하면 경제는 등락의 순환을 겪었다. 이 기간에 매출과 이익이 매년 순조롭게 상승하지도 않았고, 세계적인 경쟁도 많은 부문에서 치열했다. 그러나 세계 경제는 꾸준히 성장할 것이라는 옛말은 여전히 유효했고, 탁월한 기업이나 그에 미치지 못한 기업까지 적잖은 기업이 성장했다.

그리고 최근에는 금융 위기를 겪었다. 여기서 역사적 교훈에 대해 왈가왈부하지는 않겠다. 지난 수년 동안 어떤 일이 있었는지 모두 알고 있지 않은가. 게다가 그 현상이 기업에 무엇을 뜻하는지도 모두가 알고 있다. 한마디로 성장하기가 쉽지 않았다.

성장이 정체된 환경의 원인을 두고 많은 논쟁이 있을 수 있다. 사람이 사는 세상에서 그런 논쟁이 없을 수는 없다. 여하튼 실패의 나락으로 완전히 떨어진 것은 아니다. 잠시 뒤로 물러선 것일 뿐이다. 하지만 비즈니스에서는 이런 어려움을 도약의 기회로 삼을 수도 있다. 당신이 대기업의 최고 경영자든 6명의 팀원을 이끄는 관리자든 상관없다. 요즘의 성장처럼 도전적인 과제가 있을 때 조직원들에게 다시 용기를 북돋워 주며 그들을 단결시키는 게 당신의 역할이다.

무엇보다 성장은 사고방식이며 마음가짐에 달려 있음을 알아야 한다. 그 마음가짐은 리더부터 시작해 조직 전체로 확산되어야 한다. 어두컴컴한 방에서 촛불 하나가 옆의 촛불을 밝히고, 또다시 옆의 촛불을 밝히며 방 전체를 환히 밝히는 과정과 비슷하다고 생각하면 된다. HDS를 깊은 수렁에서 건져 내 성공의 길로 끌어간 최고 경영자, 조셉 디안젤로를 기억하는가? 조셉은 성장에 관해 이렇게 말했다.

"모든 직원이 우리 회사는 나날이 성장하는 기업이란 자부심을 갖고 매일 출근해야 합니다. 성장을 위해서는 다른 어떤 방법도 없습니다. 리더가 매일 성장을 생각하며 매일 성장을 말하지 않는다면, 성장은 불가능합니다."

조셉의 말이 맞다!

그 이유도 맞다. 성장은 직원들에게 안정된 고용을 보장하고, 자식의 대학 등록금을 지불해 주며, 집을 구입할 수 있게 해 주고, 그 과정에서 찬란한 경력을 쌓아 갈 수 있게 해 준다. 바로 이런 이유에서 성장은 위대하다. 게다가 성장은 일을 재미있게 해 주는 역할까지 한다.

그런데 어떻게 해야 성장할 수 있을까? 성장이 정체된 시대에 어떻게 해야 성장할 수 있을까?

이미 짐작한 사람도 있겠지만, 이 질문에 대한 대답의 대부분은 이미 앞에서 언급했다. 목표와 가치(행동)를 얼라인먼트 하라. 성과와 혁신을 독려하는 리더십으로 무장하라. 데이터를 세밀하게 분석해서 성과를 유도하고, 신속하고 민첩하게 전략을 재조정하라. 시대에 맞는 소셜 아키텍처를 구성하고, 생산적으로 격정하라. 이 모든 행위가 성장을 앞당긴다.

따라서 성장이 주된 과제라는 생각에 이 장부터 읽기 시작한 독자에게는 앞으로 돌아가 처음부터 차분하기 읽기 시작하라고 정중하게 권하는 바다.

그러나 이 책을 처음부터 꼼꼼하게 읽은 독자를 위해서는 강력하고 효과적인 성장 촉매라고 내가 확신하는 수단, 정확히 여섯 가지의 수단을 하나씩 설명해 보려 한다. 새로운 눈을 영입하라. 무엇을 하더라도 자원을 이곳저곳에 분산하지 마라. 누구나 혁신에 동참할 수 있도록 혁신의 의미를 재정립하라. 가장 유능한 직원에게 성장의 주도권을 맡겨라. 성과를 낸 직원에게는 반드시 보상하라. 성장을 위한 조치들에 저항하는 직원까지 어떤 방법을 써서라도 끌어들여라.

눈을 크게 떠라 답은 주위에 있다

병원에 입원한 적이 있거나 입원한 환자를 간호한 적이 있는 사람이라면, 홈헬스케어Home Health Care의 세계가 그런대로 익숙할 것이다. 완치되지는 않았어도 퇴원한 환자는 집으로 돌아가지만 치료 과정이 끝난 것은 아니다. 병원에서 간호사가 했던 모든 일을 이제부터 환자나 환자 보호자가 직접 해야 한다. 따라서 간호사는 환자에게 어떻게 행동해야 하는가에 대한 설명서를 잔뜩 안겨 준다. 결국 집으로 돌아온 환자에게 없는 것은 의료 기구뿐이다.

어슈라메드라는 회사에 대해 살펴보자. 어슈라메드에는 에지파크 메디컬 서플라이스라는 부서가 있다. 수술용 장갑부터 당뇨 환자를 위한 인슐린 펌프까지 모든 것을 개별 소비자에게 판매하고, 소비자를 대신해서 보험금을 청구하는 통신 판매 사업부다. 한편 인디펜던스 메디컬이란 부서는 에지파크 메디컬 서프라이스가 판매하는 것과 동일한 상품을 약 1만 곳에 이르는 의료용품 상점에 판매하는 사업 부서다.

어슈라메드는 많은 점에서 아메리칸 성공 스토리American Success Story의 전형이다. 1928년 작은 약국으로 창업한 어슈라메드는 1968년 의료 기구를 가정까지 배송하는 사업을 시작했다. 사업 규모를 조금씩 키워 판매망을 전국으로 확대했다. 1990년 오하이오 주 출신의 해링턴 가문에 매각할 때에는 연 매출이 40억 원에 달했다. 해링턴 가문은 20년 이상 이 사업을 꾸준히 성장시켜 2010년 사모 투자 회사에 매각했다.

사모 투자 회사가 인수한 많은 기업들의 재무 상태가 형편없는 것과는 달리 어슈라메드의 재무 상태는 아주 양호했다. 오히려 RGH 엔터프라이스(매각되기 전의 이름)는 상당한 수익을 남겼고, 게다가 매출도 두 자릿수로 그런대로 성장하고 있었다. 관리자들도 경쟁력을 갖추고 만족스러운 수준이었다.

이번에는 새로 영입한 마이클 페트라스에 대해 살펴보자. 마이클은 제너럴 일렉트릭에서 조명사업부 최고 경영자를 지낸 인물이었다. 조명 사업은 꾸준한 성장이 무척 어려운 분야다. 어슈라메드로 자리를 옮긴 마이클은 엄청난 기회가 눈앞에 펼쳐져 있다는 걸 알아차렸다. 따라서 그는 '빠르게, 더 빠르게'라는 메시지로 성장을 독려하며 직원들에게 활력을 불어넣었다. 실제로 '빠르게, 더 빠르게'는 어슈라메드가 나아갈 중요하고도 새로운 방향이 되었고, 조직을 운영하는 원칙과 강령이 되었다.

마이클에게 어떻게 그렇게 할 수 있었느냐고 묻는다면, 아마도 내가 이 장에서 살펴보게 될 모든 수단을 동원했다고 대답할 것이다. 실제로 그랬다. 여기서는 편의상 그가 '새로운 눈Fresh Eye'이라고 칭한 전술부터 시작해 그 수단들을 하나씩 살펴보기로 하자. '새로운 인재를 고용하라'는 뜻이라 이해하면 된다.

당황하지 마라. 설명을 읽는 과정에서 당신은 성장에 박차를 가하려고 온갖 수단을 이미 시도해 보았고 최선을 다해 노력했다고 생각할 수도 있다. 고객들이 더 빠른 배송을 원해 당신은 린 식스 시그마Lean Six Sigma 기법을 받아들여 배송 시간을 절반으로 줄였다(린 식스 시그마란 린 생산 방식과 식스 시그마를 조합한 혁신 기법이다. 린 생산 방식은 구매, 생산, 재고, 관리, 판매 등 전 과정에서 낭비를 최소화하는 방식이고, 식스 시그마의 목표는 불량 제품을 100만 개당 3~4개 이하로 줄이는 품질 혁신을 의미한다). 당신의 웹사이트를 지원하는 광고 수입이 감소하는 추세여서 당신은 웹사이트를 회원 가입형 모델로 전환했다. 상상할 수 있는 모든 새로운 서비스를 추가하며 '베스트 프랙티스'라는 개념을 극단적으로 실천했다. 이런 노력들로 바람직한 결과를 얻었다. 2~3퍼센트의 성장이 고작인 경제 상황에서 당신은 2퍼센트의 실질 성장을 이루어 냈다. 또한 생산성 향상에 힘입어 당신은 그런 성장을 기반으로 한 자릿수지만 견실한 수익 개선을 이루어 냈다. 투자된 자원을 고려하면 당신이 바라던 수준까지는 아니지만, 현재 상황에서 기대할 수 있는 최대 수준이었다.

이런 식의 생각에 내재된 문제가 무엇일까? 당신에게 주어진 상황에서 가능한 모든 수단을 시도했다는 것이다. 또 경제 환경의 어려움을 지나치게 인정했다는 점이다. 이런 상황에서 벗어나려면 새로운 두뇌가 필요하다.

성장 속도가 줄어들었다면 당신이 동원해야 할 최후의 수단은 인재 영입이다. 팀원이 4명에 불과하더라도 당신은 현재의 팀을 좋아한다. 팀원들은 경험도 많다. 지금까지 당신과 협력해서 새로운 프로젝트를 원활하게 진행해 왔다. 게다가 마음도 통한다. 하지만 당신과 당신의 팀은 당신이 모르는 걸 모른다는 게 현실이다.

어슈라메드에서 마이클 페트라스를 반겨 준 직원들은 회사와 함께 '성장'한 사람들이었다. 그들은 의료 기구 배송 사업이 발 끝까지 떨어졌다는 걸 알고 있었다. 마이클은 그런 중견 직원의 가치를 알고 있었던 까닭에 그들을 해고하고 싶지는 않았다. 그러나 새로운 시각을 수혈하기 위해 마이클은 일부에게 다른 역할을 맡겼고, 휴렛 팩커드와 그레인저를 비롯한 의료계 밖의 기업에서 6명의 새로운 리더를 영입했다. 특히 네슬레의 냉동식품 사업부인 린퀴진에서 새로운 마케팅 관리자를 영입한 게 가장 놀라운 시도였다. 새롭게 영입된 마케팅 관리자는 크리스틴 깁스였다. 그녀는 어슈라메드를 둘러보고는 마이클과 마찬가지로 성장 가능성의 진정한 금광이라는 걸 알아차렸다. 어슈라메드는 그 전까지 제품별로 고객들을 세분화했다. 크리스틴은 그런 방법에서 무엇을 배울 수 있는지 고민하면서, 제품별로 세분화하지 않고 '질병 상태', 즉 비뇨기성 질환, 인슐린 의존성 당뇨 등을 기준으로 세분화한다면 효율성이 향상될 수 있지 않을까 궁리했다. 또한 그녀는 어슈라메드의 마케팅 프로그램이 의료 기구 제조 회사들의 마케팅 프로그램에 맞지 않는다는 사실에도 주목했다. 이 둘을 맞춘다면 어떤 상승효과가 있을까? 게다가 어슈라메드는 간호사들을 상대로 한 판촉 작업에도 많은 시간을 투자한 적이 없었다. 간호사들의 학회에 출석해 점심 식사를 제공하고 어슈라메드의 존재를 알린다면 어떻게 될까?

크리스틴이 시도한 다양한 마케팅의 효과는 즉각적으로 나타났고 엄청났다. 그녀가 새로운 경영 기업을 도입한 새로운 관리자였기 때문이 아니라, 조직을 새로운 눈으로 분석한 새로운 관리자였기 때문이다. 요컨대 조직이 어떤 목적에서 존재하고 어떤 조직으로 발전할 수 있는지를 새로운 눈으로 보았기 때문에 새로운 성장 동력을 찾아낼 수 있었다.

당신이 속한 기업의 규모에 상관없이, 또 팀장이든 부서장이든 당신이 조직에서 어떤 위치에 있더라도 성장을 원한다면 지체하지 말고 새로운 눈을 영입하라.

이곳저곳에 분산하지 말고 집중하라

대부분의 성장 계획을 추진하는 데 딱 필요한 만큼의 예산만이 책정된다. 따라서 대부분의 경우, 예산이 1억 원이든 100억 원이든 충분하지 않다. 이런 현상도 어쩔 수 없는 현실이다. 그러나 성장에서 문제는 사용할 수 있는 돈의 액수가 아니다. 관리자가 그 돈을 어떻게 효과적으로 할당하느냐가 문제다.

돈이 여기저기에 조금씩 나뉘진다. 이 프로젝트에 약간, 저 프로젝트에 약간, 또 다른 프로젝트에는 조금 더……. 이런 식으로 각 프로젝트에 푼돈이 할당된다. 따라서 모두가 불만이다. 그럼 모두가 똑같은 정도로 불만일까? 힘없는 리더라면 기업의 세계에서 예부터 내려오는 교훈대로 누구와도 사이가 틀어지지 않으려고 아예 불만을 억눌러 버리지 않을까?

이런 현상은 경쟁에서 패배로 가는 지름길이지만, 의외로 흔한 현상이다. 성장을 원한다면 자원을 절대로 분산하지 마라. 큰 결실을 얻으려면 크게 투자하라. 이것이 내가 제안하는 두 번째 전술이다.

마이클 페트라스에게도 어슈라메드의 성장을 위해 자원을 할당해야 할 곳이 많았다. 그가 최고 경영자로 취임한 첫해, '새로운 눈'으로 영입한 리더들이 열 가지가 넘는 투자 프로젝트를 제시했다. 모든 프로젝트가 나름대로 이점이 있고 한결같이 흥미로운 것이었다. 따라서 마이클과 그의 팀은 어떤 프로젝트를 선택할 것인가를 두고 며칠 동안 토론을 벌였다. 각 프로젝트의 장단점에 대한 치열한 공방이 오갔다. 마침내 그들은 투자 대비 효과를 기준으로 두 프로젝트에만 집중 투자하기로 결정했다. 하나는 크리스틴의 새로운 세분화 프로젝트와 관련된 마케팅 프로젝트였고, 다른 하나는 당시 어슈라메드의 시장 점유율이 보잘것없던 비뇨기과 시장에 공격적으로 진출하려는 프로젝트였다.

비뇨기과 사업의 확대에 어슈라메드에서 잔뼈가 굵은 직원들은 회의적인 시각을 드러냈다.

"우리도 이미 시도해 봤습니다. 하지만 경쟁자들을 이길 수 없었습니다."

그러나 마이클 페트라스는 어슈라메드가 그때까지 충분한 자원과 열정을 비뇨기과 사업에 투자한 적이 없었다며 그들의 반발을 잠재웠다. 어슈라메드가 경영진을 중심으로 헌신적인 영업 인력을 비뇨기과 사업부에 투입하고 광고비도 확대한 때가 2012년이었다. 2013년 말, 비뇨기과 사업부 규모는 두 배로 확대되었다.

어떤 사람이 이런 생각을 해낼 수 있겠는가. 조금씩 곳곳에 나눠 주는 관례에 익숙한 사람은 결코 이런 생각을 해내지 못한다.

성장과 자원 할당에 대한 일반적인 생각과는 완전히 다르다. 앞에서도 말했듯이, 대부분의 기업은 성장을 위해 반드시 필요한 자금을 지원하기에 충분한 돈이 없는 것처럼 행동한다. 당신이 상관에게 이렇게 말했다고 해 보자.

"이 신제품을 순조롭게 정착시키려면 광고비로 최소한 1억 5000만 원이 필요합니다."

그러면 당신은 십중팔구 이런 대답을 들을 것이다.

"그렇군, 알았네. 5000만 원으로 어떻게 해 보게."

때로는 5000만 원이 예산에서 할애할 수 있는 전부일 수 있다. 이런 상황에서 당신에게 남은 유일한 희망은 문제를 혁신적으로 해결하는 것이다. 달리 말하면, 돈의 액수에 개의치 않고 창의력을 발휘하는 것이다.

웨스트제트 항공이 대표적인 사례다. 웨스트제트 항공은 문제를 어떻게 해결했을까? 2013년 12월, 경쟁 업체들의 대대적인 공세와 표적 시장Target Market을 제대로 파악하지 못해 위기에 직면한 웨스트제트 항공은 토론토에서 캘거리까지 운항하는 항공기 두 대를 선정해 공항 대기 지역에 디지털 화면이 장착된 선물 상자 모양의 간이 시설을 설치했다. 승객들이 탑승하기 전 산타클로스가 승객들에게 인사를 건넸다. 산타클로스가 "하하하, 성함이 어떻게 되십니까? 크리스마스 선물로 무엇을 받고 싶으십니까?"라고 물었다. 대답한다고 손해 볼 것이 없었다. 따라서 대부분의 승객이 재미있게 생각하며 기꺼이 대답했다. 어떤 승객은 카메라라고, 어떤 승객은 양말과 속옷이라고, 어떤 승객은 믹서와 스카프라고 말했다.

비행기가 이륙한 후 90퍼센트의 승객이 산타클로스를 만났다는 사실을 잊어버렸을 것이다. 그러나 캘거리의 웨스트제트 항공 직원들은 승객의 바람을 채워 주려고 미친 듯이 이런저런 물건들을 구입하고 다녔다. 250명의 승객은 착륙해서 짐을 찾는 곳으로 향했다. 그리고 그들은 깔끔하게 포장되고 이름표까지 붙은 크리스마스 선물을 받았다.

이러쿵저러쿵 이야기할 것도 없다. 당신이 직접 유튜브 동영상을 확인해 보라. 이미 3600만 명이 조회한 유튜브다(https://www.youtube.com/watch?v=zIElvi2MuEk).

그렇다. 웨스트제트 항공의 혁신적인 '크리스마스의 기적'이란 마케팅은 3600만 회가 넘는 조회 수를 기록했다. 전통적인 방식의 광고로 이런 효과를 거두려면 얼마나 많은 돈을 써야 하는지 나는 솔직히 모르겠다. 하지만 웨스트제트 항공이 선물을 사는 데 투자한 돈보다 몇 자릿수나 많은 돈을 써야 할 것이다.

성장에 필요한 모든 프로젝트를 지원할 수 있을 정도로 충분한 돈을 보유한 기업은 거의 없다. 따라서 부족한 돈을 효과적으로 써야 한다. 여기저기에 분산하지 말고 핵심적인 것에 집중적으로 투자하라.

진정한 혁신이란 무엇인가

혁신에 대해 좀 더 이야기해 보자. 혁신은 성장을 유도하는 동력원이며, 최고 경영자의 연말 결산 보고서에서 온갖 미사여구로 뜨거운 찬사를 받을 가능성이 높은 것이다.

혁신은 누가 뭐라 해도 좋은 것이다. 앞에서 이미 경쟁의 판도를 바꿔 놓은 혁신의 힘을 보여 주는 예로 웨스트제트 항공의 기발한 마케팅 아이디어를 제시했다. 그러나 대부분의 사람과 경영자는 혁신을 지나치게 좁게 생각하는 경향을 띠며, 그 결과 성장의 기회를 놓치는 듯하다.

그 이유가 무엇일까? 우리 대부분 혁신을 에디슨과 아인슈타인, 잡스 같은 천재들의 영역이라 생각하는 선입견을 가지고 있기 때문이다. 연구실이나 은신처로 사라졌다가 모든 것을 뒤바꿔 놓을 만한 발명품을 들고 나타나는 천재들, 결국 남달리 뛰어나 다른 세계에 사는 듯한 천재들이나 혁신을 이루어 낼 수 있다는 고정 관념을 가지고 있는 것이다.

물론 이처럼 경이로운 능력을 지닌 사람이 드물게 존재하는 것은 사실이며, 그런 사람에게 당연히 고마워해야 한다. 그러나 당신의 조직에 성장을 자극하는 도화선이 되고 싶다면, 그런 경이로운 능력을 지닌 희귀한 사람들이 혁신에 대해 말하는 걸 잊어야 한다. 고독한 천재들이 이루어 내는 혁신은 산업계의 판도를 완전히 뒤집어 놓는 엄청난 것이어서 장벽이 너무 높다. 따라서 많은 평범한 사람의 기를 죽인다.

'혁신은 그런 천재들이나 해내는 것이지 나 같은 사람은 엄두조차 낼 수 없는 거야. 나도 그런대로 똑똑하다고 자부하지만 그들만큼 똑똑하지는 않아.'

그런데 이런 생각은 처음 출근하자마자 사표를 쓰는 것이나 다를 바 없다.

잘 들어라! 비즈니스에서 혁신은 모든 조직원의 역할이 결합되어 점진적인 개선을 이루어 낼 때 가능하다. 비즈니스에서 혁신은 꾸준히 지속적으로 진행되는 '일반적'인 것이어야 하며, 얼마든지 그런 것일 수 있다. 지위에 상관없이 모든 직원이 매일 아침 출근할 때 '오늘 내 업무를 더 잘 해낼 수 있는 방법을 찾아내겠어'라는 마음가짐을 가질 때 혁신은 얼마든지 가능하다.

모든 직원이 이런 마음가짐을 가질 때 어떤 변화가 일어날 수 있을지 상상해 보자. 분기별 회계 작성을 8일이 아니라 6일 만에 마감하거나, 분기마다 재고 회전율을 5퍼센트씩 개선하는 방법을 찾아내거나, 테크놀로지를 활용해 하루에 고객을 한 사람이라도 더 방문하는 것, 이런 것도 혁신이다. 전 직원이 업무를 효과적으로 끝내는 방법을 개선하는 것도 혁신이다. 전 직원이 참여할 때 조직이 변하지 않는 경우는 거의 없다.

하지만 최고 경영자가 '우리에게는 혁신이 필요하다! 혁신은 위대한 것이다! 우리 모두 혁신해야 한다!'라고 백날 부르짖는다고 혁신에 필요한 정신이 직원들 마음에 심어지는 것은 아니다. 그런 낭만적인 생각은 잊어라! 직원들은 최고 경영자의 말에 고개를 끄덕이며 박수까지 친다. 하지만 책상으로 돌아가 눈앞에 당면한 일을 시작하는 순간부터 혁신에 대해서는 생각하지 않는다. 이런 마음가짐을 변화시키기 위해서는 성과를 알아주고 인정해 주는 문화가 필요하다. 콜센터의 샘이 고객 유지율을 5퍼센트 높이는 방법을 생각해 냈다면, 그것을 칭찬하는 파티를 열고 멋진 뮤지컬 입장권 두 장을 선물하는 등 공개적으로 보상해야 한다. 메리가 모든 직원이 더 좋아하는 방향으로 근무표를 약간 조절함으로써 공장이 정지하는 시간을 피하는 방법을 알아냈다면, 그녀의 가족 모두를 디즈니 월드로 여행을 보내주어야 한다. 어떤 성과라도 보상하라. 세부적인 내용은 중요하지 않다. 적절하고 이치에 맞게 축하하고 칭찬하라. 거듭 말하지만, 상관과의 저녁 식사는 보상으로 적절한 방법이 아니다. 상관이 멋지고 재미있는 사람이어도 상관과의 저녁 식사는 당사자에게 업무의 연장일 뿐이다.

이 전술에 대해서는 이쯤에서 끝내자. 누구나 그렇듯이 나도 위대한 혁신가들에게서 영감을 받는다. 그러나 평범한 사람들의 생각에서도 성장의 기회는 얼마든지 찾아낼 수 있다. 평범한 사람들도 위대한 혁신가들만큼 중요하다. 천재만이 의미 있는 흔적을 남기는 것은 아니다. 점진적인 개선도 혁신이라고 믿어야 한다.

최고의 직원에게 성장 프로젝트를 맡겨라

앞에서 성장을 위해 자원을 분배할 때 선택과 집중의 중요성을 말한 바 있다. 성장을 위한 프로젝트에 직원을 배정할 때에도 똑같은 원칙이 적용된다. 가장 유능한 직원에게 성장 프로젝트를 맡겨라. 성장 프로젝트가 성공할 수 있는 유일한 방법이다.

이런 조언에 누구나 '당연하지. 생각할 필요도 없는 거잖아' 라고 생각할 것이다. 누구나 그렇게 생각하지만 현실은 그렇지 않은 경우가 의외로 많다. 심지어 치밀하다고 소문난 기업도 다를 바 없다.

예를 들어 설명해 보자. 얼마 전, 나는 미국 중서부에 위치한 냉동 냉장 설비 제조 회사, 허스만의 운영 상태를 점검하는 회의에 참석했다. 허스만은 한 대기업에서 독립한 후 열정적인 새로운 리더를 영입해서 회복 중이던 견실한 회사였다. 회의는 허스만의 주된 성장 프로젝트들과 그 프로젝트들의 진척 상황에 대한 논의 중심으로 진행되었다. 모든 프로젝트가 시장 잠재력을 지닌 것은 분명했고, 적절하게 자금을 지원 받고 있었다. 그러나 모두의 예상 및 바람과는 달리 결과가 신속하게 나타나지 않았다. 그 이유가 무엇이었을까?

이 의문에 대한 한 대답이 무척 흥미로웠고, 이 책의 목적에도 그대로 맞아떨어졌다. 이 질문을 받자, 회의를 주도하던 최고 경영자 데니스 깁슨이 자신만만한 표정으로 인사 책임자 스콧 매니스에게로 얼굴을 돌렸다. 데니스는 스콧이 상황을 완벽하게 분석했음을 알고 있었던 것이다. 스콧의 분석 결과에 따르면, 성장 프로젝트를 진행하는 데 필요한 인재 수준과 프로젝트를 실제로 진행한 인재 수준이 안타까울 정도로 어그러져 있었다.

허스만은 성과를 엄격하게 평가하는 시스템을 갖춘 회사였다. 그 평가 시스템에 따라 직원들은 최상급(전체의 20퍼센트 내외), 평균과 그 이상(중간 70퍼센트), 기대치에 미치지 못함(하위 10퍼센트)으로 분류되어 있었다.

이런 정보를 바탕으로 그날 동료들에게 프레젠테이션을 한 도표를 작성할 수 있었다. 세로축은 각 성장 프로젝트, 가로축은 각 프로젝트에 투입된 직원들의 평가 결과(20:70:10)를 표시한 도표였다. 그 도표에는 높은 성장이 필요한 프로젝트에 유능한 직원이 충분히 배치되지 않았다는 점이 명백히 드러났다. 모두의 예상 및 바람만큼 결과가 나타나지 않은 이유가 바로 거기에 있었다.

성장을 추구하는 모든 조직은 물론 더 나아가 모든 조직의 생사가 바로 이런 도표에 의해 결정된다고 말해도 과언이 아니다. 이런 도표가 경쟁의 판도를 바꿔 놓는다. 올바른 인력 관리를 위해서는 이런 도표가 필요하다. 성장을 원한다면 가장 유능한 직원들을 성장 엔진에 투입해야 한다.

다행히 어슈라메드의 최고 경영자 마이클 페트라스는 유능한 직원들에게 성장 프로젝트를 맡겨야 한다는 원칙의 중요성을 정확히 이해하고 있었다. 마이클은 조직 내에서 핵심적인 관리자를 선발해 비뇨기과 사업에 진출하는 프로젝트를 맡겼다. 그는 신생 사업부에 관리자의 강력한 리더십이 필요하다고 굳게 믿었다. 뿐만 아니라 뛰어난 인재를 회사의 주된 사업부에서 신생 사업부로 옮김으로써 성장 프로젝트의 전략적 중요성을 회사 전체에 분명하게 알리는 효과가 있음도 알았다. 앞에서 이미 지적했듯이, 이런 직책의 변화가 백 마디의 말보다 훨씬 효과가 크다.

마이클이 그 관리자를 불러 비뇨기과 사업부를 맡으라고 하자 그는 화를 냈다.

"지금 저는 그보다 더 중요한 일을 맡고 있습니다!"

마이클은 어떻게 대답했을까?

"물론 그렇지. 하지만 자네는 우리 회사에서 가장 유능한 직원이네. 새로운 사업부에는 자네가 정말 필요해. 우리 회사의 성장을 위해서도 자네가 필요하다네."

유능한 직원이 성장 프로젝트를 맡아야 한다. 성장은 저절로 이루어지는 게 아니다.

늘 새로운 방법으로 보상하라

성장을 위한 또 하나의 수단은 지극히 세세한 것까지 꼼꼼하게 확인하고, 힘든 시기에도 뭔가를 이루어 내는 것이다. 성장을 위해 성과를 평가하고 보상해야 한다는 뜻이다.

앞에서, 당신이 새로운 정보의 바다에 빠져 허우적대지 않는 한 빅 데이터는 유용하다고 말했던 것을 기억하는가? 빅 데이터를 효과적으로 활용하면 성장을 촉진하는 동시에 비용을 절감하기 위해 곧바로 적용할 수 있는 항목에 집중할 수 있게 해 준다는 사실도 기억해야 할 것이다.

물론 성과와 보상은 밀접한 관계가 있다. 기업에 수익을 안겨주는 진정한 요인은 무엇일까? 매출이나 이윤일까, 아니면 고객 유치 비용이나 고객 유지 비용일까? 아니면 상품의 특징이나 장기적인 용역 계약일까? 어쩌면 모두가 이 질문에 대한 답을 이미 알고 있을 것이다. 또 기업인이라면 당연히 알고 있어야 한다.

그렇다면 당신은 직원들이 이루어 낸 성과에 대해 제대로 평가하고 보상하고 있는가? 섣불리 '그렇다'라고 대답하지 마라.

시간이 흐르면서 성과에 따른 보상 시스템은 생산성이 떨어지기 때문이다. 요즘처럼 테크놀로지가 급속하게 변하는 세상에서는 성과를 평가하고 보상하는 시스템이 예전보다 열 배 이상 빨리 진부해진다. 따라서 당신은 직원들을 적절하게 평가하고 그들에게 적절하게 보상한다고 생각하겠지만, 그런 생각은 순전히 당신의 바람에 불과할 수 있다.

다시 어슈라메드를 예로 들어 보자. 최고 경영자로 영입된 마이클 페트라스는 영업팀이 과거의 실적에 따라 평가와 보상을 받는다는 사실을 알고는 놀라지 않을 수 없었다. 더 정확히 말하면, 판매 대리인들은 과거의 '장부帳簿', 즉 과거에 성사시킨 계약으로부터 상당한 수수료를 받았지만, 새롭게 개척한 계약으로부터 받는 수수료는 그에 비하면 훨씬 적었다. 따라서 적잖은 판매 대리인이 기존의 대형 거래처를 관리하는 데 상당한 시간을 쏟았다. 한마디로, 그들에게는 상당한 수수료를 안겨 주었지만 회사의 성장에는 별로 도움이 되지 않는 평가 및 보상 구조였다. 결코 바람직하지 않은 구조였다.

마이클은 매출액 증가, 이윤 증가, 거래처의 수를 기준으로 영업팀의 보상 구조를 바꾸었다. 당연히 일부 판매 대리인은 그런 변화를 달갑게 받아들이지 않았다. 하기야 어떻게 그들을 나무랄 수 있겠는가. 오랫동안 그들은 기존의 대형 거래처를 관리하는 것만으로도 상당한 수수료를 받아 오지 않았던가. 그러나 대부분의 판매 대리인은 한층 신속하게 성장하는 기업에서 일하게 되었다는 기대감에 그런 변화를 받아들였다. 실제로 어슈라 메드는 매출과 이윤이 전례 없는 수준으로 신속하게 증가하는 추세를 보였다. 게다가 새로운 보상 구조로 인해 회사의 전반적 인 실적 향상에 기여하는 판매 대리인의 수도 증가했다. 결론적 으로, 판매 대리인들과 회사 양쪽 모두 변화로부터 손해를 보기 는커녕 큰 이익을 얻었다.

기업의 모든 영역에서 2년마다 성과를 평가하고 보상하는 시 스템을 재점검해 새롭게 다듬는 일이 무척 부담스럽고 어렵게 느껴질 수 있음을 나도 잘 알고 있다. 이런 이유 때문에 앞에서 이 방법에 지극히 세세한 것까지 꼼꼼하게 확인하는 분위기가 필요하다고 말했던 것이다.

보상 시스템은 경색되고 생산성을 떨어뜨리는 경우가 무척 잦다. 고인 물은 썩기 마련이다. 저성장이 만연한 세계에서 신속 한 성장을 촉진하려면 보상 시스템의 재점검은 반드시 받아들 여야 할 승리의 공식 중 하나다.

내부의 저항자들을 내 편으로 만들어라

다시 컬링과 비교해 성장을 자극하기 위한 마지막 수단을 설 명해 보자. 컬링과의 비유는 언제나 흥미진진한 듯하다.

앞에서 나는 리더의 역할을 컬링과 비교해 설명했다. 한 선수가 목표를 향해 얼음판에서 스톤을 밀면, 다른 세 선수는 빗자루로 얼음판을 미친 듯이 닦으며 장애물을 제거한다. 이런 비유를 통해 나는 진정한 리더라면 이처럼 얼음판을 문질러 닦으며 장애물을 제거하는 선수들처럼 행동해야 한다고 주장했다. 또한 이 비유에서 '장애물'은 고질적인 관료주의적 규칙과 규정을 뜻한다고 말했다.

성장의 경우도 다를 바 없다. 하지만 성장 프로젝트의 원활한 추진을 방해하는 장애물은 고질적인 관료주의적 병폐만이 아니다. '과거'의 조직에 안주하며 조직을 새롭게 탈바꿈시키려는 작은 모험에 주어지는 관심과 예산을 달갑게 생각하지 않는 편협한 저항자들도 성장을 방해하는 장애물이다.

그들은 변화를 싫어한다. 늘 이렇게 불평한다.

"경영진은 입을 모아 혁신과 성장을 말하지만 가능성이 없어. 돈을 엉뚱한 데 쏟아붓고 있는 거야. 우리는 힘들게 돈을 벌어 오는데 그들은 돈을 펑펑 낭비하고 있다고!"

인간의 본성이 원래 그렇다.

그런데 어떤 면에서 보면, 이런 저항자들이 새로운 성장 프로젝트에 실질적인 해를 끼치지는 않는다. 그들은 그저 투덜거리고 징징대는 것일 뿐이다. 그러나 다른 면에서 보면, 그들의 불만과 푸념은 회사의 성장에 실질적인 피해를 줄 수 있다. 고객이나 납품업자에 대한 정보를 적극적으로 공유하지 않는 경우다. 게다가 회의에 참석해서도 중요하고 유용한 정보나 아이디어를 공개하지 않을 수도 있다. 온갖 자질구레한 방법으로 협력하지 않음으로써 진행 과정에서 수없이 고비를 겪기 마련인 성장 프로젝트가 성공할 기회를 앗아 갈 수 있다.

"이번 분기에는 메리를 지원해 줄 수 없습니다. 고객들이 싫어할 겁니다."

"존은 올해 자리를 옮기고 싶어 하지 않을 겁니다. 곧 아기 아빠가 되거든요."

그들이 이런 식으로 온갖 핑계와 구실을 내세우며 자기가 데리고 있는 유능한 직원을 새로운 성장 프로젝트에 내놓지 않으려 한다면 최악의 경우가 아닐 수 없다. 이처럼 유능한 인재를 독점하려는 행동은 일반적으로 성장 저항자들이 범하는 가장 큰 죄다. 모든 고객이 결정돼 있고 모든 시스템이 원만하게 굴러가는 예산 3000억 원 규모의 50년 역사를 지닌 사업부를 운영하는 것보다 새로운 프로젝트를 시작하는 게 백배는 더 어렵다.

따라서 성장을 자극하기 위해 마지막으로 완성해야 할 퍼즐 조각은 성장에 저항하는 사람들까지 끌어들이는 것이다. 그런 저항자들을 찾아내 달래고 함께하는 방법을 생각해 봐야 한다. 목표와 행동을 강조하는 명확한 대화가 때로는 효과가 있다. 이런 대화는 그런 저항자들이 받는 상여금의 상당한 몫을 성장 프로젝트의 성공과 연계함으로써 그들의 숙련된 경험과 지혜를 이끌어 내는 데 도움이 된다. 이런 경우에 돈은 마음을 하나로 결집하는 데 실질적인 도움을 준다. 이 방법마저 효과가 없으면 저항자는 회사를 떠나야 한다. 변화를 반대하며 저항하는 사람은 성장을 가로막는 장애물이다.

당신이 어떤 전술을 선택하든 반드시 알아야 두어야 할 것이 있다. 성장을 추구하는 프로젝트는 담 밖의 경쟁자들로부터도 거센 저항에 부닥치기 마련이란 것이다. 어떤 지위에 있더라도 리더는 내부의 저항까지 깔끔하게 해소해야 한다.

어떻게 해야 성장을 촉진할 수 있을까? 업종이나 지역을 불문하고 이 문제는 기업이 당면한 화급한 문제다. 나는 저성장이 고질병처럼 굳어 버린 세계에서 더 신속하게 성장하는 방법이 무엇인지 알고 싶다는 사람을 많이 만났다.

이런 까다로운 질문을 받으면 나는 지금까지 성장 촉매로 제시한 여섯 가지의 수단을 이야기한다. 어떤 면에서는 이 책 전체가 성장이란 문제를 다루었다 해도 과언이 아니다. 위대한 리더십은 성장을 유도한다. 위대한 팀은 성장의 선봉장이다. 위대한 전략은 성장으로 이어진다. 자료의 치밀한 분석은 성장의 디딤돌이다. 새롭게 다듬어진 위대한 보상 시스템은 성장으로 가는 지름길이다. 나는 늘 이렇게 말한다.

어슈라메드의 마이클 페트라스를 처음 만난 자리에서 나는 어슈라메드가 30퍼센트의 성장률을 기록한 비결이 무엇인지 물었다. 그러자 그는 이렇게 대답했다.

"우리는 모든 것을 동시에 진행했습니다."

그렇다. 마이클 페트라스는 성장을 위해 필요한 모든 수단을 동시에 실시했다. 그는 새로운 눈을 영입했고, 자원을 분산하지 않고 집중적으로 투자했다. 또한 성장을 위한 모험적인 프로젝트에 유능한 직원들을 투입했고, 성장 목표를 기준으로 성과를 평가하고 보상했으며, 혁신을 모든 직원의 과제로 삼았다. 또한 성장 프로젝트를 방해하는 직원이 있으면 지위 고하를 불문하고 다시는 성장의 걸림돌이 되지 않도록 확실한 조치를 취했다.

이 모든 것이 상승효과를 일으켰다. 어슈라메드는 지금도 꾸준히 성장하고 있으며, 2014년에는 매출 1조 원을 돌파했다. 특히 이런 결과가 직원에게 안겨 준 자부심은 돈으로 환산할 수 없을 정도였다. 성장은 관련된 모든 직원에게 활력을 불어넣고 그들을 기대감에 들뜨게 했다.

기대감에 들뜨게 해 준다는 점에서 성장은 반드시 필요하다. 어떤 것이든 성장하지 않는 것은 결국 죽기 마련이다. 비즈니스라고 다를 바 없다. 전 세계적으로 지금 저성장 시대인 것은 분명하다. 때로는 전前 분기나 작년의 수준을 유지하는 것도 승리로 여겨진다. 그러나 일을 의미 있고 재미있게 해내기 위해서라도 성장은 중요하다. 정체 상태가 지금의 현상이란 믿음의 노예가 되어서는 안 된다.

저성장 시대에도 성장은 가능하다. 이런 이유에서 성장은 위대한 것이다.

해외 진출을 위해 알아야 할 네 가지

GLOBALIZATION: IT'S COMPLICATED

페이스북을 좋아하는가, 싫어하는가? 어떤 경우든 페이스북이 관계 상태의 하나로 '복잡하다It's complicated'를 설정한 결정은 무척 영리한 선택이었음을 반박하기 힘들 것이다. 이 짤막한 문장이 무엇을 뜻하는지 짐작하지 못할 사람은 없다. 이처럼 우리는 뭔가를 뚜렷이 규정할 수 없는 복잡한 세상에 살고 있다. 해외 진출, 즉 경영의 국제화도 크게 다르지 않다.

오늘날 기업이 당면한 현실적인 문제를 다루는 책을 쓰겠다면서 해외 시장에서 어떻게 일해야 하는지에 대해 말하지 않는다면 말도 안 되는 짓일 것이다. 그렇다고 해외 진출의 올바른 방향에 대한 조언이 턱없이 부족한 것처럼 말하는 것도 터무니없는 짓일 수 있다. 해외 진출에 필요한 조언은 어디에서나 흔히

들을 수 있지 않은가!

그 조언 가운데에는 훌륭한 것도 많다. 평범한 사람은 생각해 낼 수 없는 대단한 조언도 간혹 눈에 띈다. 여기서는 당신이 어디에서든 이미 들어 보았을 법한 조언들은 되풀이하지 않고 대체로 언급되지 않은 점들에 대해서 집중적으로 언급하고 싶다. 하지만 이는 당신이 국경 너머에서 사업할 때 확연한 차이를 만들어 낼 수 있는 아주 중요한 요인들이다. 내가 글로벌 한 대기업에서 40년 동안 일한 경험, 그리고 그 후 해외에서 사업하는 온갖 규모의 다양한 기업과 함께 일한 경험에서 얻은 통찰이라 할 수 있다.

내가 오랜 경험에서 얻은 결론은 해외 시장을 성공적으로 개척하기 위해서는 이미 확인된 전통적인 방식 외에 네 가지 중요한 요소가 필요하다는 것이다. 물론 네 요소 중 한두 가지를 우연히 알아내 적용하고 있는 기업도 있겠지만, 그런 기업에게도 다른 요소들은 완전히 새로운 것으로 여겨질 것이다. 나는 해외 시장을 개척하는 데 분별력Discernment의 중요성에 대해 언급하는 사람을 만나 본 적이 거의 없다. 그런데 이런 분별력이야말로 글로벌 경영자에게 요구되는 가장 기본적인 자질이라고 생각한다. 이에 대해서는 뒤에서 자세히 살펴보기로 하자.

더 이상 긴 말 하지 않고 해외 진출에서 가장 중요한 네 가지 요소들에 대해 하나씩 살펴보자.

해외 진출, 이렇게 하면 실패한다

어떤 이유로든 많은 기업, 심지어 좋은 기업이란 평판을 듣는 기업도 '크게 한몫을 잡겠다'는 생각으로 해외 진출 계획을 추진한다. 그런 기업들은 자신들의 상품을 지역별 유통 경로에 무지막지하게 밀어 넣음으로써 새로운 수출 시장을 어지럽히거나, 저비용 국가 소싱Low-Cost Country Sourcing을 거의 불가능한 수준까지 쥐어짠다. 한마디로 많은 돈을 벌겠다는 생각밖에 없다. 그러나 누구나 알고 있듯이 비즈니스는 그런 식으로 이루어지는 게 아니다. 적어도 그런 식의 비즈니스는 오랫동안 지속되지 못한다.

약 25년 전만 해도 서구의 기업들은 해외 시장에 진출해 자신들의 상품을 판매할 지역 유통 업체와 계약해서 상당한 수준의 성공을 기대할 수 있었다. 그때만 해도 서구의 상품은 상당한 부가 가치를 인정받았기 때문이다. 중국은 지금처럼 효율성이 높은 현대식 농기구를 대량으로 생산해 내지 못했고, 인도는 휴대용 초음파 기계를 생산해 내지 못했다.

물론 요즘에는 중국과 인도에도 숙련된 기술자와 첨단 공장이 있다. 중국과 인도 외에도 많은 국가가 착실하게 발전하고 있다. 폴란드가 대표적인 예이고, 최근에는 나이지리아에도 첨단 공장이 세워지고 있다. 따라서 선진국으로, 또 견실한 내수 경제를 지닌 개발 도상국으로 진입하는 국가가 매년 증가하는 추세다. 이처럼 번영이 확대되는 현상은 실로 반가운 소식이 아닐 수 없다.

그러나 이런 변화는 당신이 수출 전략에 돈을 투자하기 전에 생각하고 또 생각하라는 뜻이다. 행동을 취하기 전에 먼저 물어야 할 세 가지 질문이 있다.

첫째, 우리가 수출하려는 상품이 목표로 삼은 시장에서 진정으로 원하고 요구하는 특별한 상품인가?

둘째, 우리가 보유한 테크놀로지가 정말로 혁명적이고 우수한 것인가?

셋째, 남들이 쉽게 흉내 내서 재빨리 더 싼값으로 파는 걸 방지할 수 있는가?

이런 의문에 하나라도 '아니다'라는 대답이 있다면, 당신이 승자가 되는 일은 없을 것이다.

이쯤에서 중요한 정보 하나를 공개할까 한다. 당신이 보유한 상품과 테크놀로지가 유일무이한 특별한 것이 아니라면, 강력한 브랜드가 윈윈 상황을 만들어 갈 때 위험을 경감하는 중요한 요인이 될 수 있다는 것이다. 이해가 되지 않겠지만, 밀러의 팹스트 블루 리본은 중국에서 고급 맥주로 인정받아 한 병에 3만 원 이상에 팔린다. 네슬레의 초코바 킷캣은 일본에서 엄청난 인기를 누리며 녹차맛, 콩맛, 구운 옥수수맛, 레몬맛 등 80여 종의 킷캣이 팔리고 있다. 물론 이런 사례가 소비재에만 국한된 것은 아니다. 나이키, 애플, 샤넬, 아메리칸 익스프레스도 확고한 글로벌 브랜드를 구축한 덕분에 많은 지역 파트너와 윈윈 상황을 만들어 갈 수 있었다.

향후 10년 내에 중국이 당면할 가장 큰 고민거리는 브랜드 역량 부족일 것이다. 당신이라면 중국 기업의 제품을 신뢰할 수 있겠는가? 반면에 일본은 지난 40년 동안, 한국은 지난 20년 동안 브랜드 역량을 구축하려고 수조 원을 쏟아부었다. 삼성, LG, 현대라는 이름을 생각해 보라. 중국이 언제쯤 그 수준에 도달할지는 누구도 장담할 수 없다. 여하튼 10년쯤 걸릴 것이다. 그보다 약간 더 오랜 시간이 걸리더라도 현재 자신의 브랜드로 중국산임을 감춘 수출 기업들이 경계심을 품기에는 충분한 시간이다.

수출과 마찬가지로, 소싱Sourcing도 과거에는 존재하지 않던 개념이다. 해외의 협력 기업을 착취하겠다는 생각은 버려라. 1985년에 그랬지만, 요즘에는 지역 생산자에게 합리적인 이익을 보장해 주지 않으면, 결국 모두에게 이익이 되는 진정한 윈윈이 아니면, 협력 관계는 결국 깨지기 마련이다.

윈윈을 추구한 소싱의 대표적인 사례로 나는 미국에서 가장 큰 웨딩드레스 전문 소매점, 데이비즈 브라이덜을 주로 인용한다. 폴 프레슬러 회장에 따르면, 데이비즈 브라이덜은 오랫동안 열 곳의 중국 공장에서 복잡한 바느질이 필요한 상품을 생산했지만, 인건비 상승과 정치적 불안정 및 지나치게 중국 의존적인 생산 등을 고려할 때 자칫하면 큰 위험에 빠질 수 있음을 2013년경부터 인식하기 시작했다. 따라서 데이비즈 브라이덜은 스리랑카의 한 공장과 협력 관계를 맺고 투자를 확대하기로 결정했다. 경쟁력이 높은 가격으로 고품질의 상품을 생산하며 능력을 입증해 보인 기업가가 운영하는 공장이었다. 데이비즈 브라이덜은 25퍼센트의 자본과 기술 교육을 제공하고, 향후 5년 동안 일차적으로 생산량을 보장하기로 약속했다. 이런 합의 덕분에 스리랑카의 기업가는 초기의 손실을 보상 받고 외부로부터 자본을 투자 받을 수 있었다. 폴 프레슬러는 이렇게 설명했다.

"공급망 관리가 우리의 강력한 무기입니다. 우리는 스리랑카의 협력 기업에게 중요한 고객이 되고 싶었고, 그 협력 기업이 우리에게도 중요한 공급자가 되기를 바랐습니다. 그래야 오랫동안 함께 손잡고 일할 수 있지 않겠습니까?"

여기서 '오랫동안'이란 표현이 중요하다. 글로벌 비즈니스를 윈윈 환경으로 만들어 가는 열쇠는 결국 시간이기 때문이다.

지금은 사모 투자 회사에서 일하지만 오랫동안 유니레버(88개 국가 진출)의 경영진에 몸담은 까닭에 해외 시장 진출에 대해 세계 최고 전문가 중 한 사람인 빈디 방가는 합작 투자의 실패 이유에 대해 이렇게 설명한다.

"처음에는 모든 것이 이래도 되나 싶을 정도로 순조롭게 시작됩니다. 모두가 만면에 미소를 짓고 악수를 나누죠. 양쪽 모두 해 볼 만하다고 생각합니다. '갑'은 기술이나 브랜드 이미지를 제공하면 될 거라 생각하고, '을'은 지역 시장과 인맥 및 규제에 관련된 정보를 제공하면 될 거라고 생각하는 거죠. 그러면서 모두가 만족할 만한 공정한 거래를 했다고 생각합니다."

빈디의 설명은 거기에서 끝나지 않는다. 5년쯤 지나 합작 투자 사업이 그런대로 성공하면, '갑'은 규모를 키우고 싶어 한다. 때때로 '갑'은 지역 협력 업체를 인수해서라도 사업 규모를 키우려 한다. 그럼 지역 협력 업체는 부당하게 이용당한 끝에 토사구팽당했다는 좌절감에 분노하며 경쟁자로 돌변할 수 있다. 이런 결과는 결코 최선의 결과라 할 수 없다. 한편 '갑'이 지역 협력 업체에 '각자 500억 원을 더 투자하는 게 어떻겠습니까?'라고 점잖게 제안하는 경우도 있다. 하지만 지역 협력 업체는 그 제안에 멈칫할 수밖에 없다. 500억 원이라면 그가 은행에 보유해 두거나 은행으로부터 대출 받을 수 있는 액수보다 크기 때문이다. 세계 어느 나라를 가도 500억 원은 어마어마한 액수다. 따라서 지역 협력 업체는 '우리 입장에서 그런 사업 확대는 시기상조인 것 같습니다', '우리는 그렇게 추가로 투자할 만한 자금 여력이 없습니다'라며 선뜻 결정을 내리지 않는다.

'갑'은 그런 반응에 짜증을 내며 '당신의 그런 미적지근한 태도 때문에 우리가 곤란한 지경에 몰릴 수 있습니다. 우리와 손잡으려는 경쟁 업체들이 줄을 섰습니다'라고 말한다.

빈디의 표현을 빌리면 그들은 서로 동문서답할 뿐이며, 결국 분쟁이 시작된다. 이런 결론 없는 논쟁 끝에 합작 투자 사업은 서서히 붕괴되기 시작하며, '갑'이 한층 적극적이고 충분한 재력을 지닌 지역 사업자를 찾아내는 순간 완전히 무너진다. 최초의 협력 업체는 이용만 당하고 버림받았다는 좌절감에 빠진다.

빈디는 이런 문제가 흔히 발생하는 이유를 이렇게 분석한다.

"협력 관계를 맺는 기업들이 처음부터 마주 앉아 5~10년이란 장기 계획을 생각하지 않기 때문입니다. 무척 단순하게 들리지만, 장기 계획을 염두에 두는 경우는 매우 드물어요."

실제로 많은 기업이 관리자를 해외에 파견하는 기간에 관해서 근시안적으로 생각한다. 양쪽 모두에게 이득이 되는 결과를 원한다면 직원을 협력 업체에 1~2년 동안 파견하는 것으로 만족해서는 안 된다. 그렇게 하면 해외의 협력 업체는 걸핏하면 바뀌는 관리자에게 맞추느라 정신을 차리지 못한다. 그럼 당신이 파견하는 직원은 어떨까? 빈디는 이렇게 지적한다.

"첫해는 덧없이 흘러갑니다. 무엇을 어떻게 해야 하는지 전혀 모르죠. 모든 것을 배워야 합니다. 끊임없이 좌충우돌하고 헷갈리며 혼선을 겪습니다. 게다가 그가 잠자는 시간에 본사 직원들은 깨어 있고, 그가 깨어 있을 때 본사 직원들은 잠을 잡니다. 2년 차가 돼서야 지역 풍습과 시장을 알아 가기 시작하고, 비즈니스에 필요한 인맥을 찾아 관계를 맺습니다. 그러니 3년 차가 돼서야 제 역할을 시작하는 겁니다."

그렇다. 3년 차가 되어야 한다. 그런데 대다수의 해외 파견자는 3년 차가 되면 본사의 상관들에게 복귀시켜 달라고 조르기 시작한다. 낯선 곳에서 생활하는 데 지쳤고 가족과 친구들이 보고 싶기도 할 것이다. 그러나 솔직히 말하면, 그때부터 그에게 온전한 역할을 기대할 수 있다.

결론적으로 말해서, 당연한 말이겠지만 당신의 목표가 양쪽 모두에게 이익이 되는 상황을 이루어 내는 것이라면, 공정한 관계를 넘어 장기적인 계획을 세워야 한다.

해외 진출은 다양한 보장 내용을 포함하는 특약에 가입하는 보험이라고 생각하라.

해외 사업에 투입할 인재는 따로 있다

흔히 상투적인 말이라 빈정대지만, 가장 뛰어나고 가장 유능한 직원을 해외 업무에 파견해야 한다는 말은 부인할 수 없는 사실이기 때문에 상투적이더라도 되풀이할 수밖에 없다. 해외 업무는 멀리에서는 화려하게 보일지 모르지만, 가까이에서 보면 무척 힘들다. 그 지역의 고유한 관습과 온갖 장애물 및 정부 관리들과 싸워야 하기 때문이다. 따라서 폴란드나 중국에서 신생 기업을 운영하는 것보다 고향에서 5000억 원의 예산을 집행하는 50년 역사를 지닌 사업 부서를 운영하는 게 훨씬 더 쉽다. 모든 것이 잘 짜인 오래된 사업 부서는 콧노래를 부르며 운영할 수 있어도, 머나먼 타국에서 신생 기업을 운영하려면 놀라울 정도로 빈번하게 이런저런 장애물에 부닥치며 흔들거리고, 때로는 꼼짝하지 못하고 모든 업무를 중단해야 한다.

게다가 해외 업무를 충실하게 완수하기가 무척 어렵다는 건 누구나 알고 있다. 특히 앞에서 말했듯이, 해외에 파견되는 기간이 수년을 넘겨야 할 때는 더더욱 힘들다. 해외에서 근무하는 직원에게도 가족과 친구가 있고, 가정과 취미가 있다. 또한 경력도 관리해야 하기 때문에 잊힐까 두렵기도 하다. 1982년부터 1993년까지 방영된 텔레비전 시트콤, 〈치어스〉의 주제곡이 아직도 우리에게 친숙하게 느껴지는 이유가 무엇이겠는가. '때로는 모두가 당신 이름을 아는 곳에 가고 싶겠지요'라는 노랫말이 사실이기 때문이다. '때로는'을 넘어 오랫동안 그런 곳에서 지내고 싶은 게 인간의 욕심이다.

이런 이유에서 많은 기업이 결국에는 그다지 적절하지 않은 직원을 해외에 파견한다. 열정적이고 야심에 찬 직원, 모험심이 강한 직원, 이중 국적인 직원, 혹은 다섯 살까지 인도에서 살았던 경영학 석사를 파견한다. 또 퇴직을 2년 정도 앞두고 배우자와 함께 유유자적하며 시간을 보내려는 인사 관리자나 생산 관리자를 파견한다. 물론 이런 직원들에게도 뛰어난 기량과 능력을 기대할 수 있다.

그러나 분별력이 부족한 경우가 많다. 내 경험에 따르면, 분별력은 해외 근무자가 효율적으로 일하기 위해 갖추어야 할 가장 중요한 자질이다. 그렇다. 분별력이 가장 중요하다.

그럼 분별력이란 무엇일까? 기본적으로는 현명한 판단력이다. 이 맥락에서 더 자세히 말하면, 분별력은 비즈니스적 상식,

문화적 감수성, 전통적인 훌륭한 지혜를 결합하는 능력이다. 또한 해당 지역의 풍습과 관습을 존중하면서도 회사의 의지와 방침을 밀고 나아가야 할 때와 물러서야 할 때를 적절하게 판단하는 능력이기도 하다.

분별력이 중요한 이유를 디즈니의 두 사례를 통해 살펴보자.

디즈니가 일본에 첫 매장을 개설할 때였다. 핵심적인 계획은 디즈니를 대대적으로 알리는 것이었다. 따라서 출입문에서부터 한 무리의 명랑한 안내원들이 손님을 떠들썩하게 환영하며 서로 교감하는 신나고 재미있는 소매점 분위기를 연출하기로 했다.

디즈니의 일본 측 경영진은 이런 계획을 완강히 반대했다. 그들의 설명에 따르면, 일본인들은 정중하게 인사하며 일정한 거리를 유지하는 안내원에게 익숙하다는 것이었다. 따라서 다른 식으로 접근하면 일본인들은 불편하게 생각할 것이고, 심지어 예의 없는 행동이라 생각할 거라는 주장까지 있었다.

일본 지사에 파견된 디즈니 책임자는 그런 경고를 들었지만 원래의 계획대로 밀고 나가기로 결정을 내렸다. 참여와 친선 및 '인간적인 접촉'은 디즈니라는 브랜드의 DNA였기 때문이다. 게다가 디즈니 책임자는 일본 고객들이 처음에는 안내원의 행동을 달갑게 생각하지 않을지 모르지만 결국에는 그런 안내원을 좋아하게 될 거라고 확신했다. 실제로 일본 손님들도 변하기 시작했다. 2년이 지나지 않아, 디즈니 도쿄 지점은 세계에서 최고의 수익을 올리는 지점의 하나가 되었다. 덧붙여 말하면, 도쿄의 많은 토착 백화점에서도 이제는 그런 안내원을 고용하고 있다.

반면에 홍콩에서는 테마파크를 개장하기 전 그 지역의 중요한 관습 하나를 따르기로 결정했다. 데이비즈 브라이덜의 최고 경영자로 영입되기 전 15년 동안 디즈니에서 근무한 까닭에 두 사례를 나에게 알려 준 폴 프레슬러의 판단에 따르면, 테마파크 내의 모든 식당에 테이블을 어떤 식으로 배치하느냐는 무척 중요한 문제였다. 세계 전역의 디즈니 식당에는 다양한 크기의 테이블이 놓여 있고 식사를 제공하는 시간도 정해져 있다. 폴이 당시의 기억을 이야기했다.

"홍콩 프로젝트를 위해 시장 조사를 진행하는 동안 우리는 홍콩 사람들이 기본적으로 정오를 중심으로 거의 같은 시간에 식사를 하고, 그것도 한 테이블에 모여서 식사하는 게 문화의 일부라는 걸 알게 됐습니다."

격렬한 토론이 벌어졌고, 마침내 최종 결정이 내려졌다. 손님들이 어떻게 식사하느냐는 디즈니의 DNA와 별다른 관계가 없었지만, 식사하는 관습을 바꾸라고 강요하면 디즈니를 찾는 손님들의 즐거움을 빼앗아 갈 가능성이 있었다. 따라서 식당은 커다란 테이블이 들어갈 수 있도록 설계되었고, 그에 맞추어 직원들도 배치되었다. 지역의 관습을 우선시한 사례였다.

이번에도 역시 대성공이었다. 결국 분별력이 만들어 낸 성공이었다. 물론 분별력은 미묘한 것이어서 쉽게 정의하기 어렵다. 그러나 분별력이 크고 작은 결정을 내릴 때 확신에 찬 훌륭한 결정으로 나타나는 걸 보면 분별력이 무엇인지 조금씩 알아 갈 수 있을 것이다. 필요할 때는 본사와도 싸울 수 있어야 하고, 중요한 문화적 차이를 극복하며 지역 관리자와 협력해 일하기 위해서는 해외 근무자에게 반드시 필요한 자질이 바로 분별력이다. 따라서 이런 분별력을 발휘하는 사람을 보면 결코 놓쳐서는 안된다. 당신 기업이 해외에서 성공할 최고의 기회를 안겨 줄 사람이기 때문이다. 결국 분별력을 지닌 사람이 세상을 더 나은 방향으로 바꿔 갈 수 있다.

위험 요인을 제대로 파악하고 있는가?

세계를 상대로 사업을 확대하면 완전히 새로운 차원의 위험을 무릅써야 한다는 건 새삼스레 말할 필요도 없다. 물론 현실적인 문제를 가장 확실하게 해결할 수 있는 첫 번째 방법은 소싱에서 한 국가에 대한 의존도를 제한하는 것이다. 데이비즈 브라이덜이 스리랑카에 공장을 신설하기로 결정했던 주된 이유도 여기에 있었다. 데이비즈 브라이덜은 중국의 협력 업체들에게 예나 지금이나 만족하고 있지만, 폴 프레슬러의 표현대로 위험에 지나치게 노출돼 있다는 근심을 떨칠 수 없었다.

해외 진출, 즉 글로벌 경영에서 위험을 관리하는 두 번째 방법도 역시 당연하게 들리겠지만, 본국의 법규를 따르라는 것이다.

당신이 사업하는 국가의 법규에 따르면 직원들에게 일주일 내내 일을 시켜도 괜찮고 기초를 놓지 않고 공장을 세울 수 있더라도 본국의 법규를 고수해야 한다. 대체로 본국의 법규가 상대적으로 더 엄격하고 안전하며, 직원과 환경을 위험으로부터 더 확실하게 보호할 수 있기 때문이다. 한마디로, 모든 과정에서 '글로벌 베스트 프랙티스Global Best Practice'를 강박적으로 생각해야 한다는 것이다. 비용이 더 많이 들지 않을까 걱정인가? 물론 비용이 더 많이 들 것이다. 하지만 비용은 중요하지 않다. 사고가 터지면 지금까지 아껴 왔던 인적 비용과 금전적 비용이 한꺼번에 날아간다.

여기서 언급한 비극적인 사건들에 대해서는 당신도 잘 알 것이다. 위험을 예방하기 위한 비용을 아끼려던 탐욕에서 비롯된 비극적인 사건은 헤아릴 수 없이 많다. 조심하고 또 조심하라.

법규의 준수를 강조하지만, 누군가 당신에게 급행료Facilitating Payment 혹은 Facilitating Gratuity라는 말을 넌지시 건네는 때가 올지도 모른다. 뇌물은 그렇게 시작된다. '급행료'라는 말에 당신은 십중팔구 어리벙벙할 것이다. 물론 지역 사람들은 당신에게 '걱정하지 마세요. 여기서는 다 그렇게 합니다'라고 말할 것이다. 경쟁자들에게 뒤지지 않으려는 압박감에 오랫동안 시달린 탓에 그런 유혹에 넘어갈 동료가 있을지 모르지만, 어떤 경우에라도 법규를 지키겠다는 원칙을 고수하라. 그 자리를 박차고 나오라. 귀를 닫고 탈법적 유혹에 넘어가지 마라. 물론 단기적으로는

'탈법 행위'에 동조한 다른 회사에게 거래를 빼앗길지 모르지만, 장기적인 관점에서는 정직이란 황금률을 준수한 보상을 틀림없이 받을 것이다. 당신의 양심은 말할 것도 없고, 위기관리도 그 덕에 훨씬 편안해질 것이다.

법규 준수에 관해 빈디 방가는 "윤리적으로 행동하며 수십 년 동안 공들여 쌓은 평판이 한 번의 실수로 완전히 무너질 수 있습니다"라고 지적했다. 따라서 리더는 인정사정없이 탈법자를 찾아내고 처벌해야 한다. 빈디는 "리더는 탈법에는 인정사정없는 사람으로 보이는 게 무엇보다 중요합니다"라고 덧붙였다. 결국 뇌물을 사사로이 처벌하면 아무런 소용이 없다는 뜻이다.

글로벌 경영에서 예상되는 위기관리의 세 번째 방법은 껄끄럽고 지저분하더라도 세세한 부분까지 꼼꼼하게 확인하는 습관의 중요성이지만, 안타깝게도 이 방법에 대해서는 별로 언급되지 않는 편이다.

세부적인 것까지 꼼꼼하게 확인하라. 해외 업무를 중개인에게 완전히 위임할 수는 없기 때문이다. 특히 초기 단계에서는 더더욱 그렇다. 많은 중개 회사와 중개 전문가가 "우리는 지역 사람과 관습 및 규정에 대해 잘 알고 있습니다. 우리가 사업을 확장하는 걸 도와줄 수 있을 겁니다"라며 접근한다. 물론 실질적인 도움을 줄 수 있는 회사와 전문가가 없지는 않다. 그러나 그들이 당신을 대신해서 일할 때는 항상 함께 있어야 한다. 그들과 팔꿈치를 맞대고 함께 있어야 한다.

저명한 인테리어 디자이너 버니 윌리엄스를 예로 들어 보자. 버니는 40년 동안 단독으로 활동한 후 2010년 자신의 이름을 상표로 내세운 가구 사업을 시작하기로 마음먹고 다양한 가구를 해외에서 제작하기로 했다. 해외 시장을 기반으로 새로운 사업 아이디어를 실행했다는 점에서 진정한 기업가라 할 수 있다! 실제로 해외 진출은 대기업에만 국한되지 않는다. 많은 소기업이 해외에서 활동하고 있다. 특히 그녀의 가구 회사, 버니 윌리엄스 홈을 비롯한 몇몇 소기업은 '베스트 프랙티스'를 실천한 훌륭한 사례다. 오늘날 가구 산업을 성공적으로 이끌어 가는 버니는 해외 진출을 꿈꾸는 기업가들에게 따끔하게 충고한다.

"전화나 온라인으로 해외 시장을 개척할 수는 없습니다. 현장에 가서 공장에 직접 들어가야 합니다. 직공들과 이야기를 나누며 인간관계를 맺어야 하지요. 옆에 서서 그들이 일하는 모습을 지켜봐야 합니다. 그들이 상품을 어떻게 포장하고 상자에 넣는지도 지켜봐야지요. 물류 관리에 대해서도 그들과 이야기를 나눠야 합니다. 이런 일을 당신만큼 잘 해낼 사람은 없습니다. 누구도 당신만큼 신경을 쓰지 않기 때문입니다."

버니는 사업을 시작한 후 해마다 빠짐없이 중국과 베트남에 마련한 공장들을 방문하며 6주일을 보냈다. 품질과 운송에서 예상되는 위험을 철저하게 관리하기 위해 버니는 처음에는 각 공장에서 소량만을 제작했다. 주문 수량은 한 번에 백 점이 넘지 않도록 했다.

"나는 소규모 주문자에 불과합니다. 공장에 들어가 이것저것 온갖 것을 요구할 수는 없습니다. 하지만 내가 할 일을 할 수는 있습니다. 세세한 부분까지 철저하게 점검할 수는 있습니다. 물론 시간이 걸립니다. 그래도 그렇게 해야만 합니다."

모험적인 사업을 시작해 운영할 때 이런 시간 투자는 필수적인 것이다. 지금도 버니는 매년 적어도 두 번씩 공장들을 방문해 관리자들과 며칠을 보내고, 통역까지 동원해 현장의 직공들과 이야기를 나누기도 한다. 그녀도 '진이 빠지고 무척 힘든 일'임을 인정했다.

그러나 위험을 직시한다는 것은 이런 것이다. 생산지를 다각화하고 규정을 엄격하게 준수하는 과정처럼 당연하게 여겨지는 일 외에 사소한 것까지 꼼꼼하게 확인해야 한다. 때로는 문자 그대로 목숨을 걸어야 한다.

해외 시장은 혁신의 전초 기지다

어떤 사람이 자유의 여신상을 구경하려고 뉴욕을 방문했더라도 브로드웨이의 쇼를 보지 않고 고향에 돌아간다면 바보이고 멍청이라고 생각하지 않겠는가? 하지만 안타깝게도 무수히 많은 기업이 해외 업무를 이런 식으로 생각하는 게 현실이다. 많은 기업이 인도에 콜센터를 두고 인도네시아에서 신발 공장을 운영하고 있지만, 그것으로 끝이다.

한쪽만을 보고 다른 가능성은 보려고도 하지 않는 셈이다. 해외 진출은 비용이 많이 들고 위험도 크다. 게다가 수익을 거두려면 몇 년이 걸릴 수도 있다. 그러나 앞에서 말했듯이 윈윈을 목표로 한다면 주변으로 시장을 확대함으로써 대부분의 기업이 생각하는 수준보다 더 신속하게 수익성을 앞당길 수 있다. 데이비즈 브라이덜은 중국에서 소싱을 시작할 때 미국의 신부들에게 상대적으로 낮은 가격에 웨딩드레스를 제공하고 납품 시간을 단축하는 게 목적이었다. 하지만 데이비즈 브라이덜은 중국에 진출한 덕분에 일본과 브라질에도 새로운 시장을 조성할 수 있다는 걸 곧 깨달았다. 실제로 해외 생산 기지를 본부로 활용해 그곳에서 생산된 상품을 전 세계로 판매하는 회사가 점점 증가하는 추세다.

해외 진출은 혁신의 기회를 제공한다. 해외 진출의 이점을 극대화하려면 이런 기회도 놓치지 않고 활용해야 한다.

그렇다. 혁신이다. 해외 시장은 혁신의 실험실이라 할 수 있다. 버니 윌리엄스는 베트남의 공장을 방문했을 때 직공들이 그지역에서 판매할 가구들을 래커로 마무리하는 모습을 보았다. 버니는 당시를 회상하며 이렇게 말했다.

"정말 아름다웠습니다. 그래서 귀국하자마자 래커로 마무리하는 가구들을 디자인해서 그들에게 제작을 맡겼습니다. 대히트였습니다."

유니레버에서도 비슷한 사례를 찾을 수 있다. 유니레버는 아시아에 샴푸를 판매하기 시작했지만, 대부분의 소비자가 한 번에 한 통을 살 만한 돈이 없다는 걸 곧 알아차렸다. 그래서 일회용 샴푸를 제작해 싼값에 팔았다. 이 아이디어는 다른 시장에서도 엄청난 잠재력을 발휘하며 전 세계로 순식간에 확대되어 엄청난 성공을 거두었다.

결론적으로, 글로벌 시장은 수출이나 소싱만을 위한 곳이 아니다. 글로벌 시장은 새로운 것을 배워 혁신을 이루어 낼 수 있는 곳이다. 이런 기회를 놓친다면 해외 진출의 장점과 재미를 절반쯤 놓친 것이다.

이 장을 시작할 때 말했듯이, 해외 진출에 관련된 조언은 산더미처럼 많다. 전문가들이 앞다투어 의견을 밝히고 교수들도 각자의 생각을 발표한다. 해외 시장에서 잔뼈가 굵은 사람들도 각자가 겪은 전쟁 이야기를 실감 나게 전해 준다. 내가 여기서 제시한 조언도 그렇지만, 어떤 전문가의 조언을 들어 봐도 해외 시장 개척은 여전히 복잡하다는 생각밖에 들지 않는다. 어떻게 그럴 수가 있을까? 국내 비즈니스도 복잡하기 이를 데 없는데 말이다.

그러나 여기에 제시한 네 가지 질문에는 성공적인 해외 시장 개척을 위한 실질적인 조언이 담겼다고 자부한다. 지역 협력 기업과 함께 성공하는 윈윈 전략을 추구하라. 분별력을 지닌 직원을 파견하라. 위험을 예방하기 위해 사소한 것까지 꼼꼼하게 확인하라. 해외 업무를 해외 업무라고만 생각하지 마라. 해외 공장은 확장과 혁신을 위한 전초 기지다.

그리고 신명나게 일하라. 해외 시장에 성공적으로 진출하면 회사의 순익과 직원들에게 엄청난 보상을 안겨 줄 수 있다.

이런 이유에서, 복잡하게 생각할 것 없이 해외 시장을 사랑하면 된다.

숫자가 두려운 사람들을 위한 재무 관리

FEAR OF FINANCE······ NO MORE

월스트리트에서 일하는 사람이라면, 혹은 기업 재무에 관련된 강의실에서 며칠을 보내거나 회계학 학위나 국제 재무 분석사CFA:Chartered Financial Analyst 자격증을 지닌 사람이라면 이 장을 건너뛰어도 상관없다. 이 장은 재무 관리를 두렵게 생각하고 심지어 혐오하는 기업인을 위한 것이다.

재무 관리를 두렵게 생각하는 사람이 의외로 많다. 기업계에 첫발을 내디딘 사람만이 재무 관리를 어렵고 두렵게 생각하는 게 아니다. 내가 귀에 딱지가 앉도록 들은 말에 따르면, 재무 관리는 그런대로 상당한 경험을 지닌 사람들에게도 극심한 두려움을 불러일으키는 것이다.

분명히 말하지만, 나는 재무 관리의 기초적인 개념에 대해 말하려는 게 아니다. 매출, 비용, 순이익 등은 누구나 쉽게 이해할수 있는 개념이다. 따라서 대부분이 회사에 첫발을 들여놓는 순간 그 뜻을 어렵지 않게 이해한다. 게다가 1~2년 경력을 쌓으면 어떤 수치가 자신이 속한 팀이나 부서의 실적을 나타내는지도 알게 된다. 생산 부서에 근무하는 사람은 재고 회전율과 단위 원가에 주목할 것이고, 마케팅 부서에 근무하는 사람은 고객 유지율과 매출액 증가율에 주목할 것이다. 한편 콜센터 관리자라면 응답하는 데 소요된 시간, 통화 중에 연결이 끊긴 횟수, 직원 만족도에 관심을 가질 것이다.

　내가 말하는 재무 관리에 대한 두려움은, 당신이 예산안을 상관에게 제출하기 전에 느끼는 막연한 불안감을 뜻한다. 또한 파워포인트 슬라이드에 쓰인 수치들이 무엇을 뜻하는지 완벽하게 파악할 만큼 수학을 잘하지 못한다는 걱정, 혹은 최고 재무 책임자 같은 사람들과 회의하는 동안 정신없이 나열되는 약어들을 이해하지 못한다는 좌절감을 뜻하기도 한다. DSCR^Debt Service Coverage Ratio(부채 상환 계수), EBIT^Earnings Before Interests and Taxes(이자 및 세전 이익), EBITDA^Earnings Before Interest, Taxes, Depreciation and Amortization(법인세·이자·감가상각비·분할 상환 차감 전 영업 이익) 등과 같은 단어들이 정신없이 쏟아진다. 이런 이유에서, 기본적으로 당신에게 재무 관리는 한 번도 살아 본 적이 없는 나라에서 사용하는 언어처럼 들린다.

　따라서 이 장의 목적은 이런 '문제'를 바로잡는 것이다. 내가 즉각적인 처방을 제시할 수는 없다. 솔직히 그런 방법은 어디에도 없다. 비즈니스에서 다른 분야와 마찬가지로 재무 관리도 미묘한 것이 많아서 숙련된 수준에 이르려면 오랜 시간이 걸린다. 하지만 파리에서 즐거운 시간을 보내기 위해 반드시 프랑스어를 유창하게 구사할 필요는 없다. 파리의 이곳저곳을 돌아다니는 데 필요한 기본적인 표현과, 파리 여행을 의미 있게 해 줄 대표적인 관광지를 알면 충분하다. 이런 지식을 적절하게 짜 맞추면 당신은 아무것도 모르는 관광객에서 파리에 정통한 방문객으로 뒤바뀔 수 있다.

재무 관리도 다를 바 없다. 재무 관리에 친숙해지기 위해 필요한 용어를 알면 된다. 현금 흐름에 관련된 용어부터 시작해 대차대조표와 손익 계산서에 관련된 용어를 알아 가면 된다. 그러나 무엇보다 필요한 것은 '재무 관리에 관해 나도 관심 분야가 있어. 바로 분산 분석이야!'라고 말할 수 있는 정신 자세, 즉 마음가짐이다.

그렇다. 나는 분산 분석^{Variance Analysis}을 좋아한다. 수개월 혹은 수년간의 핵심 수치를 비교하거나 그 수치를 계획과 비교함으로써 조직에서 제대로 작동되는 부문과 그렇지 않은 부문을 찾아내는 분석 방법이 분산 분석이다. 어떤 기업의 인수를 고려할 때 분산 분석을 이용해 예정가를 산출한 추정의 근거를 검증할 수 있기 때문에 분산 분석을 좋아한다. 또 장기적인 계획에서는 분산 분석이 '우리는 성장하는 반면에 경쟁 기업들은 정체 상태에 있을 거라고 생각하는 근거는 무엇인가?'라는 의문을 갖게 해 주는 원동력이기 때문에 나는 분산 분석을 좋아한다. 이 장이 끝날 때쯤에는 당신도 분산 분석을 좋아하게 되기를 바란다. 분산 분석은 무엇보다 재무 관리의 핵심적인 부분이기 때문이다. 숫자를 들여다보며 그 안에 감추어진 의미를 따져 보고 전후의 관계를 평가하도록 자극하는 부분이 분산 분석이기도 하다. 재무 관리에서 분산 분석을 통해 당신은 '그런 숫자'가 존재하는 이유를 파악함으로써 더 나은 결정을 위한 수단으로 삼아야 한다.

분산 분석은 재무 관리에서 진실을 찾아가는 수단이다. 분산 분석은 온갖 가능성과 위험이 복잡하게 뒤얽힌 현실을 무엇보다 분명하게 드러내 주는 부분이다. 따라서 분산 분석은 세상을 환히 밝혀 주는 조명인 동시에 현미경이다. 달리 말하면, 너무도 유용한 도구이기 때문에 반드시 제대로 이해해서 활용하지 않으면 안 될 유일한 것이다.

재무제표에서 가장 중요한 숫자는?

재무제표와 분산 분석이 어떻게 이루어지는 본격적으로 살펴보기 전 숨을 고르는 차원에서 관련된 문제를 잠깐 살펴보자.

"관리자는 어떤 숫자에 가장 크게 관심을 두어야 합니까?"라는 질문을 자주 받는다. 다른 말로 표현하면, "어떤 재무 비율Financial Ratio이 우리 조직의 전반적인 건전성을 가장 잘 보여 줍니까?"라는 질문이다. 때때로 이 질문에는 당연한 듯이 "투자 수익률인가요, 매출 수익률인가요?"라는 자문자답이 뒤따른다. 때로는 "당좌 비율Quick Ratio인가요?"라는 자문자답도 뒤따른다.

하기야 한 기업의 건전성이 하나의 수치로 요약될 수 있다면 얼마나 좋겠는가.

말할 필요도 없겠지만, 그럴 가능성은 전혀 없다. 그러나 당신이 구멍가게를 운영하든 다국적 기업을 운영하든 기업의 건전성을 판단하는 데 무척 유용한 세 가지 주요 지표가 있다. 첫째는 직원 만족도Employee Engagement이고, 둘째는 고객 만족도Customer Satisfaction이며, 셋째는 현금 흐름Cash Flow이다. 하지만 앞의 둘은 엄격하게 말해 재무와 관련된 사항이 아니다.

직원 만족도가 첫째다. 기업의 규모와 상관없이 목표를 굳게 믿고 그 목표를 성취하는 방법을 올바로 이해하는 열정적인 직원이 없다면 어떤 기업도 장기적으로 승리할 수 없다. 이런 이유에서 어떤 기업이든 직원들이 속내를 말해도 안전하다고 생각할 수 있도록 익명성이 보장되는 조사를 매년 적어도 한 번 이상 실시해야 한다.

직원 만족도를 조사할 때는 치밀해야 한다. 당신이 질문지의 작성에 영향을 미칠 수 있다면, 구내식당의 음식 맛이나 주차 공간 등과 같은 사소한 것들에 대한 질문에 그치는 형식적인 조사가 되지 않도록 해야 한다. 가장 유의미한 조사라면, 직원들이 회사의 전략적 방향과 경력을 쌓아 갈 전망에 대해 어떻게 생각하는지 알아낼 수 있어야 한다. 따라서 다음과 같이 물어야 한다.

'회사가 당신의 미래에 대해 관심을 갖고, 당신에게 성장할 기회를 제공했다고 생각하십니까?'

'당신의 일과가 회사의 리더들이 연설이나 연보에서 말한 것과 관련 있다고 생각하십니까?'

결국 직원 만족도에 대한 최상의 조사는 '우리는 얼마나 얼라인먼트 돼 있다고 생각하느냐?' 라는 하나의 질문으로 귀결된다.

앞에서 말했듯이, 성장은 어떤 기업에게나 장기적인 생존을 위한 열쇠다. 따라서 고객 만족은 두 번째로 중요한 지표다. 내 생각에 이 지표는 현장 방문을 통해서만 정확하게 평가된다. '좋은' 고객만을 평가 대상으로 삼아서는 안 된다. 따라서 주문을 취소하거나 변덕스레 바꾸는 고객, 즉 판매원이 직접 만나고 싶어 하지 않는 고객을 관리자가 찾아가 만나야 한다. 그런 만남을 학습의 기회로 삼아라. '우리가 어떤 점을 개선할 수 있을까요?' 라는 뜻으로 정중하게 묻는 방법들을 찾아내라.

고객과의 만남 외에, 순수 추천 고객 지수NPS:Net Promoter Score를 활용하라고도 권하고 싶다. 경영 컨설턴트 프레더릭 라이헬드가 개발한 고객 만족도 측정 시스템인 NPS는 '우리 회사와 상품 혹은 서비스를 친구나 동료에게 추천할 의향이 어느 정도인가?' 라는 질문에 초점을 맞춘다. 고객 친화적인 아마존과 애플은 NPS 점수가 100점 만점에 70점인 것으로 조사된 반면, 케이블 텔레비전처럼 거의 독점적인 업체들은 대체로 30점 안팎에 불과한 것으로 드러났다.

NPS가 고객으로부터 가감 없는 피드백을 받는 최선의 방법인 건 분명하지만, 그것 말고도 NPS에서 또 하나의 훌륭한 효과를 기대할 수 있다는 걸 알아냈다. 나는 분기마다 NPS를 사용해 우리 MBA 과정에 등록한 학생들의 만족도를 조사한다. 그 '성적표'에는 질적으로 뛰어난 지적이 많기 때문에 우리 강의팀이 한층 분발하는 계기가 된다. 이런 이유에서도 우리 팀은 NPS의 활용을 추천할 수밖에 없다. NPS는 고객 만족도를 측정하는 도구지만, 리더가 고객의 관심사를 신속하게 해결하기 위해 NPS를 활용하면 직원 만족도까지 향상된다는 사실이 밝혀졌다. 한마디로 NPS는 두 가지 역할을 훌륭하게 소화해 내는 도구인 셈이다.

회사의 건전성을 평가할 때 유용하게 사용되는 마지막 기준은 현금 흐름이다. 공교롭게도 현금 흐름은 재무 관리에서 반드시 알아야 할 개념 중 하나다.

그래도 반가운 소식이 있다면, 현금 흐름은 그다지 복잡하지 않다는 것이다.

모든 회사가 현금 흐름을 세 가지 방법으로 추적한다. 영업 활동Operating Activities에 따른 현금 흐름은 일반적인 경영 활동에 관련된 돈이며, 기본적으로 매출에서 모든 비용을 뺀 돈이다. 투자

130   PART ONE

활동Investment Activities에 따른 현금 흐름은 회사가 금융 시장에서 거둔 이익과 손실만이 아니라 매각하거나 매입한 주요 자산을 주로 반영한다. 마지막으로 재무 활동Finance Activities에 따른 현금 흐름은 신주 발행과 현금 배당 및 현금의 차입과 상환 등을 반영한다.

현금 흐름과 관련해 반드시 알아야 할 것이 있다면, 현금 흐름은 거짓말을 하지 않는다는 점이다. 현금 흐름은 돈이 얼마나 빠져나가 얼마나 들어왔는지, 결국 회사가 얼마나 많은 돈을 현재 갖고 있는지 구체적인 숫자로 보여 준다. 따라서 대다수의 관리자와 투자자는 수익성의 척도로 순이익보다 현금 흐름을 더 선호하는 경향을 띤다. 순이익은 손익 계산서로 알 수 있지만, 손익 계산서에는 추정과 판단이 개입돼 있다. 반면에 잉여 현금 흐름Free Cash Flow은 기업의 기동성을 판단하는 객관적 지표가 된다. 달리 말하면, 주주들에게 현금을 배당할 수 있는지, 부채를 상환할 수 있는지, 더 신속하게 성장하기 위해 더 많은 돈을 빌려도 상관없는지 등을 알게 해 준다. 현금 흐름은 기업의 운명을 파악하고 조절하는 데 도움을 준다.

물론 기업의 건전성을 측정하는 데는 많은 방법이 있다. 그런데도 내가 앞에서 언급한 세 지표를 선호하는 이유는 기업의 건전성을 판단할 때 방향적으로 옳기 때문이다.

그러나 세 지표만으로는 충분하지 않다. 숫자가 주로 거론되는 회의에서, 즉 당신이 계획한 예산이나 투자를 상관이나 이사회, 혹은 동료들에게 프레젠테이션 해야 하는 회의에서 당신의 입장을 고수하려면 이 세 지표만으로는 충분하지 않다. 반대로 당신이 프레젠테이션을 받는 위치가 되어 예산이나 투자를 평가해야 하는 회의에서도 당신의 견해를 고수하는 데 세 지표만으로는 충분하지 않다.

그런 회의에서는 그 밖에도 재무에 관련된 많은 개념이 언급되지 않는가. 회의장에서 모두가 주시하는 파워포인트 슬라이드에 끝없이 이어지는 도표와 계산, 희망 수익률 등이 테마파크 퍼레이드 쇼에 등장하는 비슷비슷한 꽃 장식 수레처럼 보여서야 되겠는가. 이런 회의에서 구경꾼에 머물러서는 안 된다. 논쟁에 적극적으로 끼어들어야 한다. 당신도 얼마든지 그렇게 해낼 수 있다.

대차 대조표를 알아야 하는 이유

어떤 기업이나 대차 대조표가 있다. 그러나 현금이 거의 전부라 할 수 있는 소기업이나 신생 기업에서 일하는 사람이 아니라면, 대차 대조표에 대해 생각하지 않고도 그럭저럭 경력을 쌓아갈 수 있을 것이다. 대차 대조표는 회사의 재무 현황을 관리하는 사람, 즉 시장에서 돈을 빌리거나 투자를 승인하는 문제, 공장을 신설하거나 새로운 사업을 시작하느냐는 문제로 고민하는 사람의 주된 관심사이기 때문에 일반 직원이 대차 대조표에 관심을 갖지 않는 이유는 충분히 이해된다. 그런데 상장 회사의 대차 대조표는 재무 분석가와 투자자, 특히 '음, 이 회사는 앞으로 해낼 거라고 주장하는 것을 모두 해낼 수 있을 정도로 유동 자산이 충분한가?'를 분석하려는 투자자들에게는 관심사다.

대차 대조표는 한 기업의 자산과 부채 및 자기 자본을 간략하게 요약한 표다. 요컨대 한 기업이 무엇을 소유하고 무엇을 빚지고 있는지, 또한 개인과 시장이 그 기업에 투자한 총액이 얼마인지 등을 개략적으로 보여 주는 표가 대차 대조표다. 대차 대조표에서 왼쪽에는 자산이 기록되고, 오른쪽에는 부채와 자기 자본이 기록된다. 양쪽 계정이 균형을 이루기 때문에 대차 대조표 Balance Sheet라고 불린다.

자산은 비즈니스의 유형에 따라 달라지지만 거의 모든 것이 될 수 있다. 현금과 외상 매출금, 원재료, 건물과 공장, 재고와 부동산 등이 대표적인 자산이다. 회사의 수익 창출에 기여하지만 형체가 없기 때문에 '무형 자산Intangible Asset'이라 일컬어지는 자산도 있다. 무형 자산은 보이지도 않고 만질 수도 없지만 기업의 입장에서는 무척 중요하다. 영업권과 특허, 면허와 지적 재산권 등이 대표적인 예다.

부채는 무엇일까? 일반적인 용어로 말하면 '빚'이다. 부채는 회사가 외부로부터 단기적으로나 장기적으로 차입한 것이다. 자기 자본은 회사의 소유자와 시장이 회사에 투자한 돈을 뜻한다.

끝났다.

정말 끝났다. 대차 대조표는 일정한 시점에 기업의 재무 '유동성'을 간략하게 보여 주는 표라는 것만 알면 된다. 이 장을 읽는 독자, 즉 재무 관리를 두렵게 생각하며 혐오하는 독자라도 대차 대조표는 재무 관리에 대해 알아야 할 가장 중요한 것임을 기억하라. 또 당신이 훗날 최고 재무 책임자가 되겠다는 꿈을 몰래 키우지 않더라도 재무 관리에 대해 알아야 할 유일한 것이 있다면, 바로 대차 대조표임을 명심하라.

당신이 누구든 손익 계산서는 무조건 배워라

손익 계산서Income Statement는 완전히 다른 문제다. 손익 계산서는 유동성보다 수익성을 나타낸다. 더 구체적으로 말하면, 얼마나 많이 팔렸고, 그 매출을 올리기 위해 지출한 비용이 얼마이며, 이 모든 것을 고려한 후 남은 것이 무엇인지를 보여 주는 보고서가 손익 계산서다.

손익 계산서가 무엇인지 제대로 알려면 힘든 과정을 거쳐야 한다는 점에서, 손익 계산서에 대한 공부는 소시지 공장을 방문하는 것과 비슷하다. 소시지는 우리 주위에서 흔히 보이는 식품이지만 소시지를 만드는 공장에서는 웬만한 비위를 갖지 않은 사람이라면 끔찍할 만한 장면들이 벌어진다. 손익 계산서 역시 반드시 알아야 하지만 그것을 제대로 이해하려면 어느 정도 시간과 노력을 들여야 한다.

당신은 손익 계산서가 무엇인지 아는가? 기업에 몸담은 사람이라면 손익 계산서를 피해 갈 수 없다. 물론 당신이 신입 사원이거나 관리자급이 아닌 개인적인 실무자라면, 손익 계산서가 무엇인지 모르더라도 당신의 일상 업무는 별다른 영향을 받지 않을 것이다. 하지만 두 가지는 확실하게 알아야 한다. 첫째는 손익 계산서가 당신의 상관에게는 큰 영향을 미친다는 것이고, 둘째는 언젠가 당신도 승진하면 손익 계산서의 영향을 받을 수밖에 없다는 것이다.

가명이지만 메리라는 여자의 경우를 예로 들어 보자. 수년 동안 메리는 대규모 소비재 회사에서 향수 개발자로 일했다. 화학 전공자로 석사 학위를 지녔고 경영 대학원에도 다녔다. 여러 팀을 성공적으로 운영했을 뿐 아니라, 신상품을 광고하는 방향을 제시하는 데도 뛰어난 능력을 발휘한 덕분에 메리는 매스마켓을 상대하는 향수 부서의 부장으로 승진했다.

메리는 해고된 전임자를 대신해서 승진한 까닭에 정식으로 승진되기 전부터 변화를 위한 온갖 아이디어를 짜냈다. 임산부를 위한 향수를 개발하겠다는 아이디어가 대표적인 예였다. 게다가 새로운 부서에서 일하는 향수 개발자들은 코가 '구식'이어서 어떤 식으로든 교체돼야 한다고 생각했고, 그들을 대신해서 고용할 외부의 향수 전문가들을 눈여겨보고 있었다.

그랬다. 새로운 부서에서 인계 받은 팀을 만나 연간 예산과 장기 계획을 논의하기 위한 첫 회의를 갖기 전까지는 그런 야심 찬 계획으로 가득했다.

하지만 첫 회의를 하는 동안 메리는 심장이 마비되는 것 같았다. 물론 정말로 심장이 멈추지는 않았다. 메리가 손익의 책임자로서 첫날 경험했던 것처럼, 당신도 책임자의 위치에서 숫자를 보고 판매 원가는 지난 3년 동안 매년 5퍼센트씩 상승했지만 매출은 같은 기간 제자리걸음이라면 그런 충격을 받지 않을 수 없을 것이다. 더구나 향후 3년 동안에도 큰 변화가 없을 것이라는 전임자의 예측은 메리에게 더 큰 충격이었다.

그날 메리는 '그가 해고된 이유를 이제야 알겠어. 내가 어떤 난장판에 끼어든 거야?' 라고 생각하며 한숨을 내쉬었다.

모든 관리자가 그렇듯이 메리도 난장판의 중간에 끼어든 셈이었다. 그렇다. 손익 계산서에는 많은 이야기가 담겨 있다. 때로는 무척 섬뜩한 이야기가 담겨 있고, 때로는 약간 걱정스러운 정도의 이야기가 담겨 있기도 하다. 물론 샴페인을 터뜨리고 원대한 계획을 추진하기 시작한 이유를 손익 계산서에서 읽어 낼 수도 있다. 여하튼 손익 계산서는 당신에게 많은 것을 말해 준다. 기업이 과거에 어떤 식으로 거래했고, 현재는 어떻게 운영되는지를 말해 준다.

손익 계산서는 과거와 현재에 대한 이야기라는 점에서도 중요하지만, 미래에 대한 대화로 인도하는 초대장이라는 점에서 더

더욱 중요하다. 진실을 찾아가는 중요하고 흥미진진한 대화다.

내가 재무제표에서 가장 중요하게 생각하는 것

여기서 배워야 할 것으로 하나만 꼽는다면, 숫자는 계산되기 위해서만 존재하는 게 아니라는 점이다. 숫자는 비교되어야 하는 것이다. 또한 숫자는 '분산Variance'에 대한 대화가 시작되는 출발점일 수 있다.

그런데 분산이란 게 정확히 무엇일까? 분산은 '계획'에서 기대한 결과와 현실에서 얻은 결과 간의 차이일 수 있다. '어떻게 된 거야? 원재료 비용이 지난 분기에 너무 증가했잖아!'라는 결과가 생긴 경우다.

분산은 과거에 얻은 결과와 미래에 기대하는 결과 간의 차이일 수도 있다. '우아, ○○라는 제품의 매출이 2년 후에는 하키 스틱처럼 급성장할 거라고 예측했네. 이렇게 예측한 근거가 뭐야?'라고 의문을 제기하는 경우다.

분산은 재무제표에서 당신을 당혹스럽고 거북하게 만들며 '그 이유가 뭐지?'라는 의문을 품게 만드는 모든 변화를 실질적으로 가리킨다.

어떤 관리자나 재무제표에서 저마다 눈여겨보는 특정한 수치나 비율이 있다. 이런 현상은 그런대로 타당한 면이 있다. 특정한 업종이나 산업에서 오랜 경험을 쌓으면, 어떤 흐름이 좋은 소식을 기대할 수 있는 가장 믿을 만한 징조이고, 어떤 흐름이 나쁜 소식을 알리는 조기 경보인지 알게 되기 때문이다. 물론 '선호하는' 분산을 얼마나 자주 점검해야 하느냐는 사업의 성격에 따라 다르다. 상품의 주기가 짧은 경우와 긴 경우가 다르고, 첨단 과학에 관련된 산업과 전통적인 공업 및 서비스업이 다르다. 맥도널드와 버거킹의 최고 경영진은 매일 영수증을 점검할 테지만, 대표적인 장기적인 산업이라 할 수 있는 발전용 터빈이나 항공기를 제작하는 기업의 관리자는 정상적인 경우라면 월별이나 분기별로 분산을 면밀하게 살펴볼 것이다.

오랜 경험과 판단에 기초해서 수십 년 동안 나의 가치를 입증해 보인 몇 가지의 분산을 언급해야겠다. 여기에는 당신에게 나름대로 판단할 기회를 주기 위한 목적도 있다.

매출과 순이익은 항상 살펴봐야 할 중요한 수치다. 그러나 많은 기업의 매출과 순이익을 살펴보면, 두 항목이 과거에 대해 주로 말하고 있을 뿐 미래에 대해 판단할 때는 유용성이 제한적인 게 사실이다. 반면에 주문과 임금 고용은 섬뜩할 정도로 미래의 매출과 비용으로 나타난다. 주문율의 뚜렷한 증가는 좋은 소식이지만, 생산량과 전반적인 비용을 조절해야 한다는 거의 확실한 징조이기도 하다. 한편 기능별 임금 고용은 매월, 매분기, 혹은 매년 점검함으로써 조직의 어떤 부문에서 고용을 확대하고 있는지 확인할 수 있는 좋은 방법이어서 그 이유까지 알아낼 수 있다. '새로운 프로젝트가 있는가?' 혹은 '어떤 부서가 부지런히 세력을 확장하고 있는가?'를 파악할 수 있다. 적어도 기능별 임금 고용에 관련된 수치는 원가 구조에서 긍정적인 변화를 보여 주는 좋은 징조다.

영업 이익률Operating Margin Rate과 운전 자본 회전율Working Capital Turnover Ratio에서 분기별 분산은 조직의 효율성이 어떤 방향으로 향하고 있는지 파악할 수 있는 좋은 지표다. 어떤 기업이든 이 수치가 높고 꾸준히 향상되기를 원하기 마련이다.

장기적 관점에서는 투자 수익률ROI:Return on Investment과 시장 점유율Market Share을 계속 주시해야 한다. 당연한 말이겠지만, 투자 수익률이 상승하면 투자자들이 좋아하고, 시장 점유율은 고객 만족도를 반영한다.

내가 굳이 이런 수치들을 선택해서 언급하는 이유가 무엇이라 생각하는가? 거듭 말하지만, 내 경험에 비추어 보면 이런 수치들이 매우 유용했기 때문이다. 여하튼 당신이 재무 전공자가 아닌데도 재무에 관련된 일을 해야 할 처지라면, 분산 분석을 눈여겨봐야 한다는 점을 명심해야 한다. 투자 여부를 결정하는 소규모 비공식 회의에 참석하든, 예산을 공식적으로 검토하는 위원회에 참석하든, 장기적인 계획을 수립하는 회의에 참석하든 언제나 분산에 주목하라. 분산을 이용해 상대방의 추정과 희망, 두려움과 의도 뒤에 감추어진 진실을 찾아내라.

분산분석을 이렇게 이용하라

향수 회사 부장, 메리에게로 다시 돌아가 보자. 기억하겠지만, 메리는 새로 맡은 부서의 재무 현황을 처음 보았을 때 판매 원가는 꾸준히 증가한 반면 매출은 제자리걸음인 걸 확인하고 깜짝 놀랐다.

그녀의 대응은 완벽했다. 회의실 문을 닫고 하루 종일 팀원들과 함께 수치들을 파고들었다. 전문 용어로 말하면, 이런 것도 분산 분석 활동이다. 한 번에 한 항목의 수치를 취해 철저하게 뜯어보라. 그런 수치가 어디에서 나왔고 그 이유에 대해 물어라. 가까운 미래의 전망에 대해 토론하라. 캐묻고 조사하며 철저하게 파고들어라.

메리의 경우에는 당연하겠지만 곧바로 대화의 주제가 부서의 급증하는 판매 원가로 모아졌다. 회의에 참석한 사람들이 전임 부장의 잘못으로 몰아붙이는 데는 오랜 시간이 걸리지 않았다. 특히 전임 부장이 유난히 좋아했던 소셜 미디어 프로젝트를 판매 원가가 급증한 원인으로 꼽았다. 최고 재무 책임자가 냉소적으로 말했다.

"18개월이면 투자한 만큼 수익을 올릴 수 있을 거라고 예상했지만, 아직도 돈만 쏟아붓고 있습니다."

메리가 되물었다.

"이 프로젝트를 지금은 누가 맡고 있지요? 여전히 예산이 잡혀 있는데. 누가 이 프로젝트를 운영하고 그 결과를 평가하고 있습니까?"

대답하는 사람이 아무도 없었다. 메리는 소셜 미디어를 이용한 판촉을 계속해야 하는지 중단해야 하는지, 계속한다면 어떻게 수정해야 하는지를 결정하기 위한 특별팀을 즉각 꾸렸다. 그날 회의에 참석한 사람들 중 일부도 특별팀에 가담했다.

그러나 더 중요한 것이 있었다. 소셜 미디어 판촉에 누구도 관심을 기울이지 않는다는 사실이 밝혀짐으로써 마케팅 예산과 전략적인 방향에 대한 장시간의 토론이 격렬하게 진행되었다. 메리가 사람들에게 질문을 던졌다.

"소셜 미디어 판촉을 중단한다면, 이미 거기에 배정되어 있는 예산은 어디에 써야 합니까? 전통적인 잡지 광고로 다시 돌아가야 할까요, 아니면 신상품을 개발하기 위한 연구 개발비로 돌려야 할까요?"

한 참석자가 말했다.

"아예 다른 곳에 쓰면 어떨까요? 우리 광고는 유명 향수에 국한돼 있습니다. 유명한 배우를 모델로 쓰지요. 그렇지 않으면 우리는 죽습니다."

모두가 그 의견에 동의한 것은 아니었다. 하지만 메리는 모두의 의견을 경청했다. 모든 관점에서 진실을 추적하려는 이런 자세도 분산 분석에서 빼놓을 수 없는 부분이다.

메리와 그녀의 팀은 판매비 및 관리비가 꾸준히 증가하는 이

유도 파고들었다. 그녀는 담당 책임자에게 단도직입적으로 물었다.

"인사과에 직원이 정말로 8명이나 필요한가요?"

그런 노골적인 질문에 익숙하지 않던 담당 책임자는 언짢은 목소리로 "뭐라고요?"라고 되물었다. 하지만 그 후 계속된 대화는 인사과의 역할에 대한 생산적인 대화로 이어졌다. 핵심 인재를 찾아내 성장할 기회를 주고 계속 보유하려고 노력하는 게 인사과의 역할이지만, 적잖은 직원이 인사과가 그런 역할을 제대로 해내지 못한다고 생각한다는 데 모두가 공감했다. 따라서 인사과 직원을 절반으로 줄이더라도 더 나은 인재에게 맡기면 본연의 역할을 더 잘 해낼 수 있는지에 대한 토론도 있었다.

그날의 분산 분석은 매출을 증대하기 위한 새로운 자원에 대한 활발한 토론으로도 이어졌다. 메리는 팀원들에게 이렇게 말했다.

"돌이켜 보면, 우리 성장률이 가장 좋았을 때도 연간 3~4퍼센트에 불과했다는 게 확인됩니다. 이 정도가 내년에도 우리 목표가 될 수밖에 없겠지요. 하지만 3년 후에는 성장률을 두 배로 확대할 수 있는 대담한 아이디어를 제시해 주기를 바랍니다. 다음 회의에서는 그런 목표를 달성하기 위해, 또 그런 도전을 방해하는 장애물을 찾아내기 위해 내년에 우리가 어떻게 해야 하는지에 대해 토론하도록 합시다."

이런 대화는 논쟁으로 발전하는 경우가 적지 않다. 또 이런 대

화에서 비롯되는 격렬한 토론이 불편하고 거북하게 느껴질 수
도 있다. 그렇더라도 괜찮다. 아니, 실제로는 괜찮은 정도가 아
니다. 진실을 추구하는 시간은 수영장 옆에 누워 유유자적하게
피나 콜라다 칵테일을 마시는 시간이 아니다.

바로 이런 이유에서 분산 분석을 활용해 비즈니스를 빈틈없
이 더 효과적으로 해낼 수 있다. 분산 분석은 얼라인먼트를 유지
하는 데도 도움을 준다. 분산 분석이 성가신가? 물론 성가시게
여겨질 수 있다. 하지만 성가시게 생각되지 않는다면 마음껏 분
산 분석을 활용해 보라.

그래도 어렵다면 딱 하나만 알아 둬라

재무 관리를 능숙하게 해내기 위해 수학의 달인이 될 필요는
없다. 숫자에 대해 굳이 많은 것을 알아야 할 필요도 없다. 관심
만 있으면 충분하다. 사업이 어떻게 운영되고, 어디에서 운영되
며, 또 어떤 이유에서 얼마나 신속하게 운영되고 있는지를 말해
주는 분산에 대해 끈질기게 관심을 가지면 된다.

재무 관리에 대한 기본적인 지식이 필요한 이유는 회의실에
서 약어를 남발하는 전문가들에게 기죽지 않기 위해서가 아니
라, 숫자를 이용해 진실에 접근하기 위해서다.

진실이 당신을 자유롭게 해 주고 비즈니스에서 올바른 결정

을 내릴 수 있게 해 주기 때문이다. 재무제표를 읽어 낼 수 있을 때 당신은 견실한 추정에 근거한 결정, 모든 가능성을 검토한 결정, 겉으로는 보이지 않는 것까지 읽어 낸 결정을 내릴 수 있다.

당신이 영업 현장에서 뛰어다니든 생산 부서나 인사과에서 일하든, 여하튼 조직 내에서 어떤 일을 하든 올바른 결정을 내리는 게 당신에게 주어진 역할이다. 그 역할을 제대로 해내려면 숫자를 두려워하지 않아야 한다. 분산 분석에 익숙해지면 숫자는 당신의 친구가 될 수도 있다.

마케팅, 어떻게 할 것인가

WHAT TO MAKE OF MARKETING

정확히 언제였는지는 중요하지 않다. 20여 년 전 수지 웰치는 경영 대학원에 입학했다. 첫날, 첫 강의가 마케팅이었고 다루어진 사례가 필드크레스트의 면 혼방 담요였다.

그런데 필드크레스트의 면 혼방 담요 자체는 그 후로 크게 변하지 않았다.

하지만 마케팅은 변했다. 마케팅은 끊임없이 달라졌다.

여기서 내가 집중적으로 말하려는 것은 소비자 마케팅 Consumer Marketing이다. 소비자 마케팅은 이제 한층 더 디지털화되었다. 한층 더 글로벌화되고, 한층 더 사회적이고 유동적이 되었다. 여전히 경험이 중요하고 대상이 더 좁아졌으며, 자연스럽고 인간적인 면이 있어야 한다. 여하튼 소비자 마케팅에 관련된 수식어는 얼마든지 나열할 수 있을 듯하다.

테크놀로지가 나날이 끊임없이 발전하고 소비자 행동에 대한 연구가 크게 약진한 덕분에 마케팅이란 멋진 신세계가 하루하루 더욱더 멋지게 변해 가고 있다. 따라서 이 장에서는 마케팅의 한계만이 아니라, 마케팅의 핵심적 개념에 대해서도 다루어 보고자 한다.

내 목표는 단숨에 당신을 마케팅의 권위자로 탈바꿈시키는 게 아니다. 마케팅의 권위자가 되려면 시간과 경험이 반드시 필요하다. 더불어 그 과정에서 약간의 실수도 필요하다. 당신이 조직 내에서 어떤 역할을 하고 어떤 유형의 비즈니스에 종사하든 마케팅에 관련해 적절한 의문을 제기할 수 있는 시각을 당신에게 키워 주는 게 내 바람이다. 달리 말하면, 내 목표는 당신이 마케팅 회의장에 앉아 목소리를 낼 수 있을 만한 자격을 갖추게 해주는 것이다.

요즘에는 재무 관리처럼 마케팅도 급격히 늘어난 디지털 '구루'들이 남발하는 약어와 전문 용어로 가득해서 평범한 사람들은 이해하기 힘들고 범접하기 힘든 분야로 느껴진다. 물론 당신도 그런 구루들이 '최첨단'이고 '데이터에 근거한' 통찰과 예상이라고 과장해서 떠드는 목소리를 들은 적이 있을 것이다. 내 경험에 따르면, 그런 자칭 전문가들 가운데에는 남달리 뛰어나고 중요한 내용을 아는 사람이 적지 않다. 그러나 대다수는 오늘날의 마케팅을 이상한 시장판과 비슷한 곳, 달리 말하면 당신에게 투자 수익률의 마법적인 해결책을 알려 주는 점쟁이나 마법사가 좌판을 벌이고 앉아 있는 시장처럼 만들어 버린 장본인들이기도 하다.

마케팅에 관련된 테크놀로지도 혁명적으로 변했지만, 소비자도 달라졌다. 예전보다 소비자의 변화를 따라가기가 훨씬 더 힘들어졌다. 무엇보다 하나의 상품에 관심을 쏟는 시간Attention Span이 매우 짧아졌다. 마케팅 메시지에 대한 면역력은 훨씬 더 높아졌다. 일례로 시선 추적 조사에서 밝혀졌듯이, 많은 소비자가 웹사이트를 방문해서 열심히 읽으면서도 거기에 들어 있는 광고를 인식하지 못하는 '광고 맹목Ad Blindness' 증상을 보였다. 한편 여러 조사 결과, 소비자가 소셜 미디어에서 만난 친구들의 추천을 신뢰하며, 기업이 곳곳에 던져 놓은 광고라서 쉽게 알아볼 수 있는 것보다 진지한 리뷰 사이트를 훨씬 더 신뢰한다는 사실이 밝혀졌다.

따라서 마케팅이 끊임없이 달라지며 환골탈태하고 있는 현상은 당연한 듯하다. 실제로 마케팅은 끊임없는 자기 개혁을 시도해야 한다. 그러나 마케팅 기법에 관해 끝없이 쏟아지는 불협화음 때문에 마케팅의 기본적인 원칙에서 멀어져서는 안 된다.

마케팅의 기본적이고 핵심적인 원칙은 무엇일까? 적절한 상품이 적절한 팀에 의해 적절한 곳에 적절한 메시지와 더불어 적절한 가격에 제공되어야 한다는 것이다. 이 원칙은 만고불변의 진리다.

최고의 마케팅을 위해 가장 먼저 해야 할 일

나는 학문적으로 분류한 명칭을 별로 달갑게 생각하지 않는다. 하지만 이번에는 이 원칙을 깨뜨려야겠다. 미시간 대학교의 에드먼드 제롬 매카시 교수가 1960년에 처음 개발한 '다섯 가지 P' 시스템은 지금도 여전히 소비자 마케팅을 연구하는 데 적용되는 무척 유용한 방법이다. 이런 이유에서, 잭 웰치 경영 연구소를 비롯한 많은 경영 대학원에서 지금도 '다섯 가지 P' 시스템을 가르친다(여담이지만 매카시의 시스템은 원래 네 가지 P로 이루어졌고, 수십 년이 지난 후 다른 학자들이 하나를 덧붙여 다섯 가지가 되었다. 뒤에서 소비자 마케팅의 다섯 가지 P와 또 하나의 중요한 주제인 B2B 마케팅의 원칙에 대해 살펴볼 것이다).

'다섯 가지 P' 시스템을 개략적으로 설명하면, 효과적인 소비자 마케팅은 '상품Product', '장소Place(유통 경로)', '가격Price', '판촉Promotion'을 위한 메시지, '사람People', 즉 조직의 지원을 어떻게 선택해야 하느냐의 문제다.

앞에서 언급했듯이 테크놀로지와 소비자 행동에서 일어난 모든 변화를 고려할 때 다섯 가지 P에 대한 접근도 매카시 이후 크게 변했다는 점은 그다지 놀라운 게 아니다.

그런데 첫 번째 P, 즉 상품의 위상은 거의 변하지 않았다. 위대한 상품은 과거에도 그랬지만 앞으로도 마케팅의 궁극적인 주역이다. 빅 데이터, 소셜 미디어, 검색 엔진 최적화SEO:Search

Engine Optimization, 가격 투명성의 시대가 된 지금도 마찬가지다. 슈퍼볼 중계방송에서 오스카상을 받을 만한 멋진 맥주 광고를 선보여도 실질적인 판매로 이어지려면 상품의 질이 뒷받침되어야 한다. 마케팅의 성패를 결정적으로 좌우하는 요인은 소비자의 삶을 어떤 식으로든 더 낫게 해 주는 바람직한 상품이란 원칙에는 변함이 없다. 이 원칙은 앞으로도 달라지지 않을 것이다. 물론 이런 기준에 미치지 못하는 상품이라도 대대적으로 판촉 활동을 하면 잠시 반짝할 수 있다. 하지만 이런 판촉 활동은 비용도 많이 들고 지속될 수도 없다. 시시한 물건을 오랫동안 판매할 수는 없다.

결국 어떤 기업이든 '나도 갖고 싶어'라는 소비자의 욕망을 자극하는 상품을 개발해야 한다. 따라서 당신이 어떤 업종에서 일하더라도 최고의 마케팅은 언제나 연구 개발이나 그에 상응하는 것에서 시작된다. 최고의 마케팅은 현재의 상품을 꾸준히 개선하거나 누구도 부인할 수 없는 특징과 장점을 지닌 흥미진진한 신상품을 발명하려는 노력으로 시작된다.

이 원칙은 1960년에도 진리였고 지금도 진리다. 2060년에도 변함없는 진리일 것이다.

첫 번째 P인 상품에 관해 기업이 생각해야 할 조건으로 유일하게 덧붙은 것은 시장이 과거에 비해 엄청나게 커졌고 경쟁자도 많아졌다는 것이다. 필드크레스트 담요는 과거에 세 곳의 경쟁자가 있었고, 세 경쟁자 모두 미국 회사였다. 오늘날 필드크레스트의 경쟁자는 수백 곳에 이르고, 다수의 경쟁자가 온라인과 오프라인 등 다양한 플랫폼을 통해 각자의 상품을 판매하는 글로벌 기업이다.

상품과 유통 경로의 증가로 소비자 마케팅에 중대한 변화 하나가 생겨났다. 그 변화는 어수선한 시장에서 돌파구를 찾기 위한 비용과 관계가 있다. 이른바 '푸시 마케팅Push Marketing'이라 알려진 방법이다. 경쟁이 치열해진 탓에 더 강하게 '푸시'해야 하고, 따라서 비용도 늘어났다. 이런 이유에서 상품의 특징과 장점 및 브랜드에 관련된 이야기를 활용해 소비자를 끌어당기는 '풀 마케팅Pull Marketing'이 요즘에는 무척 중요하다.

따라서 당신이 마케팅 계획의 세부 사항과 많은 접근법의 장단점을 두고 치열한 논쟁을 벌이는 회의장에 있다면, 객관적인 위치에서 정말로 중요한 게 무엇인지 분석하는 시간을 가져야 한다.

첫째, 우리는 시시한 물건을 팔고 있는가, 아니면 모두가 갖고 싶어할 만한 물건을 팔고 있는가?

둘째, 우리는 우리 물건을 어떻게 권하고 있는가?

셋째, 우리는 소비자를 끌어당길 만한 마땅한 방법이 없기 때문에 강력한 '푸시 마케팅'을 하고 있는가?

이 질문들 중 하나에라도 대답하기가 꺼림칙한 상황이라도 마케팅 프로그램을 시작할 수는 있다. 그러나 당신과 당신 팀은 곧 처음으로 다시 돌아가 첫 번째 P인 상품에 대해 말하게 될 것이다. 어떤 경우든 상품 자체가 마케팅의 출발점이기 때문이다.

장소, 마케팅에서 두 번째로 중요한 것

얼마 전 딸아이가 직장 때문에 로스앤젤레스로 이주했다. 나는 딸아이에게 집들이 선물로 양탄자를 사 주는 게 좋겠다는 생각이 들었다. 그래서 우리 부부는 딸아이 아파트를 방문해 있는 동안 적당한 양탄자를 구입하려고 쇼핑을 나갔다.

양탄자를 금방 사 올 수 있었을까? 아, 적당한 양탄자를 구하는 일은 너무 어려웠다. 딸아이의 아파트 주변에만도 상대적으로 저렴하면서도 예쁜 양탄자를 구입할 수 있는 곳이 대략 30곳이었고, 온라인에는 엇비슷한 물건을 구입할 수 있는 곳이 무려 300곳에 이르렀다. 이처럼 엄청난 선택 가능성에 질려 버린 우리는 포기하고 말았다.

결국 우리는 딸아이의 아파트에서 10킬로미터쯤 떨어진 곳에서, 어떤 양탄자라도 온라인에서 판매하는 가격에 맞춰 주겠다는 상점을 찾아냈다. 우리는 그곳에서 양탄자를 샀다. 그 상점을 나오면서 우리는 판매원에게 "이런 식으로 장사해서 어떻게 돈을 법니까?"라고 물었다. 판매원은 한숨을 내쉬며 "때로는 한 푼도 벌지 못합니다"라고 대답했다.

어쩌면 당신은 이런 경우를 적잖이 경험했기 때문에 이미 알고 있을지도 모르겠지만, 당신 조직이 유통 경로의 선택, 즉 마케팅의 두 번째 P인 '장소'에 대해 고민하고 있다면 이번 이야기를 반드시 기억하라고 당부하고 싶다. 물론 예외는 있다. 애플이 새로운 스마트폰을 출시할 때, 폭발적인 인기를 끌고 있는 식당을 새로 개장할 때, 혹은 〈반지의 제왕〉이란 영화의 후속편이 개봉될 때다. 이런 경우에는 소비자들이 어떤 의문도 품지 않은 채 밤새 기다리며 아낌없이 돈을 지출한다. 그러나 일반적으로 이제는 소비자의 기대감이 무척 높아졌다. 게다가 소비자는 자신이 무엇을 원하고, 언제 원해야 하는지를 정확히 알고 있다. 달리 말하면, 소비자는 그 물건을 가능하면 낮은 가격에 구입할 수 있기를 바란다는 뜻이다.

그렇다고 당신이 그런 기대치를 반드시 만족시켜 줘야 한다는 뜻은 아니다. 당신 조직의 판단에 그럴 만한 가치가 있을 때에만 기대치를 만족시켜 주면 된다.

당연한 말이라고 생각되는가? 하지만 경쟁이 치열하게 벌어지는 시장에서 경쟁자들이 인간에게 알려진 온갖 유통 경로로 자신들의 상품을 밀어 넣는 것을 보면, 당신도 살아남기 위해 어디에서나 당신 상품을 팔고 싶은 유혹을 받지 않을 수 없다.

실제로 그런 유혹에 빠지는 기업이 적지 않다. 물론 브랜드 인지도Brand Awareness를 유지하거나, 중요한 유통 회사를 즐겁게 해 주기 위해 당신 상품을 원가에, 심지어 손해를 보며 파는 경우도 있다. 그러나 내 경험에 따르면 이런 경우는 무척 드물다.

대부분 마케팅부가 재무 관리부보다 조직 내에서 힘이 있거나 설득력이 있을 때 그런 판매가 이루어진다.

이런 경우에 나는 직설적이고 단도직입적으로 말하고 싶다. 두 번째 P, 즉 장소에 관한 문제에서는 '가장 많은 눈과 지갑에 접근하려면 얼마나 많은 유통 경로를 이용해야 하는가?'라는 질문은 틀렸다. 이렇게 물어야 한다.

'수익성을 확보하면서 가장 많은 양을 판매하려면 어떤 유통 경로를 선택해야 하는가?'

이에 대해서는 더 이상 왈가왈부할 게 없다.

물론 접근성이 중요하다. 당신이 몸담고 있는 회사 내에서, 또 앞으로 경력을 쌓아 가는 과정에서 접근성이 중요하다는 말을 귀에 딱지가 앉도록 들을 것이고, 때로는 그렇게 해서 성공하기도 할 것이다. 그러나 장소에 관해서는 조직 내에서의 토론이 지나치게 과열되어 기업이 존재하는 이유라는 문제의 본질에서 벗어나지 않도록 해야 한다. 영원히 변하지 않을 원칙, 즉 무엇보다 수익성이 가장 중요하다는 것이다.

최적의 가격을 찾을 때까지 테스트하라

이번에는 마케팅에서 가장 간단한 부분이라 여겨지는 세 번째 P인 가격에 대해 살펴보자.

상품이나 서비스의 가격을 적절하게 매기는 확고한 공식이 있는 것은 아니다. 그런 공식은 없다. 가격 결정을 위해 끝없이 계속되는 회의에 참석해 본 사람은 이미 알고 있겠지만, 소비자들이 특정한 상품에 대해 가격에 얼마나 민감한지에 대한 토론에서 합의에 이르는 경우는 거의 없다. 때때로 그런 회의가 격렬한 논쟁으로 발전하기도 한다.

걱정할 것 없다. 오히려 바람직한 현상이다. 가격 책정을 위한 논쟁은 전략적으로 중요한 쟁점을 표면에 드러낸다는 점에서 무척 유익할 수 있다. 우리는 어떤 유형의 소비자를 원하는가? 우리가 '최고'라고 개발한 상품을 너무 과대평가하고 있는 것은 아닐까? 우리가 시장을 지나치게 좁게 한정하는 것은 아닐까?

그러나 이런 의문들을 철저하게 규명하는 전략적인 회의가 끝난 후에도 가격 책정에 관해 요즘에는 한 가지 의문을 더 다루어야 한다.

'왜 테스트하지 않는가?'

가격 책정을 추측에 의존하던 시대는 이미 끝났다. 테크놀로지가 그런 시대를 끝내 버렸다. 가격 테스트Price Testing는 쉽다. 또한 신속하게 이루어지며 비용도 많이 들지 않는다. 게다가 강력한 유연성까지 덤으로 더해 줄 수 있다.

여성용 고급 의상 및 장신구의 온라인 위탁 판매 시장, 리얼리얼을 예로 들어 보자(나도 이 회사에 약간 투자했다). 리얼리얼은 많은 업무를 훌륭하게 해내지만, 소비자를 추적하는 데이터를 적극적으로 활용해 공급과 수요에 맞추어 가격을 능동적으로 조정하는 게 무엇보다 눈에 띈다. 어떤 드레스의 판매가가 3만 6000원에 책정되어 화요일 오전 11시에 소개되었는데 오후 1시 경까지 700명이 보았지만 한 벌도 구매로 이어지지 않았다면, 그 드레스의 가격은 8퍼센트 할인된 3만 3000원으로 내려간다. 요일에 따라, 또 하루의 시간에 따라 상품별로 다양한 알고리즘이 있다. 이런 알고리즘도 과거의 테스트에서 얻은 교훈을 반영하며 끊임없이 수정된다.

물론 위에서 제시한 수치들은 순전히 가정한 것이다. 하지만 내 말은 전혀 가정에 근거한 것이 아니다. 오늘날 가격 책정은 당신이 원가와 브랜드 가치를 고려해 청구하고 싶은 가격과, 소비자가 기꺼이 지불할 수 있을 거라고 생각하는 가격 사이의 모든 점을 점검하고 테스트하는 행위다.

어떤 점에서 이런 행위는 모든 기업의 일상사이기도 하다. 그러나 오늘날에는 그 행위를 더 신속하고 생산적으로 해낼 수 있다. 물론 더 효과적으로 해낼 수도 있다.

홍보 효과를 극대화하기 위해 알아야 할 것

광고로 성공을 거둬 본 적이 있는 사람은 마케팅에서 네 번째 P, 즉 판촉과 홍보의 힘이 어떤 것인지 잘 알고 있을 것이다. 요즘에는 '판촉'을 일상적인 언어에서 '메시징Messaging'이라 주로 일컫는다.

적절한 메시징을 찾아내려고 머리를 짜내는 사람들과 함께 일한 적이 있는 사람이라면, 그 일이 얼마나 힘든지 잘 알 것이다. 특히 요즘처럼 소비자가 사방에서 쏟아지는 마케팅 소음에 무감각해진 데다 감정적으로 조종당하지 않으려고 조심하는 세상에서는 더더욱 힘들다.

하지만 어떤 기업이라도 성장하려면 자기 상품을 팔아야 한다. 당신이라면 이런 장벽을 어떻게 돌파하겠는가?

나는 두 가지 접근법을 줄곧 제시해 왔다. 마케팅이 당신에게 주어진 업무의 일부라면 이 두 가지 접근법이 원만히 시행되도록 지원할 수 있을 것이다. 당신의 업무가 마케팅과 아무런 관계가 없다면, 회사의 마케팅팀이나 마케팅팀이 도움을 받으려고 고용한 대행사가 이 접근법들을 사용하고 있는지 물어보고, 이런 접근법도 있다는 걸 알려 주기 바란다. 어느 쪽이든 당신은 회사가 반드시 시행해야 할 가장 중요한 행위인 마케팅에 가치를 더해 줄 수 있을 것이다.

이제부터 두 접근법이 무엇인지 살펴보자.

첫 번째 접근법은 '애착을 배제한 실험Experimentation Without Attachment'이다.

요즘에는 성공적인 마케팅을 위해 '창의적인 것'만으로는 부족하다. 가격 책정의 경우와 마찬가지로 창의적인 것이라도 테스트해야 한다.

인적 자원 개발업계를 대신해서 온라인 훈련 프로그램을 설계하는 회사의 마케팅 관리자, 존을 예로 들어 보자. 존은 한 디지털 에이전시와 손잡고, 훈련 프로그램을 안내하는 제안서를 다양한 모습으로 제작해서 여러 시장의 적잖은 웹사이트에 올려 두고 다양한 광고 문안을 일상적으로 테스트하고 있다. 때때로 존은 창의력이 번뜩이는 광고 문안을 보고 깜짝 놀라며 흥분하기도 한다. 실제로 얼마 전에 에이전시가 제시한 '인력 관리로 경쟁력을 제고하십시오!'라는 광고 문안은 굉장히 마음에 들었다. 반면에 에이전시가 동시에 제시한 또 다른 제안, 즉 약간 지루해 보이는 청년이 엄지손가락을 치켜 들고 '인력 개발은 쉽습니다'라는 무미건조한 말을 내뱉는 제안은 그다지 마음에 들지 않았다.

여하튼 그 후로 수주 동안 에이전시는 두 광고를 각각 다른 웹사이트에 다양한 크기로 다양한 시간에 올려 그 효과를 테스트했다. 그와 동시에 존의 회사가 연말 전에 훈련 프로그램을 구입하면 할인해 준다며 2년 전에 사용했던 광고도 테스트했다.

그 결과는 분명했다. 웹사이트나 노출 시간대에 상관없이 엄지손가락을 치켜든 광고가 최고의 클릭 수와 판매액을 기록하며 압도적인 승리를 거두었다. 두 번째 성공한 광고는 할인을 제시한 광고였다(그런데 존은 개인적으로 이 광고를 '추잡하고 저속하다'고 생각했다). 그럼 '경쟁력 제고'를 앞세운 광고의 성적은 어뗐을까? 그렇다. 당신 짐작대로 꼴찌였다.

존은 당황스러웠지만 인정해야 했다. 그는 현실적인 상황을 정확히 꿰뚫고 있었다. 오늘날 가장 뛰어난 창의적인 광고를 얻는 방법은 자존심을 버리고 데이터를 사랑하는 법, 적어도 데이터에 의존하는 법을 배우는 것이다. 과거에는 포커스 그룹Focus Group이란 것이 있었다. 시장 조사나 여론 조사를 위해 각 계층을 대표하도록 뽑은 소수의 사람들로 이뤄진 그룹인 포커스 그룹은 유용한 정보를 제공했다. 물론 지금도 때로는 포커스 그룹이 활용된다. 그러나 오늘날 디지털 기기를 활용한 테스트Digital Testing에 비하면 포커스 그룹은 구시대의 산물로 여겨지는 듯하다.

그렇다면 마케팅의 '창의적 천재' 모델도 구시대적인 것이란 뜻일까? 물론 그렇지 않다. 가장 먼저 테스트해야 할 아이디어를 떠올리는 사람이 반드시 있어야 한다. 또한 멋진 메시징을 만들어 내는 데 마법 같은 능력을 지닌 사람이 주변에 있어야 한다. 뛰어난 메시징은 지금도 그렇지만 앞으로도 여전히 소비자의 감정 선을 자극할 것이다. 하지만 그 메시징이 결과를 얻어 내는 경우에만 뛰어난 것일 뿐이다. 이런 검증을 위해 테스트가 필요하다. 따라서 애착을 배제한 실험을 시도해야 한다. 그럼 결과는 자연스레 따라올 것이다.

메시징과 관련해 내가 두 번째로 제시하는 접근법은 첫 번째 접근법과 관련이 있는 것으로, '깜짝 시도를 통한 실험Experimentation With Surprise'이다.

깜짝 시도를 통한 실험? 대체 무슨 뜻일까? 앞에서도 지적했듯이, 대부분의 소비자는 무수한 광고에 등을 돌리고 귀를 막고 지낸다. 따라서 경쟁자들보다 훨씬 더 요란하게 광고해야만 소비자의 귀에 가까스로 다가갈 수 있다. 때로는 이런 방법이 효과를 거두기도 한다. 그렇지 않다면 심야 텔레비전 방송에서 시청자들에게 고함을 질러 대는 매트리스와 자동차 대리점 광고는 아예 없을 것이다.

그런데 소비자들이 전혀 기대하지 않던 방법으로 소비자에게 다가가는 다른 방법이 있다. 최상의 경우에는 소비자가 좋아할 수도 있는 방법이다. 이 방법에는 혁신이 필요하다. 재미있는 방법이기도 하다. 많은 사람이 혁신은 IT의 천재가 뛰어난 기능을 지닌 첨단 기기와 소프트웨어를 발명해 내는 연구 개발의 영역이라 생각한다. 그러나 마케팅도 혁신의 영역에 속한다. 실제로 연구 개발만큼이나 마케팅에서도 혁신이 필요하다. 한마디로 혁신에 대한 정의에서도 혁신이 필요하고, 혁신에 접근하는 방법과 분야에서도 혁신이 필요하다. 혁신은 마케팅이 뛰어넘어야 할 경계이고, 당신이 언제나 함께해야 할 부분이다.

이른바 체험 마케팅Experiential Marketing 혹은 Engagement Marketing을 예로 들어 보자. 체험 마케팅은 소비자의 체험을 통해 상품의 노출과 공유성 및 브랜드 자산Brand Equity만이 아니라 매출까지 증대하는 방법이다.

물론 체험 마케팅이 새로운 판촉 방법은 아니다. 체험 마케팅에 대한 논문과 책은 1998년부터 발표되기 시작했다. 그러나 얼마 전부터 체험 마케팅은 마케팅 혁신의 근원지가 되었다. 에너지 음료 회사, 레드불은 자체 브랜드를 기발하고 흥미진진한 방법으로 익스트림 스포츠와 연계함으로써 체험 마케팅의 절대 강자로 군림하고 있다. 2012년 레드불은 '인간의 한계를 초월하려는 성층권 미션'을 후원하면서 마케팅을 완전히 새로운 차원으로 끌어올렸다. 당시 펠릭스 바움가르트너가 음속을 돌파하기 위해 약 40킬로미터 상공의 우주선에서 뛰어내리는 모습을 지켜보려고 세계 전역에서 수많은 시청자가 텔레비전 화면 앞에 모여들었다.

이런 것이 바로 체험이었다. 펠릭스는 몸으로 체험했지만, 다른 모든 사람들은 화면을 통해 그 장면을 체험했다. 곧바로 트위터는 폭발적인 반응을 보였다. 이런 현상은 완전히 새로운 것이었다.

내 생각에 그런 시도는 그야말로 '깜짝 시도'다.

모두가 레드불이 '성층권 미션'을 지원했다는 사실을 알고 있다. 따라서 '15분 후 중요한 회의가 있어. 레드불을 마시면 도움이 될 것 같아!'라고 생각할 사람이 분명히 있을 것이다. 실제로 내가 레드불의 체험 마케팅을 보고 느낀 전율감은 '저런 것도 마케팅인가?'라는 저항감마저 무력화시켰다. 오히려 나는 그런 마케팅에 끌려 들어갔다.

이제 판촉은 이런 것이어야 한다.

미국의 고급 백화점, 니만 마커스는 자선 행사에서 패션쇼를 개최하며 지원한다. 이런 것도 혁신이다.

IBM은 고객에게 비즈니스의 '베스트 프랙티스'에 관해 정선되고 정리된 내용을 제공한다. 역시 혁신이다.

미국 케이블 텔레비전 회사, USA 네트워크는 '슈츠' 시즌 2를 홍보하기 위해 똑같은 옷을 입은 남성 모델들이 자전거를 타고 뉴욕과 로스앤젤레스, 시카고와 샌프란시스코 시내를 지나가게 했다. 역시 혁신적인 홍보였다.

A&E 네트워크도 새로운 시리즈물 〈베이츠 모텔〉을 홍보할 당시 '노먼 베이츠가 만든' 초콜릿 과자를 공짜로 내놓는, 네온 등으로 장식된 자동판매기를 오스틴의 한 거리에 설치했다. 섬뜩하지만 매력적이고 기억에 남을 만한 혁신적인 홍보였다.

이런 모든 사례에서 마케팅에 관련된 사람들은 '깜짝 시도'라는 궁극적인 목적을 체험한 셈이다.

그 효과를 쉽게 측정할 수 있을까? 그렇지는 않다. 이런 홍보가 항상 효과가 있을까? 물론 그렇지는 않다. 모두 흔히 볼 수 있는 홍보가 아닌 것은 분명하다. 여하튼 매트리스나 자동차 대리점의 홍보와는 완전히 다르다.

어떤 경우에서든 실험을 생각하고, 재미있게 홍보하는 방법을 생각하라. '우리 메시징이 사람들을 기분 좋게 놀라게 해 주기에 충분한가?'라고 묻고 또 물어라. 판촉에서는 새로운 검은색도 새로운 것이기 때문이다.

마케팅에서 목숨 걸고 피해야 할 것

비즈니스에 종사하는 사람이라면, 다른 역할을 하며 다른 부서에서 일하더라도 서로 대화를 나눠야 한다는 걸 잘 알고 있을 것이다.

'사일로Silo'는 악취를 풍긴다(사일로는 원래 곡식을 저장해 두는 창고를 뜻하지만 경영학에서는 조직 내에서 다른 부서와 교감하지 않는 부서를 뜻한다). 나는 사일로를 증오한다. 따라서 자신의 회사가 번창하고 성장하기를 원하는 조직원이라면 당연히 사일로를 증오해야 한다.

내가 사일로에 빗대어 커뮤니케이션의 중요성을 지적한 이유는 마케팅에서 마지막 P, 사람에 대해 살펴보기 위해서다.

마케팅은 내부적으로 폐쇄적인 분위기를 띠더라도 독불장군일 수 없다. 인간은 자신의 사고방식을 이해해 주고 동일한 우선순위를 공유하는 사람들과 어울리고 싶어 하며, 이런 것이 인간의 본성이기도 하다.

그러나 배타성은 비즈니스에서 독약이다. 당연히 마케팅에서도 배타성은 독약이다. 이 말은 과거에도 진리였지만, 지금처럼 테크놀로지 역할이 커지고 모든 것을 신속하게 처리해야 하는 디지털 마케팅 시대에는 더더욱 거역할 수 없는 진리다.

사일로는 속도를 죽인다. 사일로는 아이디어를 죽인다. 사일로는 강력한 효과를 죽인다.

소비자 마케팅에 크게 의존하는 의료 기기 소프트웨어 회사에서 일하는 내 친구, 샐리의 경우를 예로 들어 보자. 샐리와 그녀의 팀은 창의적인 아이디어를 끝없이 쏟아 내지만 결실을 맺는 경우가 거의 없다. 그 이유가 무엇일까? 모든 마케팅 계획은 일주일간의 법적 검토를 거친 후 여러 단계의 재무 심사를 받으며 다시 일주일을 허비한다. 두 과정이 완료되면? IT 위험 관리 평가를 받느라 다시 일주일을 보내야 한다. 그 후에는 일주일에 한 번 시행하는 웹사이트 디자인팀의 재배치 회의가 열릴 때까지 다시 일주일을 기다려야 한다. 결국 아이디어가 제시되고 실행될 때까지 적어도 한 달이 소요되는 셈이다. 따라서 의욕에 충만한 관리자라도 새로운 프로젝트를 신속하게 진행하고 소셜 미디어를 뜨겁게 달구는 시끌벅적한 현상에 제때 대응하기가 그야말로 미션 임파서블이다.

반면에 2013년 오레오는 어떻게 했는지 살펴보자.

다국적 기업의 한 부분에 불과하지만, 오레오는 내부의 팀들이 부서 간의 경계를 뛰어넘어 서로 긴밀하게 협조하는 것을 최우선 순위로 삼았다. 따라서 요즘처럼 인스턴트 한 시대에 예기치 못하게 나타나는 격변에 자연스럽게 대응할 수 있었다. 실제로 2013년 슈퍼볼 경기가 진행되는 동안 그런 순간적인 격변이 일어났다. 3쿼터 경기 중 경기장이 갑자기 정전되는 사태가 벌어진 것이다.

마치 그런 사태가 일어날 것이라고 예견이라도 한 듯 오레오의 최고 마케팅 책임자CMO:Chief Marketing Officer와 브랜드 매니저, 법무 자문 위원 및 주요 이해관계자들이 모여 슈퍼볼의 중계를 시청하고 있었다. 덕분에 그들은 트위터로 '어둠 속에서도 비스킷을 먹을 수는 있습니다You can still dunk in the dark'라는 홍보를 곧바로 실시할 수 있었다.

그 결과는 어땠을까? 한 푼의 비용도 들지 않는 단 한 번의 트윗으로 오레오라는 브랜드는 미디어에 5억 2500만 회나 노출되는 성과를 거두었다. 슈퍼볼 경기를 실제로 시청한 인원수보다 훨씬 많았고, 100개국이 넘는 나라에서 화제가 되었으며, 14곳에서 광고상을 받았다. 심지어 잡지 《와이어드》는 오레오를 슈퍼볼의 실질적인 승자라고 선언하기도 했다.

오레오의 사례에서 입증되듯이 '인간' 부문은 마케팅이 조직 내에서 차지하는 위치에 관련된 문제만은 아니다. 마케팅은 예부터 줄곧 재무 관리 및 연구 개발과도 밀접한 관계가 있었다. 마케팅은 조직의 모든 부서와 긴밀한 관계를 맺어야 한다. 당신이 최고 경영자나 고위 경영자가 아니더라도 이런 관계의 중요성을 인식하고 모든 부서와 긴밀한 관계를 맺기 위해 비공식적으로라도 노력해야 한다.

당신만의 사일로에서 벗어나려는 용기와 자제력이 필요하다. 대화의 형식을 띠든 질문의 형식을 띠든 조직 내의 모든 부서를 당신 부서에 초대할 수 있어야 한다. 요즘에는 마케팅이 모두의 비즈니스이기 때문이다.

B2B 마케팅은 무엇이 다른가?

흔히 B2B라 일컬어지는 기업 간 마케팅Business-To-Business Marketing도 거의 똑같은 이유에서 기업과 소비자 간의 마케팅B2C 만큼이나 크게 달라졌다. 테크놀로지가 발전하고, 글로벌 구매자와 공급자가 정보에 더욱 밝아졌으며, 경쟁도 치열해지고 투명성도 높아졌기 때문이다.

거듭 말하지만, 이 장의 목적은 당신을 B2B 마케팅의 전문가로 키워 내려는 게 아니다. 당신이 여기에 제시된 B2B 마케팅의 기본적인 원칙을 머릿속에 담고 그런 회의에 당당하게 참석할 수 있다면, 그것으로 충분하다. 내 경험에 따르면 효과적인 B2B 마케팅을 위해서는 세 가지 원칙을 지켜야 한다.

첫째, 기업은 B2B 관계를 개인적인 차원으로 유지하기 위해 가능한 모든 수단을 동원해야 한다. 과거에 B2B 마케팅은 얼굴을 맞대는 '직접Belly-To-Belly' 마케팅이라 할 수 있었다. 구체적으로 말하면, 야구장의 특별석이나 바비큐 파티장 혹은 술집에서 판촉을 위한 영업이 이루어졌다. 물론 그때에도 양쪽 기업을 대표한 직원들은 납품가와 납품 기한을 두고 씨름을 벌였다. 200억 원 규모의 자동차 부품이나 50억 원 규모의 청소용품을 주문하면서 단가를 두고 실랑이하는 건 예나 지금이나 똑같다. 하지만 과거에는 B2B 관계가 동료 의식을 띠며 장기적으로 유지되는 편이었다.

그 후로 많은 변화가 있었다. 가장 눈에 띄는 변화를 꼽자면, 첫째는 외국 경쟁사의 출현이며, 둘째는 제안 요청서RFP:Request For Proposal를 활용하는 사례가 급증한 것이다. 제안 요청서는 말 그대로 발주 업체가 제안에 참가할 업체를 모으기 위해 업체들에게 발송하는 제안 참여 요청 문서다. 그러나 적어도 제조업에서는 약 20년 전부터 본격적으로 시작된 온라인 경매Online Auction만큼 B2B 마케팅을 뒤흔들어 놓은 것은 없었다. 5000개의 작은 부품이 갑자기 필요해진 회사는 전 세계의 공급자들로 하여금 납품가를 두고 다투게 해서 최적의 가격으로 구입할 수 있게 되었다. 내가 20년 전부터 알고 지냈고 역시 20년 동안 기업계에서 공산품 마케팅 간부로 재직한 제임스 버지스는 당시를 이렇게 회상했다.

"컴퓨터 앞에 앉아 당신 눈앞에서 가격이 떨어지는 걸 지켜보기만 하면 됐습니다. 중국이나 인도에 갈 것도 없이 중국이나 인도에서 필요한 부품을 하루 만에 구입할 수 있었지요. 온라인 경매가 등장하면서 그야말로 광란의 사태가 벌어진 것입니다."

하지만 얼마 지나지 않아 많은 기업이 온라인 경매의 한계를 깨닫게 되었다. 가격은 적정했고, 단순한 상품의 경우에는 온라인 경매가 나쁠 것이 없었다. 그러나 온라인 경매가 적합하지 않은 상품도 상당히 많았다. 당신이라면 주문자의 요구에 맞추어야 하고 다단계를 거쳐야 하는 복잡한 고가의 프로젝트를 온라인 경매에 맡기겠는가? 그렇지 않을 것이다.

따라서 B2B 마케팅에서 많은 영역이 처음 출발하던 수준으로 되돌아갔다. 마케팅 담당자는 고객과 장기적으로 협력적인 깊은 관계를 맺어야 한다. 이런 관계는 온라인 경매나 제안 요청서에 연연하지 않는다.

모든 인간관계가 그렇듯이 기업 간의 관계도 신뢰를 바탕으로 구축되어야 한다. 양측 모두가 윈윈 하는 상황에 있다고 느껴야 한다. 제임스 버지스의 말을 들어 보자.

"보장된 품질, 확실한 서비스, 설계 반영 등 경매로 얻는 이익과는 비교가 되지 않는 혜택을 구매자에게 주어야 합니다. 상생하는 동반자가 돼야 합니다. 당신도 상대를 정확히 알아야 하지만, 상대도 당신을 정확히 알아야 합니다."

다시 말해 요즘에도 B2B 마케팅에서 성공하려면 얼굴을 맞대고 두뇌 싸움을 벌여야 한다는 것이다. 개인적으로 교감하며 머리를 써야 한다.

또한 B2B 마케팅은 무자비할 정도로 전략적이어야 한다. 그 이유는 간단하다. 동반자 관계라고 공급자에게 항상 이익이 보장되는 것은 아니기 때문이다. 동반자 관계가 반드시 재무적으로 이익이 되지는 않는다. 단기적으로는 이익일 수 있지만 장기적으로는 그렇지 않을 수 있다. 물론 반대로 단기적으로는 이익이 되지 않아도 장기적으로는 이익이 될 수 있다.

여기서 자연스레 B2B 마케팅의 두 번째 원칙이 제기된다. 오늘날 B2B 마케팅에서 행해지는 모든 것은 산업 전체의 생산 규모와 역량에 대한 면밀한 분석 아래 추진되어야 한다. 그 이유는 무엇일까? 요즘에는 많은 산업이 통합되어 각각의 산업에 소수의 공급자와 구매자만이 존재하기 때문에 B2B 마케팅이 예전보다 체스 게임과 훨씬 비슷한 양상을 띠게 되었다. 따라서 당신은 B2B 마케팅을 행할 때마다 그 마케팅이 어떤 연쇄 반응을 일으킬지에 대한 치밀한 분석을 선행해야 한다.

수년 전 대형 할인점이 모든 매장에 냉장 기기를 판매하는 새로운 공간을 설치하기로 했을 때 어떤 일이 있었는지에 대한 제임스 버지스의 증언을 예로 들어 보자. 당시 제임스가 근무하던 회사를 포함해서 세 대기업만이 감당할 수 있는 엄청난 규모의 주문이었다. 제임스는 당시를 회상하며 이렇게 말했다.

"영업팀은 무척 공격적으로 대형 할인점의 입찰에 응하고 싶어 했습니다. 영업팀은 항상 그렇습니다. 그들은 무엇이라도 팔고 싶어 합니다."

이 입찰에서는 '무엇'이 중요했다. 제임스의 회사가 대형 할인점의 입찰을 완전히 따낸다면 주요 경쟁 업체를 죽일 수 있었다. 완전히 죽이지는 못해도 경쟁 업체의 비즈니스 역량을 절반가량 '훔침'으로써 공장을 멈추게 할 수 있었다. 생각만 해도 끔찍한 결과였다.

따라서 제임스 버지스는 이렇게 말한다.

"대부분의 경우, 성숙기에 접어든 산업에서는 대체로 소수의 대형 업체가 경쟁을 합니다. 그런데 이들 중 어떤 기업도 막대한 생산 규모와 역량을 지닌 경쟁 업체가 한가하게 지내기를 원하지 않습니다. 당신 입장에서 이익을 보려면 다음 입찰까지 따내야 하는데 그 경쟁 업체가 다음 입찰에서는 앙갚음할 게 분명하니까요."

결국 B2B 마케팅에서는 동반자를 현명하게 선택해야 한다. 성숙기에 접어든 산업은 대체로 성장과 이윤 간의 균형을 중시하는 경향을 띤다. 또한 관계망이 수적으로 소수이고 장기적인 경향을 띠면, 일반적으로 이윤을 지향하기 마련이다. 그러나 전략적으로 생각해야만 이런 판단이 가능하다. B2B 시장에서는 어떤 기업도 고객을 차지하기 위한 모든 전쟁에서 승리할 수 없다는 점을 기억해야 한다. 요컨대 고객을 차지하기 위한 모든 전쟁에서 승리하겠다는 욕심을 버려야 한다.

내가 B2B 마케팅에서 마지막으로 제시하는 원칙은 통합되지 않는 산업과 주로 관계가 있다. 아마존을 두려워하라. 아마존을 두려워하되 아마존으로부터 배워라. 아마존의 장점 중 받아들일 것이 있으면 과감하게 받아들여라. 그리고 아마존과 전력을 다해 싸워라.

아직도 판촉을 위한 도구로 두툼한 카탈로그를 활용하는 기업이 적지 않다. 수천 페이지까지는 아니어도 수백 페이지에 달하는 카탈로그는 값싼 부품들, 이름조차 알 수 없는 이런저런 연장들 등 온갖 물건으로 채워져 있다. 건축업에 종사하는 사람이라면 내가 무슨 말을 하는지 잘 알 것이다. 못만 해도 약 6000종이 있다. 전기용 콘센트도 엇비슷하다. 이런 물건들을 나열하자면 한도 끝도 없을 정도다.

인터넷 등장으로 지금쯤 B2B용 카탈로그가 완전히 사라졌을 거라고 생각하는 사람이 적지 않을 것이다. 그러나 카탈로그가 상당한 위치를 차지하는 산업에서는 지금도 카탈로그를 통한 판매가 총 매출의 60퍼센트를 차지하는 게 사실이다. 아직도 전화기를 들고 콜센터에 전화해 뭔가를 조금이라도 알고 있는 사람과 상의해서 물건을 구매하려는 사람이 많기 때문이다. 하지만 아마존은 이런 산업에도 기회가 있음을 판단했다. '경이적인 가격, 경이적인 배송, 경이적인 공급망'이란 본래의 전술을 동원해 얼마 전부터 이 영역에도 뛰어들었다.

B2B 세계에서 살아남고 싶다면 유일한 방책은 이용해 보고 싶은 서비스, 즉 '킬러 서비스^{Killer Service}'를 제공하는 것이다. 당신 직원들이 지금껏 살면서 아마존의 서비스에 감동받은 적이 있다는 게 오히려 다행이다. 당신이 더 나은 성과를 위해 직원들을 밀어붙이는 이유를 그들도 직관적으로 이해하지 않겠는가. 말하자면, 아마존은 그야말로 눈앞에 존재하는 당신의 적이다.

물론 당신도 아마존의 가격에 맞서고 싶은 유혹을 받을 수 있다. 그러나 그런 방법은 여러 이유에서 지속 가능한 해결책이 아니다. 아마존이 제공할 수 없는 것을 고객에게 제공하는 방식으로만 아마존에 맞서 싸울 수 있다. 전문 지식과 조언, 진정한 관심과 통찰이 그것이다.

그렇다. 전면적인 동반자 관계를 맺어야 한다.

앞에서도 말했듯이, B2B 마케팅이 온라인으로 연결된 새로운 세계로 인해 변한 것은 분명하다. 하지만 온라인 세계는 예전보다 더더욱 과거의 B2B 마케팅을 그리워하게 만들 뿐이다.

과거처럼 얼굴을 맞대고 어울리는 '직접' 마케팅은 아니더라도 인간적인 접촉은 여전히 필요하다.

미국의 위대한 발명가이자 폴라로이드의 창업자로 유명한 혁신가 에드윈 랜드는 이렇게 말했다.

'당신의 제품이 좋지 않을 때 동원하는 것이 마케팅이다.'

이 말은 1980년대에 자주 인용되었다. 에드윈은 더 이상 우리 곁에 존재하지 않는다. 그가 창업한 회사, 폴라로이드도 이제는 사라지고 없다. 얄궂게도 폴라로이드는 급변하는 소비자와 테크놀로지의 제물이 되었다. 생산 관리팀이 소비자의 변덕이나 테크놀로지의 변화를 따라가지 못한 때문이었다.

에드윈이 남긴 말은 통렬하지만 B2C든 B2B든 마케팅은 좋은 상품으로 시작해야 한다는 원칙을 상기시켜 준다는 점에서 여전히 유효하다. 좋은 상품을 넘어 위대한 상품으로 시작한다면 놀라운 결과를 기대할 수 있을 것이다. 여하튼 좋은 상품이나 위대한 상품을 갖고 있다면, 무기를 총동원해 마케팅을 시작할 수 있다.

소비자 마케팅의 경우에는 수익이 보장되는 장소를 찾아야 하고, 테스트를 거쳐 끊임없이 가격을 조정해야 하며, 소비자를 레이저처럼 정확히 찾아내는 것에 그치지 않고 소비자를 깜짝 놀라게 하는 메시징을 마련해야 하며, 마케팅이 조직의 모든 부서에 철저하게 통합되도록 애써야 한다.

한편 기업 간 마케팅의 경우에는 온라인 경매에 맞서기에 충분한 관계를 구축하고, 산업계의 생산 규모와 역량 및 아마존을 비롯한 경쟁 업체에 대한 전략적 사고로 그 관계를 보강해야 한다.

소비자 마케팅이든 B2B 마케팅이든 나는 에드윈 랜드의 말을 약간 수정하고 싶다.

'좋은 제품을 확보한 후에 동원하는 것이 마케팅이다.'

좋은 제품이란 조건이 갖추어지면, 오늘날에는 예전보다 훨씬 많은 것을 해낼 수 있다.

위기관리: 승자만이 살아남는다

CRISIS MANAGEMENT: WELCOME TO THE COLISEUM

앞에서 다룬 '정상적'인 시기의 마케팅이 그다지 힘들게 생각되지 않았다면, 이번에는 힘든 시기의 마케팅, 흔히 '위기관리'로 알려진 것에 대해 살펴보자. 운이 좋은 사람에게는 지금부터 제시하려는 조언이 크게 필요하지 않을지도 모르겠다. 하지만 지금 세상은 언제 어디에서 폭탄이 터질지 모르는 전쟁터나 마찬가지라서 어느 때보다 이 조언이 필요할 듯하다. 얼마 전 〈뉴욕 타임스〉가 보도했듯이, 우리는 '거의 매일 인터넷이 사직서를 요구하는' 세계에 살고 있다.

이 섬뜩한 경고는 대기업이나 최고 경영진에게만 해당되는 게 아니다. 홍보의 위기는 영리 기업과 비영리 단체, 오래된 기업과 신생 기업 및 중견 기업까지 모든 유형의 기업에 닥치며,

지위 고하를 가리지 않고 조직 내의 어떤 사람에게라도 공개적으로 느닷없이 닥칠 수 있다. 당신이 어떤 조직에 고용되고 2년쯤 지났을 때, 당신이 고용하지도 않고 알지도 못하는 누군가 중요한 조사 보고서의 결과를 조작한 사실이 들통 날 수 있다. 또 당신이 시카고에서 한 사업 부서를 운영하고 있는데 애틀랜타의 한 도매상이 저지른 엄청난 규모의 신용 사기에 연루될 수도 있다. 과거에도 위기는 조직의 고위직에만 국한된 현상이 아니었지만, 그래도 과거에는 계급이 어느 정도 보호 장치 역할을 해주었다. 하지만 이제는 그렇지 않다. 이제는 모두가 칼과 방패를 준비하고 비즈니스라는 전쟁터에 뛰어들어야 한다.

내가 몸담고 있는 기업계, 즉 강연하고 글을 쓰며 컨설팅 하는 세계를 고려하면, 전에도 위기관리에 관련한 내 의견을 제시할 기회가 많았다. 2005년에 발표한 《위대한 승리》에서도 한 장을 위기관리에 온전히 할애했다. 그 책에서 제시한 위기관리 원칙들은 10년이 지난 지금도 거의 바뀌지 않았다. 그런데 여기에 원칙 하나를 더 추가해야만 할 것 같다.

소셜 미디어의 등장으로 기업이나 개인에게 닥치는 위기가 이제는 훨씬 빠른 속도로 진행되고 있다. 더 신속하게 확대되기 때문에 당연히 위기가 악화되기 마련이다. 나도 소셜 미디어를 열정적으로 사용한다. 하지만 소셜 미디어는 많은 장점에도 불구하고 세상을 순식간에 온갖 거친 말이 난무하는 반향실로 바꿔 놓기 일쑤다. 소셜 미디어는 나쁜 소식을 아득히 멀리 떨어진

곳까지 전달하고, 당신이 '너도 그 소문을 들었어?'라고 투덜대기도 전에 되돌아오는 속성을 지녔기 때문이다. 모니카 르윈스키가 자신의 추문이 트위터 등장 전에 일어났음이 그나마 다행이었다고 회상했다고 놀랄 것은 없다.

트위터를 비롯한 소셜 미디어가 위기관리에 관련된 모든 것을 바꿔 놓지는 않았지만, 추가적인 지침이 필요한 건 사실이다. 이에 대해서는 뒤에서 살펴보기로 하고, 그 전에 《위대한 승리》에서 제시한 위기관리 원칙을 핵심만 간추려서 되짚어 보자. 각각의 원칙을 업데이트한다는 뜻에서, '위기는 더욱 신속하게 악화될 뿐이다'라는 말을 덧붙이고 싶다.

첫째, 아무리 열심히 억누르려 해도 위기는 당신 생각보다 더 커지고 더 심각해진다. 물론 위기와 씨름하는 동안에도 좋은 날이 있다. 따라서 위기가 마침내 끝났다고 생각하며 희망을 품게 될 것이다. 그러나 위기는 마지막 한 조각이 드러날 때까지 나쁜 소식이 계속된다. 한마디로, 위기의 진압은 불가능하다(위기는 더욱 신속하게 악화될 뿐이다).

둘째, 이 세상에 비밀이란 것은 없다. 변호사들은 당신에게 닥친 특정한 위기와 관련된 사람들과 협상하거나 돈으로 그들의 입을 틀어막으라고 조언할지도 모른다. 어쩌면 홍보 전문가들도 그렇게 조언할 것이다. 그러나 약속과 계약 및 해고 수당은 결코 완전한 해결책이 아니다. 한 사람 이상이 당신의 멍청한 짓에 대해 알고 있다면, 차라리 대외적으로 털어놓는 게 낫다. 나쁜 소식에 관해서는 결국 모든 것이 알려지기 마련이다(위기는 더욱 신속하게 악화될 뿐이다).

셋째, 당신이 위기에 대처하는 모습이 외부에는 가장 부정적인 시각으로 비춰질 수 있다. 나쁜 소문이 퍼지기 전 기자들을 찾아가 당신의 관점을 설명하라. 대화하는 동안 기자들은 심정적으로 동조하는 모습을 보일 수 있지만, 자기들이 당신 편이라는 느낌을 주며 당신에게서 정확한 정보를 빼내는 게 그들의 업무다. 당신이 사업을 계속하고 당신 조직이 위기에 휘청거리고 있다면, 당신의 말을 완전히 믿어 주는 기사를 기대할 수는 없다(위기는 더욱 신속하게 악화될 뿐이다).

넷째, 위기로 인해 회사의 프로세스와 사람이 바뀐다. 달리 말하면, 바닥이 피로 적셔지는 바람직하지 않은 상황이 생길 수밖에 없다는 뜻이다. 섬뜩한 비유여서 유감스럽지만, 세상사가 그런 것이다. 위기는 변화를 요구한다. 이런 점에서 위기는 결국 회사를 건강하게 해 주는 긍정적인 요인이다. 새로운 규칙이 도입되고, 망가진 문화가 회복된다. 그러나 그 과정에서 세상은 한두 사람에게 일을 제대로 해내지 못한 대가를 요구한다. 그들이 물러날 때까지 군중의 아우성은 멈추지 않을 것이다(위기는 더욱 신속하게 악화될 뿐이다).

다섯째, 위기를 극복해 내면 당신 회사는 더욱 강한 회사로 거듭나게 될 것이다. 이 원칙에는 군더더기로 덧붙일 말이 필요 없다. 대부분의 회사가 위기를 극복해 내면 그 경험 덕분에 더 나아지는 게 사실이기 때문이다.

언더 아머라는 스포츠용품 기업을 예로 들어 보자. 2014년 동계 올림픽이 열린 3주 동안 언더 아머는 소셜 미디어에서 맹비난을 받았다. 언더 아머가 디자인한 미국 스피드 스케이팅 대표팀의 유니폼에 대한 논란 때문이었다. 게다가 많은 사람이 대표팀의 형편없는 성적을 유니폼 탓으로 돌렸다. 그로 인해 언더 아머의 주가는 곤두박질쳤고, 최고 경영자 케빈 플랭크는 방송국에 호소하며 그 위기를 벗어나려 애썼다. 회사 내부에서도 그 소동은 거의 생존을 위협하는 위기로 받아들여졌다. 그러나 그 위기는 언더 아머에 새로운 기운을 불어넣는 계기가 되었다. 언더 아머는 스피드 스케이팅 대표팀과의 관계를 더욱 돈독히 하며 다음 올림픽 경기까지 대표팀을 후원하는 계약서에 서명했고, 그 직후에는 새로운 신제품을 대거 출시하는 동시에 대대적인 광고를 전개했다. 위기? 어떤 위기? 정말 이렇게 반문하지 않을 수 없을 정도였다.

언더 아머는 운이 좋았지만, 소셜 미디어의 공격은 엄청나게 파괴적이어서 기업이나 개인이 오랫동안 허덕이는 경우가 많다. 게다가 그런 위기에 깊은 상처를 입고 회복되지 못한 기업과 개인의 숫자가 매년 증가하는 추세다. 기업이나 개인의 실수가 더 많아졌기 때문이라고 단정하기는 어렵다. 기업과 개인은 예부터 세상 사람들의 눈앞에서 사라지거나 추락해 왔다. 변한 것이 있다면, 인지된 모든 실수를 실제보다 더 추악하고 악랄한 실수로 꾸며 예전보다 더욱 빠른 속도로 확산시키는 소셜 미디어의 상승효과가 전부다. 최악의 경우 소셜 미디어는 당신을 영원히 동굴에 숨어 살게 만들 수 있다.

폭풍에 대비하는 원칙들

———————————

물론 누구도 영원히 숨어 살 수는 없다. 그런 시도를 해 보았자 소용없다. 실제로 기업계에서 몰래 숨어 지내려는 대부분의 시도는 역효과를 낳는다. 세상과 담을 쌓고 지낼 수는 없다.

그럼 어떻게 해야 할까? 가장 확실한 대답은 위기를 예방하려고 노력하는 것이다. 위기의 예방은 리더가 정직과 성실을 높이 평가하는 건전한 문화를 만들어 갈 때 가장 신경 써야 할 부분이다. 거듭 말하지만, 이 원칙은 최고 경영진에게만 해당되는 것이 아니다. 작은 팀을 운영하는 리더를 포함한 모두에게 해당된다.

결국 위기를 예방하기 위해서는 커다란 변화가 있어야 한다. 어느 날 당신이 빈둥거리며 시간을 죽이고 있는데 당신 컴퓨터로 이메일이 폭탄처럼 쏟아져 들어온다거나 핸드폰이 띵띵거리기 시작한다고 해 보자. 아니면 누군가 굳은 표정으로 당신 사무실에 들어와 당신에게 할 말이 있다고 말한다고 해 보자. 뭔가 잘못된 게 분명하고, 중요한 일인 게 분명하다. 당신과 관련된 일에서 사고가 터졌다는 불길한 예감에 심장이 두근거린다.

이런 사태가 발생하면, 일종의 풍수해 보험처럼 좋은 시절에 시작한 커뮤니케이션 원칙들에 의지할 수밖에 없다. 이런 해결책이 폭풍이 밀려오는 걸 막을 수는 없지만, 뒤처리를 용이하게 하는 데는 도움이 된다.

첫째는 예방적 차원에서 좋은 평판을 쌓아 두는 것이다. 모든 회사가 공동체에서 착한 시민 역할을 하는 데는 이유가 있다. 또한 모든 회사가 공정하고 투명한 고용주가 되려고 노력하는 데도 이유가 있다. 위기관리가 그 이유 중 하나다. 좋은 시절에 친구와 지지자를 확실하게 확보해 두면, 나쁜 시기에 당신 편에 서서 목소리를 높여 줄 옹호자가 있을 가능성이 그만큼 높아진다. 당신이 실수해서 개인적인 위기가 닥쳤을 때도 마찬가지다. 중요한 마감 시간을 넘겼거나 큰 고객을 잃었다고 해 보자. 혹은 대대적인 광고가 실패했다고 해 보자. 이럴 때 당신은 위기를 맞는다. 적어도 위기의 중심에 있게 된다.

이런 경우에도 당신이 인간관계에서 평소에 좋은 평판을 쌓아 두었다면 도움이 된다. 당신이 트위터에서 뜨거운 화젯거리가 된 후 '내가 실제로는 그처럼 고약한 사람이 아니라는 걸 보증해 줄 사람이 없을까?'라고 생각해 봐야 소용이 없다. 그런 생각을 시작할 시점은 입사한 첫날이다. 더 구체적으로 말하면, 당신이 첫 전화를 받거나 첫 회의에 참석하기 전 잠깐이라도 시간을 내 '남에게 잘못한 만큼 자신에게 돌아오는 법이다'라는 속담을 되새기거나, 시인 마야 안젤로가 말한 영원한 진리의 말을 떠올려 봐야 한다.

'사람들은 당신이 뭐라고 말했는지 잊는다. 사람들은 당신이 무엇을 했는지 잊는다. 그러나 사람들은 당신이 그들에게 어떻게 느끼도록 했는지는 결코 잊지 않는다.'

당신의 말과 행동으로 주변 사람들에게 당신이 착하고 괜찮은 사람이라고 느끼게 하라. 당신을 아는 모든 사람이 앞장서서 당신을 변호해 줄 수 있도록 착하고 괜찮은 사람이란 인상을 심어 주라. 당신에 대한 혹평을 멈추게 하는 데는 충분하지 않을지 모르지만, 위기를 맞았을 때 평소에 쌓아 둔 좋은 평판은 당신이 가진 모든 무기일 수 있다.

폭풍이 닥치기 전에 준비해야 할 두 번째 커뮤니케이션 원칙은 당장 할 말이 없더라도 다양한 의사소통 채널에서 공적인 목소리를 내는 것이다. 채팅의 세계에서 당신도 대화의 일원이 되어야 한다. 특히 당신 회사가 소비자를 상대로 하는 회사라면, 위기의 순간은 당신 목소리가 어떻게 들릴까 걱정할 때가 아니다. 여기서 나는 '다양한 의사소통 채널'이라 말했다. 요컨대 좋은 시절에 당신이 모든 플랫폼에서 커뮤니케이션을 하는 것이 중요하다. 위기가 닥치면, 적은 분명히 당신이 떠나거나 무시한 플랫폼에서 당신을 규정하며 공격할 것이기 때문이다.

개인적으로 위기를 맞았을 때도 다를 바 없다. 요즘에는 누구에게나 자신의 목소리를 세상에 직접적으로 전달하는 채널이 최소한 하나 정도는 필요하다. 트위터, 페이스북, 인스타그램 등에서 마음에 드는 것을 선택하라. 당신이 조직에서 중요하지 않은 '하찮은' 존재라고 생각하지 마라. 하급 직원이기 때문에 어떤 커뮤니케이션 플랫폼을 마련할 필요가 없다고 생각하지 마라. 최악의 경우에는 그 플랫폼을 사용하지 않으면 그만이고, 사용할 필요가 있을 때 준비되어 있다면 최상이지 않겠는가.

위기가 닥쳤을 때 소셜 미디어의 최대 장점은, 그 야만성과 잔혹성에도 불구하고 그것이 당신의 의도를 정확히 전달할 수 있다는 것이다. 당신이 원하는 방향으로, 또 당신이 원하는 단어를 사용해 당신의 의도를 정확히 전달하기 위해 언론인에게 의지해야 하는 시대는 지났다. 이제는 당신과 대중 사이에 누구도 개입시킬 필요가 없다. 누구에게도 의지하지 않고 당신이 직접 말할 수 있다. 진정성을 갖고 신속하게 대응한다면 모든 플랫폼에 확성기를 준비해 둔 셈이어서 효과가 매우 클 것이다.

2013년 멕시코식 패스트푸드 체인 타코벨의 한 직원이 손님들에게 제공하는 타코를 혀로 핥는 장난기 어린 사진이 무섭게 퍼져 나간 적이 있었다. 그러자 그날부터 타코벨에 대한 소비자 호감도가 곤두박질쳤다. 타코벨은 즉각적인 대응에 나섰다. 타코벨은 그 직원을 해고하고, 소셜 미디어를 통해 정확한 정보를 제공하며, 결코 침을 묻힌 타코를 고객에게 제공할 의도로 한 짓이 아니라 잘못된 장난에 불과했다는 점을 고객들에게 알렸다. 그런 대응은 효과가 있었다. 여론 조사 업체 유거브의 브랜드인덱스 버즈BrandIndex Buzz 점수에 따르면, 타코벨이란 브랜드 인지도는 사흘 만에 위기를 맞기 전의 수준을 회복했다. 타코벨은 위기에 대응할 준비가 돼 있었다. 당신은 어떤가?

세 번째 원칙은 무원칙한 해고로 위기를 뜻하지 않게 자초하지 말라는 것이다. 관리자가 멍청한 짓을 해서 위기를 자초하는 경우가 적지 않다. 관리자의 잘못으로 내부 고발자가 생기고, 의분에 사로잡힌 비판자가 생긴다. 구체적으로 어떤 잘못을 말하는 것일까? 관리자가 회사를 떠나는 직원을 제대로 대우하지 않는 경우다. 회사를 떠난다는 이유로 그 직원이 입사했을 때처럼 자존감을 세워 주지 않고 내보내는 경우다. 그럼 해고된 직원은 모욕감을 갖기 마련이다. 해고된 직원을 어떻게 떠나보내야 하는지에 대해서는 리더십을 다루는 다음 장에서 자세히 살펴보기로 하고, 여기서는 당신이 해고된 직원이 앙심을 품고 떠나지 않도록 온갖 노력을 다해야 한다고만 말해 두자. 그렇지 않으면 금전적으로나 감정적으로 인색했던 당신에게 반드시 보복하겠다는 생각을 그 직원은 떨쳐 내지 못할 것이다.

위기관리 해법으로 내가 제시하는 마지막 원칙은 위기가 닥친 후에야 작동된다. 확실한 방법이니 절대 잊어서는 안 된다. '이 또한 지나가리라!'라는 유명한 가르침이다. 그렇다. 위기가 닥치면 증오심이 밀려온다. 일자리를 잃을까 두렵고, 그때까지 힘들게 쌓은 평판과 친구를 잃을까도 두렵다. 당신을 비방하는 소리가 견딜 수 없이 요란한 듯하고 영원히 계속될 것만 같다. 세상 사람 모두가 당신을 주목하고 당신에 대해 생각하는 듯하다. 게다가 모두가 잠을 깨자마자 당신과 당신의 잘못에 대해 이야기하며 당신을 낱낱이 해부할 것 같다.

정말 그럴까? 분명히 말하지만, 그럴 가능성은 전혀 없다. 설령 그렇더라도 사그라들기 마련이다. '이 또한 지나가리라!'라는 가르침은 불변의 법칙이다. 군중은 떼 지어 끊임없이 움직인다. 물론 당신이 그 시간을 조절할 수는 없다. 하지만 상황이 다시는 좋아지지 않을 거라는 믿음의 정도는 당신의 뜻대로 조절할 수 있다.

그렇다. 상황은 다시 좋아진다. 물론 저절로 좋아지지는 않는다. 당신과 당신 조직은 상황을 바로잡기 위해 필요한 노력을 기울여야 한다. 반격이 필요하면 반격하라. 수정해야 한다면 수정하라. 망가진 것이 있으면 보수하라. 사람이나 과정이 위기의 원인이면 사람과 과정을 바꿔라. 잘못된 것을 바로잡고 분위기를 쇄신하라. 그런 후 다시 경쟁을 시작하라.

그러나 어떤 경우에도 소셜 미디어 때문에 영혼까지 파멸되어서는 안 된다. 위기는 피할 수 없다. 하지만 대비할 수 있다. 이런 이유에서 나는 위기에 대비하라고 적극적으로 조언하는 것이다. 물론 미리 준비한다고 위기에 아무런 영향을 받지 않는 것은 아니다. 위기가 닥치면 눈을 크게 뜨고 위기를 뚫고 나가라. 그럼 어느새 위기는 옛날이야기가 되어 있을 것이다.

PART TWO

IT'S ABOUT THE TEAM

【 팀에 대해 알아야 할 모든 것 】

리더십이란 무엇인가

이 장을 시작하기 전에, 당신이 학교에서 교육을 받는 동안이나 경력을 쌓아 오는 과정에서 리더십에 관해 들은 수많은 이론과 진부한 주장들을 깨끗이 잊고, 리더십은 무척 단순한 것이어서 두 가지로 요약될 수 있다고 생각해 주기 바란다.

첫째, 진실과 신뢰.

둘째, 집요하게 진실을 추구하고 끊임없이 신뢰를 구축하기.

여기서 나는 리더십이 정확히 어떻게 행해져야 하는지를 먼 발치에서가 아니라 아주 가까이에서 자세히 살펴볼 생각이다. 리더십에 관해 과장되게 쓰인 책이 많지만, 리더십은 결코 추상적인 행위가 아니기 때문이다. 리더십은 세부적인 것, 즉 리더로서 행해야 할 것과 행하지 말아야 할 것으로 나눌 수 있다.

먼저, 앞에서 리더십에 관해 언급한 내용을 간략하게 되짚어 보자. 조직의 리더가 영감을 주는 목표를 명확하게 제시하고 그 목표를 실현하는 데 필요한 행동 방식을 명료하게 설명하지 못하면 업무가 고된 일이 된다고 말했다. 또한 목표와 행동의 긴밀한 연계성을 '얼라인먼트'라 칭했고, 직원들이 목표를 받아들이고 적절한 행동으로 목표를 성취할 때 보상이 주어지면 얼라인먼트가 훨씬 원만하게 이루어진다고도 주장했다. 그리고 보상을 '결과'라는 개념으로 대체하기도 했다.

앞에서는 리더에게 필요한 다섯 가지 필수적인 행동을 제시했다. 이 다섯 가지 행동은 얼라인먼트를 활성화하는 봄비인 동시에 비료이기 때문에 '필수적'이라 할 수 있다. 그 행동들을 하나씩 간략하게 정리하면 다음과 같다.

첫째, 조직원들을 완벽하게 파악하라―직원들에게 열정적으로 관심을 갖고, 어떻게 하면 직원들을 능동적으로 움직이게 만들 수 있는지 알아내라.

둘째, 당신을 최고 의미 책임자로 생각하라―팀원들에게 업무의 의미를 깨닫게 해 주고 목적의식을 고취시켜 주는 방향으로 말하고 행동하라.

셋째, 업무에 방해되는 장애물을 제거하라―관료주의를 비롯해 팀이 목표를 추진하는 과정에서 걸림돌이 되는 것을 제거하라.

넷째, '관용 유전자'를 마음껏 과시하라―돈과 승진과 칭찬

등 모든 것을 동원해 탁월한 성과를 낸 직원들에게 아낌없이 보상하라.

다섯째, 일은 재미있는 것이란 확신을 심어 주라―즐거운 마음으로 재미있게 일하는 분위기를 조성하라.

짐작하겠지만, 이런 행동 원칙들은 '진실과 신뢰'의 리더십과 완벽하게 맞아떨어진다. 덧붙여 말하면, 내가 과거에 리더십에 관한 강연을 할 때마다 주로 사용했던 '네 가지 E와 하나의 P' 시스템의 경우와도 다를 바 없다. 이 리더십 시스템에 따르면, 유능한 리더는 '에너지Energy'를 발산하고, 다른 사람들에게 활력을 불어넣는 '능력Energize'과 생각을 행동으로 옮기는 '실행력Execution'을 지녔으며, 결정을 내리는 데 필요한 '결단력Edge'을 겸비했을 뿐 아니라, 이 모든 자질에 '열정Passion'을 더한 사람이다.

다른 모든 저자가 그렇듯이, 나 역시 《위대한 승리》에서 기초 위에 집을 짓는 방식으로 리더를 위한 여덟 가지 규칙을 제시했다. 10년이 지난 지금 나는 그 규칙들을 다시 점검해 보았지만, 오랜 시간이 지났음에도 불구하고 그 규칙들이 여전히 건재하고 유효하다는 사실을 확인하고 무척 기뻤다. 지금도 리더는 팀을 부단히 향상시켜야 하고, 조직원들이 조직의 비전에 걸맞도록 살고 숨 쉬게 해야 하며, 자신감과 낙관적인 정신을 발산해야 한다. 또한 투명하게 행동하고, 힘든 결정을 내리는 용기가 있어야 하며, 명령과 지시가 행동으로 실천되도록 해야 하는 것도 예나 지금이나 다를 바 없다. 리더가 위험을 감수하는 모험 정신을 직원들에게 불어넣고, 크고 작은 승리의 기쁨을 직원들과 함께 나누어야 하는 것도 의심할 여지가 없다.

요컨대 '진실과 신뢰'의 리더십은 인간의 삶에서 전체가 부분의 합보다 더 큰 것들 중 하나다. 리더가 직원들과 회의할 때, 성과를 평가할 때, 전략을 짜고 예산을 검토할 때, 한마디로 어떤 경우에나 매 순간 행하는 모든 행위에서 기준으로 삼아야 하는 기본적인 원칙이 진실과 신뢰의 리더십이다.

진실과 신뢰의 리더십은 마음 자세이자 방법론이다.

이 시대에 진실과 신뢰의 리더십은 당연히 당신의 것으로 만들어야만 한다.

리더는 오로지 진실만을 이야기해야 한다

진실은 좋은 것이다. 그렇다고 생각하지 않는가? 누가 이 말을 부인할 수 있겠는가?

아무도 없을 것이다. 최근에 로렌이란 친구가 내게 경력 위기에 대처하는 조언을 부탁했다. 그는 자신과 문제가 있던 상관을 언급했다. 아마 그 상관 역시 진실은 좋은 것이라는 말을 부인하지 못할 것이다.

서른네 살인 로렌은 대학을 졸업한 후 줄곧 작은 투자 회사에서 재무 분석가로 일했다. 그녀는 시장 조사도 하고 때로는 고객을 상대하기도 했다. 그런데 어느 날, 최고 경영자가 회사를 고위 경영진에게 팔고 은퇴하겠다고 발표했다. 그 후 회사가 양도되면 로렌이 임원으로 승진할 거라는 소문이 나돌았다. 하지만 갑자기 그런 소문이 뚝 끊겼고, 로렌은 그 이유가 자신의 직속 상관 때문이라는 정보를 한 동료에게서 들었다. 그녀가 임원이 되는 걸 원하지 않았던 것이다. 로렌은 이직을 고려할 정도로 큰 충격을 받았지만 내게는 그저 이렇게 말했다.

"내가 그만두면 회사에는 상당한 손실일 거예요. 고객들이 나를 좋아하니까요."

나는 로렌에게 상관도 그녀의 가치를 그처럼 높이 평가할 거라고 생각하느냐 물었다. 로렌은 잠시 멈칫하다가 이렇게 말했다.

"그 사람은 내가 임원이 되는 걸 바라지 않을 거예요. 내가 여자라는 이유로요. 내가 아기를 낳은 후 시간제로 근무했을 때도 무척 못마땅하게 생각했어요."

그 말이 진실이었을까? 그럴 가능성도 있다. 그러나 실제로는 로렌의 추측에 불과한 것이었다. 내가 계속 다그치자 그녀는 상관이 자신의 능력을 실제로 어떻게 생각하고 있는지 판단할 객관적인 증거가 없다고 인정했다. 아기를 낳기 전이나 후에도 그녀의 성과에 대해 상관이 일언반구도 없었기 때문이다.

유감천만이었다.

정기적인 성과 평가는 모든 관리자의 엄연한 책무이기 때문에도 유감천만이었지만, 혹여라도 리더십 강연장 같은 곳에서 내가 로렌의 상관을 만난다면 그 상관도 업무에 관해서는 진실을 말하는 게 좋다는 가정에 동의할 것이 분명하기 때문에도 유감천만이었다.

이번에는 한 제조 회사를 예로 들어 보자. 어느 대기업이 수십 년 동안 보유해 왔던 한 자회사가 모기업의 새로운 주인, 사모 투자 회사의 관심을 갑자기 받게 되었다. 사모 투자 회사는 그 회사가 어떻게 운영되는지 속속들이 알고 싶어 했다. 그래서 직원들의 능력 평가서와 현재의 경쟁 구도를 정확히 평가한 조사서를 제출하라고 요구하며 이렇게 물었다.

"어떻게 하면 우리의 상대적 위상에 변화를 줄 수 있겠는가? 어떻게 하면 경쟁 판도를 바꿀 수 있는가?"

만약 사모 투자 회사가 경영 대학원의 교수이고 그 제조 회사의 경영진이 학생이었다면 'F' 학점을 받았을 것이다. 그 이유가 무엇일까? 의도와 목적이 무엇이었든 그들은 모기업의 참견이 중단된 이후 사업 현황에 대한 진실을 추구하려는 의무를 등한시했기 때문이다. 많은 기업인이 그렇듯이 그들도 쉬운 길을 택하는 데 길들어진 까닭에 진실을 추구해 찾아내려 할 때 필연적으로 뒤따르는 곤란한 대화와 질문을 피해 왔다는 뜻이다.

직원들에게 회사의 현실적인 위치를 솔직하게 말하며, 어떻게 해야 그들이 더 나아질 수 있는지에 대해 구체적으로 말해야 한다는 점에서 진실성이 필요하다. 현재의 사업 현상에 대해, 또 어떤 심각한 도전 과제가 눈앞에 닥쳤는지에 대해 말해야 한다는 점에서 진실성이 필요하다.

경영 전략과 예산 및 그 밖의 여러 프로젝트에 내재한 추정에 의문을 품는다는 점에서 진실성이 필요하다. 모든 회의, 모든 접촉이 진실에 다가가기 위한 기회다. 모든 회의, 모든 접촉이 마무리될 때마다 참석자들은 이 점을 생각해 봐야 한다.

'이번 대화에서 진짜 진실을 이야기했는가?'

전략을 세워라. 수년 전, 영국에 본사를 둔 세계적인 유통 회사 테스코의 전 최고 경영자, 테리 레이히는 전략 수립Strategy Formulation을 '진실을 찾아가는 훈련'이라 주장했다. 소름 돋는 주장이 아닌가! 앞에서 언급한 '다섯 장의 슬라이드'를 이용한 전략 과정도 진실을 찾아가는 분석에 영향을 받는 게 사실이다. 우리 회사의 실제 역량은 어떻게 되는가? 경쟁이 벌어지는 시장의 실제 상황은 어떤가?

당신이 올바른 전략을 수립하고 싶다면 이런 질문들에 엄격하게 대답해야 한다. 이 말에 등골이 서늘해지는가? 그렇다. 그럴 정도로 진지하게 받아들여야 한다. 공교롭게도 당신이 좋아하는 관리자의 옆에 앉아, 그가 시장 성장성과 경쟁 업체의 반응 및 새롭게 진입한 경쟁자 등에 대해 거침없이 주장할 때 고개를 끄덕이며 파워포인트 슬라이드를 지켜보는 게 엄격한 것은 아니다. 엄격함을 갖추기 위해서는 과감하게 다음과 같은 질문을 던져야 한다.

'그런 수치를 제시한 근거가 무엇인가? 당신이 그렇게 추정하는 근거는 무엇인가? 누가 어떤 유형의 테크놀로지를 내놓으면 당신이 제시한 모든 것이 무너질 수 있는가?'

다른 예로, 인사 전략을 검토하는 회의에서 새로운 인재를 모집하려는 노력이 6개월 내에 성과가 있을 거라고 장담하는 인사부의 프레젠테이션을 믿는 게 엄격한 진실 추구는 아니다. 엄격한 진실 추구를 위해서는 이렇게 물어야 한다.

'우리 구인 광고는 적절한가? 우리가 원하는 인재들을 어떤 회사들이 영입하고 있는가? 그들은 우리와 어떤 점에서 다르게 행동하고 있는가? 좋은 인재를 발굴하기 위해 링크트인(200개국 1억 명 이상의 가입자를 확보한 세계 최대 비즈니스 네트워크 서비스 업체)을 최대한 활용하고 있는가? 새로운 인재를 찾는 데 도움을 준 직원에게 상여금을 준 적이 있는가? 우리 연봉 구조는 얼마나 경쟁력이 있는가?'

궁극적으로 전략에서 진실 추구는 추정과 확언으로 만족하지 않는 강박이며, 당신의 마음에 들든 안 들든 편견을 떨쳐 내고 진실이 완전히 발가벗겨 드러날 때까지 파헤치고 또 파헤치려는 욕망과 비슷한 것이다.

이번에는 예산을 예로 들어 보자. 대다수의 기업에서 예산 편성은 '진실을 왜곡하는' 과정이다. 정보 조작이 곳곳에서 전개된다. 모든 부서가 그럴듯한 안건을 내세우며 전쟁을 벌인다. 고위 경영진은 비용을 낮추면서 매출을 높이고 싶어 한다. 따라서 그들은 그런 목표를 달성하기 위해 불필요한 비용을 줄이고 성과를 극대화할 방법을 짜내고 또 짜낸다. 그들의 생각에 사업 부서들은 대체로 방어적으로 예산을 짠다. 달리 말하면, 목표를 초과 달성해서 더 많은 상여금을 받아 내려면 기대치를 낮춰야 한다는 것이다. 여하튼 예산 책정에서 승리하기 위해 어떤 짓이라도 한다는 점에서는 똑같다.

결국 숫자는 항상 중간쯤에서 결정된다. 그렇지 않은가? 실제로 시장에서는 어떤 일이 벌어지고 있는지에 대해서는 거의 대화하지 않는다. 적당한 합의를 중단하고 기회에 대해 진지하게 논의하기 시작하면 어떤 성과를 거둘 수 있을지에 대한 대화도 턱없이 부족하다. 예산 편성은 모든 것을 자신에게 유리하게 조작하고 최소화하는 훈련 과정인 듯하다.

하지만 놀랍게도 예산 편성에서 이런 부정적인 행동은 무척 고질적인 현상이다. 사모 투자 회사는 투자자들과 고위 경영진 간의 얼라인먼트가 어떤 유형의 기업보다 치밀한데도 이런 현상에서 완전히 자유롭지 않은 듯하다. 여하튼 사모 투자 회사에서 투자자와 고위 경영자는 엇비슷한 지분을 보유하고 있기 때문에 고위 경영자들이 숫자까지 속여 가며 자신의 경력을 더 높일 수 있을 거라고 생각할 논리적인 이유가 없다. 하지만 내 경험에 따르면, 과거에 기업에서 일하던 사람이 예산 편성에서 방어적인 사고방식을 떨쳐 내고 자신과 투자자 모두가 함께 신속하게 성장할 수 있는 방법에 대해 편안하고 정직하게 말하는 데는 대략 1년에서 18개월이 걸린다.

그러나 이런 수준에 이르면 온갖 긍정적인 가능성이 폭발적으로 증가한다. 고위 경영자들이 이런 식으로 말하기 시작한다.

"하반기 이익을 포기하고 새로운 연구 개발 프로젝트에 투자하면 어떻겠습니까?"

"X라는 회사와 Y라는 회사를 인수하는 건에 대해 이야기 좀 해 볼까요? 단기적으로는 손해일 수 있겠지만 장래에는 큰 이익이 될 겁니다."

외부의 증권 분석가들에게는 알려지지 않더라도 진실한 대화를 위해서는 완전히 새로운 환경을 만들어 가야 한다. 예산 편성이 치과에 이를 뽑으러 가는 것처럼 괴롭게 느껴졌던 시절을 깨끗이 잊어야 한다. 선택과 균형, 교환과 기회 등 모든 것에 대해 허심탄회하게 대화를 나눌 수 있어야 한다. 그런 대화는 최소화하는 경향을 떨쳐 내고, 최대화를 지향하는 흥미진진한 훈련이 된다.

그에 따른 보상도 짜릿하고 막대할 것이다. 비즈니스에서 진실만큼 경쟁력 있는 무기는 없기 때문이다. 진실은 회사를 더 신속하고 더 공정하게 만들고, 더 유연하고 더 창의적으로 만든다. 진실은 회사를 직원들이 일하고 싶은 공간, 얻은 것을 그대로 되돌려 주며 공헌하는 공간으로 만든다. 어쩌면 당신은 조직 내에서 진실 추구를 자신의 원칙으로 내세울 만큼 높은 지위에 있지 않다고 생각할지도 모르겠다. 그런 생각은 너무 위험하다. 그런 생각을 당장 버려라. 진실은 긍정적인 것이고 결실을 앞당긴다는 점에서, 진실 추구는 팀의 리더부터 최고 경영자까지 모든 단위의 리더에게 반드시 필요한 것이다. 그렇다. 진실하지 않고는 누구도 팀을 이끌어 갈 수 없다. 유일하게 남는 질문은 '왜 리더가 되기를 원하는가?'라고 스스로에게 묻는 것이다.

신뢰 없이는 진실을 얻을 수 없다

진실 추구가 리더십의 필수 조건이라는 내 주장에 공감했기를 바란다. 그러나 당신이 직시해야 할 현실적인 문제가 있다. 신뢰 없이는 결코 진실을 얻을 수 없다는 점이다. 사람들이 항상 진실을 듣고 싶어 하는 것은 아니다. 그러나 진실을 받아들이고 진실을 요구하며 항상 진실하게 행동하는 사람은 신뢰받기 마련이다. 따라서 당신 조직에서 신뢰의 기초를 다지려면 무엇이 필요한지 하나씩 살펴보기로 하자. 리더로서 무엇을 해야 하고, 무엇을 하지 말아야 할까?

우선 '해야 할 것'은 조직원과 조직원의 업무에 미친 듯이 마음을 쓰고 관심을 갖는 것이다. 이 말이 귀에 익게 들린다면, 앞에서 언급한 다섯 가지 리더십 원칙의 핵심이기 때문이다. 관용 유전자를 마음껏 과시하고 장애물을 제거하라는 원칙을 예로 들어 보자. 두 원칙 모두 '나는 이 문제에서 당신 편이다'라는 메시지를 확실하고 적극적으로 전달하는 방법이다.

당신이 직원들을 옹호할 때, 특히 침체된 분위기에 빠진 직원들을 옹호할 때도 똑같은 메시지가 전달된다. 직원들이 혁신적이고 중대한 아이디어를 제시하거나 폭발적인 성과를 거둔 경우 직원들을 칭찬하기는 쉽다. 프로젝트가 실패한 후에도 당신이 먼저 나서서 공개적으로 직원들을 지지하고 실패에 대한 책임을 같이 떠안는 자세가 필요하다. 성과 기준에 한참 못 미친 까닭에 해고될 처지에 놓인 팀원까지도 당신이 연민과 권위로 어떻게든 그 문제를 해결해 줄 거라고 기대할 수 있어야 한다. 달리 말하면, 신뢰 구축을 위해 필요한 행위는 직원이 진퇴양난에 빠졌을 때 직원의 든든한 후원자가 되는 것이다.

이와 관련해서 '해서는 안 될 행위'는 안타깝게도 우리가 너무 자주 보았던 행위다. 위험하지만 모두가 합의한 프로젝트에서 부하 직원이 실패하면 재빨리 도망치며 '거봐, 실패할 줄 알았어!'라고 말하는 상관이 의외로 많다. 정말 추잡한 짓이다. 자기만 살겠다는, 악취가 물씬 풍기는 비겁한 짓으로, 신뢰를 한순간에 지워 버리고 없애 버리는 행위다. 이런 짓만큼 리더와 추종자 간의 연대를 신속하게 깨뜨리는 것은 없다.

공적을 다투는 것도 비슷한 범주에 속한다. 부하 직원들의 창의적인 생각과 계획을 모아 마치 자신의 것인 양 상관에게 제시하는 리더와 함께 일한 적이 있는가? 그런 리더가 있다면 정말 몹쓸 리더다. 만약 당신이 멋진 아이디어를 중간에 전달하는 리더라면, 그 아이디어의 주인이 누구인지 분명하게 밝혀야 한다. 그럼 당신은 정직한 사람이란 평판을 얻을 것이고, 더 나아가 부하 직원들이 자신의 기발한 아이디어를 기꺼이 당신에게 내놓을 것이다.

리더에게 반드시 필요한 행위라고 당신이 귀에 딱지가 앉도록 들었던 또 하나의 행위가 있다면, '경청'일 것이다. 경청을 통해 리더는 더 많은 정보를 바탕으로 더 나은 결정을 내릴 수 있다고 흔히들 말한다. 물론 나는 이런 주장에 전적으로 동의한다. 그러나 내가 경청을 좋아하는 이유는 경청이 신뢰를 구축하는 원동력 중 하나이기 때문이다. 실제로 경청은 직원들에게 존경심을 보여 주는 한 방법이기도 하다. 하지만 조심해야 할 것이 있다. 경청은 일상 업무에서 무척 중요하기 때문에 유능한 리더는 정기적인 회의나 그와 비슷한 것에서 습관적으로 경청한다. 그러나 경청하기 힘든 경우에도 경청할 때 당신은 부하 직원들로부터 진정한 신뢰를 얻을 수 있다. 나쁜 소식이 당신에게 봇물처럼 쏟아지는 위기의 순간이나, 정반대로 기업 문화가 모두에게 정보를 차단해 당신이 아무것도 모르는 상황에서도 경청할 수 있어야 한다. 이런 상황에서는 누구나 노심초사하기 마련이고, 일자리를 잃을까 두려워한다. 따라서 속마음을 허심탄회하게 공유하려면 상당한 용기가 필요하다. 중대한 고비를 앞에 두고는 고뇌가 없을 수 없기 때문이다. 이런 경우, 당신은 리더라는 정당한 권리를 핑계로 이런저런 회의에 참석하며 팀원들을 멀리할 수 있다. 당신이 한걸음을 내디딜 때마다 자칫하면 지뢰가 터질 듯한 기분일 것이기 때문에 그런 반응은 인지상정이다. 하지만 이런 상황에서도 훌륭한 리더는 직원들에게 자신과 마음을 공유할 수 있는 기회를 제공해야만 한다. 그래야 리더가 간절히 듣고 싶어 하는 진실을 듣게 되고, 그렇지 못하더라도 직원들의 감정을 사로잡을 수 있다. 어느 쪽이든 직원들의 말을 경청함으로써 그들이 솔직한 생각을 털어놓도록 유도하는 것이 리더의 역할이다.

인수된 회사에 당신이 어떤 부서의 새로운 책임자로 영입된 경우를 예로 들어 보자. 누구도 당신을 모르고 당신도 직원들에 대해 전혀 모른다. 게다가 직원들은 미래조차 불투명해서 제정신이 아닐 것이다. 많은 직원이 인수를 죽음으로 생각한다. 하기야 그들의 세계가 하루아침에 완전히 뒤집어졌으니 그럴 만도 하다. 그런데 당신이 정복자처럼 들어온다. 당신은 권위를 과시하려고 직원들에게 강력한 명령을 내리고 일방적인 결정을 내리며 윗선하고만 대화한다. 여하튼 당신의 권한은 막강하다. 따라서 과거의 직장에서 함께 일하던 팀원들을 영입해서 일할 수도 있다.

제발 이렇게 하지 마라. 위기를 맞든 인수된 회사에 영입되든 여하튼 혼란스러운 상황이 닥치면 그런 충격을 완화하는 데 필요한 모든 조치를 취하라. 힘들더라도 직원들과 생각과 관점을 공유하며 그들의 생각을 진심으로 고민하는 시간을 가져라. 직원들의 생각에 항상 동의할 수 없겠지만, 그들에게 자신의 목소리를 내는 기회를 준다는 것은 그들의 권위를 인정한다는 뜻이다. 그렇게 신뢰를 쌓는다면, 위기가 지나간 후에도 그 효과가 지속될 것이다.

신뢰는 하루아침에 만들어지지 않는다

리더십은 회의에서 발휘되는 경우가 많다. 그렇지 않은가? 그렇지 않다면, 회의장에서 리더십을 발휘할 수 있도록 애써야 한다. 회의장은 관련자들이 업무에 대해 논의하고 목표를 성취할 방법에 대해 상의하려고 모인 공간이다. 회의장은 관련자들이 경쟁에 관련된 정보를 공유하고, 상품을 평가하며, 테크놀로지의 변화에 대해 예상하고, 통계 수치와 씨름하는 공간이다. 하지만 회의장이 그저 시간을 죽이는 김빠진 공간이 되는 경우가 비일비재하다. 참석자들이 수정한 자료를 제출하지만, 누구라도 눈치챌 수 있는 조작으로 채워진 자료이기 십상이다. 따라서 회의는 아무런 성과도 없이 끝난다.

그러나 리더가 회의를 올바른 방향으로 진행한다면 회의는 리더에게 신뢰를 구축할 수 있는 좋은 기회가 된다. 다시 말하면, 리더는 열린 토론을 독려하고, 직관적 판단에 어긋나고 추정에 반발하는 대담한 의견을 제시하는 용기를 칭찬해야 한다. 반면에 반대 의견을 묵살하며 겁박하는 사람은 질책해야 한다.

웹매거진의 편집장, 존의 경우를 예로 들어 보자. 얼마 전 존은 '네이티브 광고Native Advertising'에 대해 직원들과 상의하기 위해 회의를 소집했다. 당신도 잘 알겠지만, 네이티브 광고는 뉴스 기사인 것처럼 보이도록 꾸며서 독자가 한참을 읽고 나서야 정식 기사가 아님을 알게 되는 광고를 말한다.

언론인은 언론이란 고결한 사업에 광고가 끼어드는 걸 전통적으로 싫어한다. 따라서 존은 그날의 회의에서 네이티브 광고가 사이트 면의 10퍼센트가 넘지 않도록 하겠다고 약속함으로써 영업부에 대해 끓어오르는 분노를 잠재우고 싶었다. 10퍼센트는 그가 최고 재무 책임자와 담판해서 얻어 낸 수치이기도 했다. 존의 발표에 직원들은 환호했고, 그 후로 15분 동안 네이티브 광고에 대한 맹비난이 쏟아졌다. 그야말로 증오의 축제였다. 하지만 회의가 끝날 즈음 리즈라는 편집부원이 존의 눈에 들어왔다. 훌륭한 리더십을 지닌 리더답게 존은 리즈가 회의실에서 줄곧 침묵을 지킨 유일한 직원이라는 사실을 곧바로 알아챘다. 존은 리즈에게 공개적으로 말할 기회를 주고 싶었다.

"리즈, 당신은 한마디도 하지 않은 것 같군요. 당신 생각을 말해 줄 수 있겠어요?"

리즈는 처음엔 멈칫하며 난색을 표했지만, 존이 다시 압력을 가하자 결국 입을 열었다.

"사실 제 생각은 여러분의 의견과 많이 달라요. 제 생각에는 독자들이 똑똑해서 네이티브 광고와 실제 기사를 충분히 구분하고 있어요. 오히려 많은 독자가 네이티브 광고를 온라인에서 필연적으로 겪어야 할 경험의 일부로 인정한다고 말할 수도 있을 거예요."

회의장에는 못마땅한 침묵이 흘렀다. 하지만 그런 분위기에도 아랑곳하지 않고 존은 리즈에게 계속 말해 보라고 권했다.

리즈는 내친김에 더 많은 것을 말했다. 그는 편집부 직원으로 존과 함께 일하기 전 다른 웹매거진의 영업부에서 오랫동안 일한 적이 있었다. 그날 존의 암묵적인 지원 아래 리즈는 네이티브 광고를 사용하지 않을 경우 닥칠 문제에 대해 동료들에게 따끔하게 지적했다. 그러나 리즈의 의견에 공감하는 직원은 한 사람도 없는 듯했다. 결국 한 직원이 구시렁거리고 눈을 부라리며 그녀의 말문을 막으려 했다.

그 순간 존이 끼어들어 그를 나무랐다.

"닉, 그만하게. 리즈가 지금 우리에게 정말로 필요한 이야기를 해 주고 있잖나. 아주 솔직하게!"

존의 지적은 흔히 '역할 모델 경영Role Model Management'이라 일컬어지는 것으로, 리더가 한 직원의 행동을 다른 직원들이 칭찬하고 본받아야 할 규범이라 명확히 제시함으로써 기업 문화를 바꿔 갈 수 있는 강력한 도구다. 어떤 행동의 중요성을 직원들에게 납득시키고 싶다면 역할 모델 경영을 빈번하게 활용하라. 사람들은 공개적인 칭찬이나 질책에 주목하기 마련이다. 내 말의 요점은, 허심탄회한 토론을 독려함으로써 신뢰를 구축하라는 것이다. 만약 그날 회의에서 존이 리즈에게 자신의 생각을 말해 보라고 독려하지 않았다면 어떤 일이 벌어졌겠는가? 십중팔구 리즈는 '존은 우리가 팀이 돼야 한다고 입으로는 그럴듯한 말을 하지만, 자기랑 의견이 같을 때만 한팀인 거야'라고 씁쓰레하게 생각했을 것이다.

역할 모델 경영을 사용하라. 필요하면 어떤 수단이라도 동원하라. 한 사람의 목소리가 대화를 좌지우지할 수 없다는 확신을 직원들에게 심어 줘야 한다. 그렇게 한다면 진실 추구는 어떤 경우에도 방해받지 않을 것이다.

열린 토론을 방해하는 위험은 자신의 권리와 권위를 빼앗겼다고 생각하는 직원들로부터 비롯된다. 리더가 부하 직원들에 대해 이러쿵저러쿵 말하며 신뢰를 상실해도 열린 토론을 기대하기 어렵다. 이런 험담은 금물이다. 리더로서 해서는 안 될 짓이다. 하지만 리더도 인간이기 때문에 이런 불상사가 비일비재하게 일어난다. 리더도 인간이기 때문에 일부 직원과 더 친해지기 마련이다. 당신(리더)이 주말이면 낚시를 함께 다니는 샐이란 직원과 단둘이 사무실에 있다고 생각해 보자. 당신은 경계심을 풀고 조의 성과에 대해 불만을 늘어놓기 시작한다. 처음에는 샐도 그 순간을 즐길 것이다. 샐은 당신의 측근이니까! 그러나 샐이 특별히 똑똑하지 않더라도, 얼마 후에는 당신이 자신과 함께 조에 대해 험담한다면 다른 팀원들, 예컨대 루시나 톰과 함께 자신에 대해 험담할 수 있다는 사실을 깨닫게 될 것이다. 결국 당신은 중학교 구내식당에서나 통할 만한 신뢰를 구축한 것에 불과하다.

이런 경우에 반드시 '해야 할 행위'는 공적인 대화에서나 사적인 대화에서 모두가 한팀이라는 의도를 분명히 전달하는 것이다. 그렇다고 일부 직원과 더 친하게 지내서는 안 된다는 뜻은 아니다. 거듭 말하지만, 당신도 어차피 인간이다. 그러나 우정 때문에 공정성을 해치지 않으면서도 얼마든지 신뢰받을 수 있다.

부하 직원에 대한 험담 외에, 신뢰를 깨뜨리기 때문에 리더에게 금물인 또 하나의 행위는 상대가 달라질 때마다 사업 현황에 대해 다른 이야기를 하는 것이다. 모든 리더가 여러 이해관계 집단으로부터 현황 보고를 해 달라는 요구를 받는다. 당신이 팀 리더이고 이해관계 집단이 상관과 3명의 동료 및 약간의 고객인 경우에나, 당신이 최고 경영자이고 이해관계 집단이 이사진과 월스트리트 분석가와 언론인인 경우에나 다를 바 없다. 어떤 계급에 있더라도 리더가 다양한 이해관계 집단을 만나는 건 흔한 일이다. 하지만 상대하는 이해관계 집단에 따라 이야기가 달라져서는 안 된다. 강조하는 부분과 낙관의 정도 및 공유하는 데이터가 달라져서는 안 된다. 신뢰 구축을 위해서라도 리더는 누구에게나 언제나 똑같은 이야기를 해야 한다. 요즘처럼 정보에 경계도 없고 담도 없는 시대에 다른 식으로 이야기한다면 신뢰를 죽이는 지름길이다. 모두가 모든 것을 듣는 시대다. 정보를 변조하고 조작하려는 시도는 금세 들통 난다. 따라서 어떤 집단을 상대하더라도 일관성을 유지한다면 사방팔방에서 당신에게 돌아오는 신뢰를 만끽할 수 있을 것이다.

리더는 지방 자치 단체 의원과 공무원, 판매자와 고객, 노동조합 등 다양한 이해관계 집단과 협상해야 할 때도 있다. 굳이 말할 필요도 없겠지만, 신뢰가 있으면 이런 대화가 더 쉽고 더 생산적으로 진행될 수 있다. 리더는 또한 '지나치게 약삭빠른' 사람들과 협상해야 할 경우도 적지 않다. 그들은 비현실적인 주장을 내세우거나 반드시 이겨야 한다는 생각에 사로잡힌 사람들이다.

이해관계자들과 협상할 때는 감정 이입이 필요하다. 따라서 신뢰를 구축하고 싶다면, 당신의 머리에서 나와 상대방의 머릿속에 들어가야 한다. 역지사지하는 마음으로 상대의 관점에서 상황을 분석해야 한다. 상대의 가치와 상황, 상대의 사정과 형편, 상대가 처한 위험까지 고려해서 이런 식으로 자문해 봐야 한다.

'내가 맞은편에 앉아 있다면 나 자신과 내 조직원들을 위해 무엇을 원할까? 내가 맞은편에 앉아 있다면 무엇이 나를 괴롭힐까? 무엇을 공정하다고 생각할까?'

이처럼 열린 마음을 가져야만 진정한 대화가 가능하다. 게다가 이런 태도는 장래의 협상을 위한 투자이기도 하다. 당신이 전에도 공정하게 행동했다면 협상 상대는 이번에도 당신이 공정하게 행동할 것이라 기대하기 마련이다. 그럼 협상이 출발부터 순조롭지 않겠는가.

리더가 신뢰 구축을 위해 반드시 행해야 할 마지막 행위는 '해고'라는 안타까운 주제와 관계가 있다. 물론 어떤 리더도 직원을 해고하고 싶어 하지 않는다. 때로는 해고해야 할 직원이 친구일 수도 있고, 수십 년 동안 근무한 직원일 수도 있다. 때로는 해고된 직원이 부당하게 해고를 당했다며 소송을 제기할 수도 있고, 보복하는 심정으로 경쟁 업체에 들어갈 수도 있다. 어떤 경우든 거의 언제나 해고는 당신과 불운한 직원만이 아니라 조직이나 팀 전체를 어색하고 불편한 상황에 몰아넣는다.

당신이 리더라면 그런 상황을 모른 체하는 것보다 더 상황을 신속하게 악화시키는 행동은 없다. 어떤 리더도 해고를 자신의 문제로 받아들이고 싶어 하지 않지만, 해고는 결국 리더의 문제다. 진정한 리더라면 모든 비정상을 자신의 문제로 인정해야 한다. 그 직원을 채용할 때 저질렀던 실수를 인정해야 하고, 그 직원이 더 나은 성과를 거두도록 지원하지 못한 자신의 무능력을 인정해야 한다. 또한 그 직원이 최대한 품위 있게 떠나도록 해주는 책임을 떠안아야 한다. 한마디로 리더가 직원을 제대로 해고하지 못하면, 그 직원은 물론이고 팀 전체가 리더에 대한 신뢰를 상실할 수 있다.

따라서 해고 문제는 신중하게, 극도로 신중하게 다루어야 한다. 그렇다고 꾸물거리고 지체하라는 뜻은 아니다. 오히려 그 직원을 '살아 있는 시체'로 만드는 게 가장 잔혹한 짓이다. 그는 사무실을 돌아다니지만, 그가 곧 해고될 거라는 사실을 알고 모두가 멀리한다고 생각해 보라. 그가 얼마나 괴롭겠는가. 어떤 희생을 치르더라도 이런 상황을 만들지는 마라.

당신이 정기적으로 정직하게 성과를 평가하며 신뢰를 쌓아 왔다면, 어떤 직원이든 자신이 곧 회사를 떠날 준비를 해야 한다는 소식을 듣더라도 크게 놀라지 않을 것이다. 피드백 시스템이 잘 갖추어진 조직의 경우, 실적이 떨어지는 직원들은 대체로 6개월 전에 해고 통보를 받고 6개월이 지나기 전 대다수가 조직의 도움으로 다른 일자리를 구한다.

그렇기는 하지만 안타깝게도 이처럼 바람직한 경우는 무척 드물다. 많은 기업이 해당 직원에게 해고를 통보하며 바로 그날 책상을 비우라고 요구한다. 신의와 성실의 원칙을 위반한 경우는 그렇다손 치더라도 이런 관례는 너무 가혹하다. 나는 이런 관례를 증오한다. 그러나 이런 관례가 당신 회사를 지배하든 그렇지 않든 훌륭한 리더는 떠나는 직원을 끝까지 사랑한다.

그렇다. 해고된 직원이라도 끝까지 사랑해야 한다. 그가 첫 출근했던 날 그를 사랑했던 만큼 마지막 날까지 사랑하라. 당신이 새로 뽑은 직원이란 이유로 회사의 곳곳을 데리고 다니며 모두에게 소개할 때 얼마나 자랑스러웠던가. 물론 당시의 감정을 되살리기는 어렵겠지만, 그래도 그때의 감정을 되살려 내야 한다. 떠나는 직원에게 버럭 화를 내면서 그런 곤란한 상황을 그의 탓으로 돌리고 싶은 욕망을 억눌러라. 설령 그 직원이 성과에 못

미쳤더라도 해고 문제에서는 최대한 인간적이고 관대하게 행동하라.

이런 행동을 통해 당신은 신뢰를 쌓는 성실성을 증명해 보일 수 있으며, 떠나는 직원은 당신의 그런 성실한 모습을 고마워할 것이고, 남은 직원들은 안도하며 당신을 존경할 것이다.

리더십에서 흥미로운 점이 있다면, 누구나 리더가 되기 전에는 리더가 되기를 손꼽아 기다린다는 것이다. 인정받고 무거운 책임을 떠맡고 싶어 한다. 자신이 원하는 방식으로 일하는 '힘'을 갖고 싶어 한다. 마침내 리더가 되면, 이틀이 지나지 않아 리더라는 직책이 얼마나 힘든 자리인지 깨닫게 된다. 그렇다. 황홀한 설렘도 있다. 무척 재미있을 수도 있다. 그러나 당신이 감당하기 힘들 정도로 당신에게 관심을 받으려는 직원들이 있다. 경쟁자가 당신이 알던 것보다 훨씬 더 많고 유능하기도 하다. 예산의 제약으로 당신 뜻대로 융통성을 발휘할 수 없다. 게다가 경제 상황이 끊임없이 바뀌고, 테크놀로지는 하루가 다르게 발전한다.

이런 압박감에서 벗어날 유일한 해결책은 단순함이다. 진실과 신뢰로 조직을 이끄는 단순함이다. 매번 결정을 내릴 때마다 집요하게 진실을 추구하고, 행동 하나하나에서 끊임없이 신뢰를 구축하겠다는 단순함이다.

진실은 회사의 안팎에서 실제로 일어나는 일을 알아낼 때까지 확고하게 추구해야 할 대상이며, 그때까지 결코 꺼지지 않아야 할 불길이다.

신뢰는 매일 강력하게 다져야 할 근육이다. 신뢰는 부하 직원과 상관 등 온갖 형태의 이익 집단과 만남으로써 다듬어 가야 할 자제력이다.

진실과 신뢰가 결합된 이중 나선이 오늘날 리더십의 비밀을 풀어내는 열쇠다.

최고의 팀을 구성하는 법

BUILDING A WOW TEAM

월요일 아침이다. 당신은 어떤 일을 하더라도 진실을 추구하고 신뢰를 구축하는 분위기를 조성하겠다고 다짐한다. 그런데 출근하자마자 해결해야 할 이런저런 문제가 당신을 맞이한다. 먼저 상당히 오랫동안, 예컨대 거의 6주 동안 비워 둔 핵심적인 자리에 적합한 직원을 구해야 한다. 과장해서 말하면, 그 자리가 비어 있으면 일이 제대로 진척되지 않을 정도로 중요한 자리다. 게다가 당신 부서에서 가장 유능한 직원이 누군가의 차고에서 시작한 신생 기업으로 옮기겠다는 걸 말리기 위해 획기적인 조치를 취해야 한다.

이 장에서는 리더에게 필요한 기본적인 능력, 즉 채용과 고용 유지를 위한 효과적인 방법을 다룬다. 또 제대로 된 팀을 구성하는 방법에 대해서도 언급할 것이다.

리더라면 누구나 알겠지만, 위대한 결과는 위대한 팀의 성과다. 위대한 팀은 간혹 자연스레 형성되는 것처럼 보인다. 모든 상황과 모든 구성원이 연금술이라도 개입한 듯 정확히 들어맞는다. 그러나 대부분의 경우 팀을 구성하는 것은 계획적인 행위이며 의도적인 과정이다. 위대한 팀을 구성하는 데 반드시 필요한 조건이 무엇인지 하나씩 알아보자.

최고의 팀을 만들려면 먼저 위대한 팀원을 뽑아라

최고의 팀은 위대한 팀원이 있어야 가능하다. 따라서 사람을 뽑는 일이 무엇보다 중요하다. 중요한 만큼 어렵기도 하다.

왜 채용이 어렵다는 것일까? 두 가지 주된 이유가 있다. 첫째, 면접에서는 전문가처럼 말하지만 책상에 앉아 실제 업무를 다룰 때는 형편없는 사람이 적지 않기 때문이다. 그러나 대부분의 경우 문제는 그 사람을 채용한 관리자에게 있다. 관리자가 잘못한 것이다. 당신에게 실제로 필요한 직원은 X라는 재능을 지닌 사람이었지만, Y라는 재능을 지닌 사람을 채용한 경우다. 혹은 지원자에게 과도하게 내재된 팀워크를 훼손하는 성격적 특성을 알아차리지 못한 경우다. 안타깝지만 이런 실수가 흔히 일어난다. 내 경험적 추정에 따르면, 외부에서 적절한 인재를 영입하는 성공률이 60퍼센트를 넘거나, 내부 승진으로 적절한 인재를 보충하는 성공률이 80퍼센트를 넘으면 당신은 채용의 귀재다.

적절한 인재의 채용은 무척 어렵기 때문에, 채용에서 실수하더라도 스트레스를 받거나 당혹스럽게 생각할 필요가 없다. 그런 당혹감은 빨리 잊어야 한다. 채용에서 실수를 범했다는 사실을 인정하고, 상관과 동료들에게 그런 실수를 감추려고 그 직원의 업무를 대신해 주는 또 다른 실수를 범하지 마라. 모든 '범죄'가 그렇듯이, 은폐는 사태를 악화시킬 뿐이다. 내 말을 믿어라! 당신이 실수를 솔직히 인정하면, 상관도 역지사지하며 진실을 직면하려는 당신을 높이 평가할 것이다. 채용에서 실수를 범했다는 사실을 숨김없이 고백하고, 잘못 채용한 직원을 신속하게, 그러나 정중하게 처리한 후 다시 시작해야 한다.

이번에는 더 철저하게 준비한 후 시작해야 한다. 적절한 점검표를 준비한 후 시작하라.

당신은 채용을 위한 점검표가 있는가? 대부분의 관리자에게는 채용 점검표Hiring Checklist가 있다. 하지만 채용은 무척 까다로운 일이라서 많은 관리자의 채용 점검표가 마치 실수의 역사처럼 읽히는 게 문제다. '제발 다음번에는 자의식을 확인하는 걸 잊지 말자. 아서는 자신의 위치를 전혀 파악할 줄 몰라 모두를 미치게 만들었다!' 라는 식으로 면접 과정에서 놓친 점들로 채용 점검표가 채워진다.

그렇다고 내가 당신의 채용 점검표를 나무랄 생각은 없다. 상당 기간 적잖은 직원을 채용했다면 당신의 채용 점검표도 십중 팔구 개선되었을 것이기 때문이다. 여기서 나는 실수를 통한 수정만으로는 충분하지 않다는 걸 말해 주고 싶을 뿐이다. 다시 말하면, 그렇게 다듬어진 채용 점검표는 꼼꼼하지도 않고 정밀하지도 않다.

좋은 채용 점검표, 더 나아가 최상의 채용 점검표는 조직의 목표와 불가분의 관계에 있다. 더 구체적으로 말하면, 최상의 채용 점검표는 조직의 목표를 성취하는 데 필요하다고 확신하는 특정한 능력 및 행동 양식과 관계가 있다. 눈치챘겠지만 다시 얼라인먼트에 대해 말하고 있는 것이다. 물론 이렇게 얼라인먼트를 강조하는 이유는 얼라인먼트가 바로 성공의 근원이기 때문이다. 다시 말하면, 얼라인먼트가 없으면 조직의 성공도 없다.

대부분의 관리자가 직원을 채용하는 과정에서 '반드시 필요한 자질'이라고 생각하는 요소는 많다. 성실성도 그중 하나다. 물론 당신도 지원자들을 면접할 때 성실성을 확인할 것이다. 실제로 성실성은 지원자가 다른 모든 면에서 뛰어나더라도 '합격과 불합격'을 결정하는 필수 조건이다. '반드시 필요한 자질'이란 항목에는 자기 조절, 자의식, 내적 동기, 감정 이입, 사교성 등의 이른바 정서 지능Emotional Intelligence과 관련된 특성들이 있을 것이다.

좋다. 나무랄 데가 없다. 그러나 이런 칭찬할 만한 자질들 외에 당신이 반드시 점검해야 할 것이 있다. 당신 조직이 목표를 성취하는 데 필요하다고 신중하게 판단한 능력과 행동 양식이다. 이것이 누군가를 채용할 때 내가 가장 중요하게 생각하는 조건이다. 아무리 강조해도 지나치지 않다고 생각한다. 부디 신중하게 채용하기 바란다.

해외 진출을 다룬 장에서 오늘날 해외 업무를 성공적으로 이끌어 가기 위해 관리자에게 가장 필요한 자질 하나가 있다고 주장한 걸 기억하는가? 바로 분별력이란 자질이다. 이는 비즈니스적 상식, 문화적 감수성, 전통적인 훌륭한 지혜를 결합하는 능력이며, 해당 지역의 풍습과 관습을 존중하면서도 회사의 의지와 방침을 밀고 나아가야 할 때와 물러서야 할 때를 적절하게 판단하는 능력이라고 정의했다.

당신 회사가 해외 진출을 목표의 하나로 세웠다고 가정해 보자. 해외에 파견할 직원을 채용할 때 어떤 자질을 눈여겨보겠는가? 이 책을 꼼꼼하게 읽었다면 대답하기 어려운 질문이 아니다. 그렇다. 상당한 분별력이 정답이다.

다른 예를 들면, 앞에서 나는 세계적인 시장 조사 회사인 닐슨을 회생시킨 최고 경영자 데이브 칼훈에 대해 언급했다. 데이브의 설명에 따르면, 닐슨은 핵심 관리자를 대폭 교체함으로써 재탄생이 가능할 수 있었다. 새로 영입한 관리자들은 데이브를 비롯한 최고 경영진이 사일로에 사로잡혀 느릿하게 운영되던 미디어 복합 기업을, 치밀하게 융합되어 신속하게 운영되며 끊임없이 변하는 소비자의 구매 패턴을 측정하는 조직으로 탈바꿈시키는 데 필요하다고 판단한 세 가지 행동 원칙을 지닌 사람들이었다. 이런 목표를 성취하는 데 필요한 첫 번째 행동 원칙은 새로운 아이디어를 편견 없이 받아들이는 열린 마음이었고, 두 번째 행동 원칙은 그런 아이디어들을 부서의 경계를 넘어 공유하려는 열정이었다. 세 번째 행동 원칙은 동료와 고객을 위해 복잡한 빅 데이터를 단순화하는 역량이었다.

물론 데이브는 닐슨을 재건할 때 다른 자질(정직함, 동정심, 역동적인 에너지 등)을 지닌 사람들도 채용했다. 그러나 거듭 말하지만, 그들 대부분이 데이브가 요구한 세 가지 조건을 갖춘 사람들이었다. 그렇지 않았다면 닐슨은 지금과 같은 기업으로 성장하지 못했을 것이다.

성공적인 채용을 위해서는 엄격한 과정이 필요하다. 요컨대 당신 조직이 승리하는 데 필요한 특별한 재능과 행동 원칙이 무엇인지 알아야 하고, 지원자들이 그런 자질을 지녔는지 철저하게 조사해야 하며, 그런 자질이 확인된 지원자들만을 채용해야 한다. 그런데 누구나 때때로 실수를 저지른다. 채용은 워낙에 그런 것이다. 하지만 엄격한 과정을 거침으로써 성공 확률을 높일 수 있다. 올바른 채용을 위해서는 즉흥적이어서는 안 된다.

내가 지금까지 제시한 원칙을 비롯해 모든 원칙이 그렇듯이, 추가적으로 강조해야 할 중요한 사항들이 있다. 채용 과정에서 당신이 항상 소지해야 할 일종의 필수 점검표라고 생각하라. 이 점검표에는 다음과 같은 내용이 들어 있다.

첫째, 채용 점검표에 목표와 관련된 3~4개의 재능과 행동 원칙이 명기되어 있더라도 지능 지수IQ:Intelligence Quotient를 반드시 포함하라. 요즘의 비즈니스 환경에서 경쟁터는 평평하지 않다. 머리가 좋은 직원들을 보유한 팀이 유리하기 마련이다.

둘째, 성격이 중요하다. 특히 나쁜 성격을 미리 걸러 내는 편이 낫다. 빌 클린턴이 직접 밝힌 자신에 대한 유명한 이야기가 있다. 그가 연설할 때마다 약 1만 명의 지지자가 모여들었다. 클린턴은 군중 중에서 시무룩하고 불만스러운 표정을 한 사람이 눈에 띄면 그가 미소를 지을 때까지 노력할 거라고 말했다.

시무룩한 표정에 짜증스러운 사람, 혹은 고압적이고 으스대는 사람, 한마디로 불편하고 불쾌한 사람은 유난히 눈에 띄기 마련이다. 그렇지 않은가? 업무 현장에서 그런 사람은 팀 전체의 사기를 떨어뜨릴 수 있다. 물론 어떤 지원자가 테크놀로지적 측면에서 당신에게 반드시 필요한 뛰어난 재능을 지녔다면 예외를 허용할 수 있겠지만, 그 장벽이 무척 높다는 점을 기억해야 한다. 그 직원의 부정적인 에너지를 해소하지 못하면 그가 조직 전체를 부정적인 에너지로 뒤덮어 버릴 가능성이 크다.

셋째, 많은 산업, 특히 창조력이 필요한 산업에는 업무와 관련 없는 사적인 이야기를 옮기는 직원의 비율이 상대적으로 높다. 물론 누구나 그런 이야기를 좋아한다. 그런 이야기를 옮길 때 받는 관심을 즐긴다. 하지만 그런 사람은 재능이 매우 뛰어난 편이라도 결국은 최종 후보자 리스트에서 탈락하기 십상이다.

'흠, 밥이 정말 마음에 들지만 지나치게 감상적인 같아.'

지나친 감성이 문제가 되는 이유는 온갖 음모와 험담 및 개인적인 사건과 같은 쓰레기를 곳곳에 뿌리면서 직장 분위기를 흐리기 때문이다. 누가 결혼하고, 이혼하고, 집을 사고 등 대부분의 직원은 이런 개인적인 문제들을 적절하게 공유하는 법을 알고 지낸다. 하지만 극적인 것을 찾는 사람들은 주변에 동료가 있으면 그런 이야기를 억누르지 못한다. 물론 그들의 능력이 생산성 상실을 만회할 만큼의 가치가 있을 때도 있지만, 그런 경우는 무척 드문 편이다.

넷째, 자신도 어차피 한 인간에 불과하다는 점을 알지 못하는 사람을 경계하라. 지나친 자신감을 경계하라는 뜻이다. 그렇다고 내 말을 오해하지 않기를 바란다. 건전한 자신감은 회복력 Resilience의 근원이기 때문에 반드시 필요하다. 그러나 당신이 면접한 사람에게서 자신의 능력을 부풀리는 성향이 엿보이면, 경계해야 할 오만한 사람일 가능성이 크다. 그런 지원자는 멀리하는 편이 낫다.

다섯째, 당신의 필수 점검표에는 '지원자의 추천인을 점검했는가? 정말 철저하게 점검했는가?'라는 질문이 반드시 있어야 한다. 물론 나도 많은 추천서가 헛소리에 불과하다는 걸 알고 있다. 지원자들은 최상급 표현을 남발하는 사람을 추천인으로 선택하기 마련이고, 당신이 확인을 위해 지원자의 옛 직장에 연락을 취하더라도 '우리는 옛 직원에 대한 평가를 외부와 공유하지 않습니다'라는 관료주의적인 대답을 받기 십상이기 때문이다.

그렇다고 포기해서는 안 된다. 지원자를 정말로 아는 사람을 찾아내려고 최선의 노력을 다해야 한다. 그에 대해 말해진 것은 물론이고 말해지지 않은 것까지 귀담아들어야 한다. 그가 지원자를 심드렁하게 평가하거나 업적에 대해 자세히 말하지 않는다면 전화를 끊고 싶더라도 끝까지 들어라. 또한 '그 회사는 워낙에 엉망이었습니다. 그쪽에서는 캐시의 진가를 알아보지 못했습니다'라며 지원자를 대신해서 변명하고 싶은 욕망도 억눌러라. 당신은 지원자가 마음에 들더라도 지원자에 대한 나쁜 평가를 냉정하게 직시해야 한다. 그렇지 않으면 석 달 후 당신을 나무라는 '그러게 내가 뭐랬어!'라는 말이 당신의 귓가에 맴돌 것이다.

떠나고 싶지 않은 회사를 만드는 법

이번에는 차고에서 창업한 신생 기업으로 이직하려는 직원에게로 눈을 돌려 보자. 샌프란시스코의 다락방에서 창업한 기업이나 당신의 경쟁 업체로 옮기려는 직원이어도 상관없다. 요컨대 고용 유지Retention에 대해 살펴보자.

고용 유지에 관한 책이 많이 있지만, 내 마음에 드는 책은 단 한 권도 없다. 고용 유지는 무척 간단하다. 고용 유지는 한마디로 행복의 문제다. 행복한 직원은 일에 몰두하고 적절한 정도의 도전 의식을 갖고 있다. 또한 행복한 직원은 동료와 고객을 좋아하며, 진정으로 관심을 쏟는다. 따라서 행복한 직원은 동료와 고객을 위해 일을 제대로 해내겠다는 의욕을 불태우며 생산적으로 일한다. 물론 공동 작업에도 협력적이며 나날이 성장한다.

행복한 직원은 회사를 떠나지 않고 즐겁게 일한다. 그렇지 않은가? 따라서 관리자는 직원들이 재미있게 일할 수 있도록 해주어야 한다. 경력과 회사의 미래에 대한 희망으로 그들의 마음을 채워 주어야 한다. 그들이 성취감을 갖고 도전 의식을 불태우며, 영감을 받도록 해 주어야 한다.

그들이 행복하고 즐겁게 일하도록 해 주는 것이 관리자의 역할이다. 이런 역할을 어떻게 해낼까 크게 고민할 필요는 없다. 이 역할이 어디에서 시작되는지 잊지 않으면 충분하다.

이 역할은 돈으로 시작된다. 돈은 대부분의 사람에게 중요하다. 돈은 무척 중요하다. 권위만을 먹고살 수는 없다. 점심을 사먹을 돈도 없이 허름한 옷을 입혀 자식을 대학에 보낼 수는 없다. 이런 이유에서 당신이 조직 내에서 어떤 계급에 있든 관리자라면 성과에 근거해 넉넉하게 보상해야 한다. 보상은 동기 부여와 고용 유지, 즉 행복의 절대적 조건이다. 하지만 놀랍게도 많은 리더가 이런 사실을 잊고 지낸다. 특히 높은 계급으로 올라갈수록 이런 기본적인 사실을 잊는 경향이 짙다. 이 절대적인 조건을 잊어서는 안 된다. 수년 전이었을지, 아니면 수십 년 전이었을지 모르지만, 당신이 첫 승진을 했을 때 혹은 첫 상여금이나 첫 스톡옵션을 받았을 때의 기분을 기억해 보라. 짜릿한 흥분을 느꼈고 무한한 가능성을 엿보았을 것이다. 게다가 소속감도 가졌을 것이다. 반면에 당신의 성과에 걸맞지 않은 형편없는 연봉 인상을 통보 받았을 때, 당신이 당연히 받아야 한다고 생각한 상여금을 받지 못했을 때, 어떤 기분이었는지도 생각해 보라.

당신이 새로운 책임자가 되면, 앞에서 살펴본 관용 유전자를 가장 먼저 떠올려 보라. 물론 당신은 애초부터 관용 유전자 없이 태어났을 수 있지만, 그때부터 관용 유전자를 키워도 늦지 않다. 당신 연봉은 당신이 원하는 만큼 당신이 기대하는 만큼 올라가지 않더라도 직원들에게는 아낌없이 주는 것을 좋아하라. 직원들과 하나가 되어 그들과 행복을 함께 나누어라. 어쨌든 당신도 그들과 한팀이다.

돈의 영향력이 크지만, 다행히도 돈이 직원들의 행복 지수를 올리는 유일한 수단은 아니다.

'와우wow'라는 수단도 있다.

그렇다. 우리가 뭔가 대단한 것을 봤을 때 외치는 감탄사 '와우!', 내가 말하는 '와우'는 재미있고 신나게, 자율적으로 일하는 환경을 뜻한다. 대다수가 이런 환경의 직장에서 일하기를 원한다.

그런데 '와우' 환경은 상관의 지시, 혹은 상관의 상관의 지시로 조성되는 게 아니다. '와우' 환경의 조성은 3명으로 구성된 팀을 관리하든 3000명의 군대를 지휘하든 모든 관리자의 책무다.

어떻게 해야 이처럼 신나게 일하는 환경을 조성할 수 있을까?

두둑한 봉급을 주지도 못하면서 관리자가 직원들에게 '우리는 거인이 될 것'이라는 희망, 거리낌 없이 발언하고 경청되는 기회, 진정한 영향을 미칠 만한 가능성, 쓸데없는 일로 바쁘게 만드는 멍청하고 답답한 관료주의로부터의 탈피라는 긍정적인 에너지를 불어넣지 못한다면, 유능한 직원들을 기업가 정신에 투철한 벤처 기업에 빼앗길 수밖에 없다는 사실을 깨닫는 것이 첫 단계다.

다시 말해, 관리자가 직원들이 창의력을 발휘하며 자유롭게 일할 수 있는 문화를 조성하지 못하면 가장 유능한 직원이 떠날 수 있다는 것이다. 전결권을 부여해 주고, 재미있게 일할 수 있으며, 뛰어난 성과에는 상당한 금전적 보상이 주어지는 문화여야 한다. 어떤 직원도 톱니바퀴의 하나에 불과하다는 자괴감에 빠지지 않고 모두가 자신의 역할에 담긴 의미를 이해하는 문화여야 한다. 탁월한 아이디어가 효과를 거두지 못하더라도 질책당하지 않고 노력 자체로 칭찬받는 문화, 근무 연한에 구애받지 않고 성과에 따라 승진할 수 있는 문화여야 한다. 직원들이 뭔가를 해내려면 미로 같은 조직 구조를 헤매고 돌아다니며 어쭙잖은 권력자들에게 아부할 필요가 없는 문화여야 한다. 한마디로, 직원들이 주인처럼 느끼고 행동하게 해 주는 문화여야 한다.

보수적인 대규모 조직에 이처럼 활기찬 문화를 심기는 무척 힘들다. 하지만 보수적인 대기업만이 그런 문화를 거부하는 것은 아니다. 나는 규모나 유형에 상관없이 거의 모든 기업에서 직원들을 좌절하게 만드는 답답한 문화를 목격했다. 물론 기업, 특히 상대적으로 규모가 큰 기업에는 통제가 필요하다는 사실을 나 역시 이해한다. 더구나 분식 회계로 세상에 충격을 준 엔론 사태 후, 또 금융계 붕괴 사태 후 철저한 통제가 있어야 한다는 점 역시 이해한다.

하지만 통제로 인해 '와우' 환경을 조성하려는 노력까지 훼손되어서는 안 된다. 진실 추구와 신뢰의 리더십을 활용해 직원들의 창의적인 아이디어를 이끌어 내고, 아이디어를 구체화하는 과정을 원활하게 진행하라. '역할 모델 경영'도 적극적으로 활용하라. 누군가 팀에 재미와 흥분을 더해 준다면 그 직원을 아낌없이 칭찬하라. 반대로 누군가 '와우' 환경을 해친다면 매섭게 질책하라.

결국 리더는 팀을 초등학생 시절에 가장 친했던 친구의 집과 같은 곳으로 만들어 가야 한다. 재미있는 장난감도 많고 재미있는 놀잇거리도 많기 때문에 모든 친구가 많은 시간을 보내고 싶어 하던 곳, 언제나 친구들을 만날 수 있던 곳, 해가 저물어도 집으로 돌아가고 싶지 않던 곳처럼 만들어 가야 한다.

내가 무슨 말을 하는지 충분히 이해할 수 있을 것이다. 당신의 부서를 모두가 행복한 곳으로 만들어라. 그럼 당신도 덩달아 행복해질 것이다.

인재를 붙잡아 두는 두 가지 방법

당신이 이미 '와우' 문화를 조성했더라도 위대한 팀을 구성하기 위해 더 많은 것을 시도할 수 있다. 첫째는 차별하는 것이고, 둘째는 인적 자원 관리팀의 역할을 재조정하고 강화하는 것이다.

물론 차별은 일부 직원의 반발을 불러일으킬 수 있고, 인적 자원 관리팀의 권한 강화는 시대착오적으로 보일 수 있음을 알면서도 나는 과감히 이렇게 주장한다. 악의가 있어서가 아니다. 잘못된 것은 잘못된 것이라 솔직하게 말하고 싶을 뿐이다.

먼저 차별에 대해 말해 보자. 간단히 말하면, 차별은 성과 평가 시스템이며 진실과 신뢰의 리더십을 구체화한 것이다. 1년에 적어도 두 번 모든 직원이 관리자와 개별적으로 만난다. 관리자는 한 페이지짜리의 간략한 성과 평가서를 직원 앞에 내민다. 평가서는 개인적인 평가라는 느낌을 주기 위해 손으로 쓰는 편이 더 낫다. 평가서의 왼쪽에는 관리자가 해당 직원의 성과에 대해 만족한 부분을 쓰고, 오른쪽에는 직원이 개선할 수 있는 부분을 쓴다. 그리고 직원이 전략적이고 재무적인 관점에서 목표를 달성하기 위해 어떻게 해야 하고, 회사의 핵심적인 행동 원칙을 얼마나 준수하고 있는지에 대해 대화를 나눈다. 대화가 끝날 때쯤 관리자는 한층 더 구체적으로 말한다. 최고의 성과를 내고 있는 인재라면 이렇게 말할 것이다.

"조, 자네는 우리 팀의 슈퍼스타야. 상위 20퍼센트 내에 있다고. 자네 미래는 밝아. 그래서 자네가 지금까지 기여한 몫을 반영하고 자네가 오랫동안 우리 회사에서 근무하기를 기대하면서 평균보다 높게 연봉을 올려 줄 생각이네. 고맙네."

평균적인 성과를 내는 직원에게는 이렇게 말할 것이다.

"조, 자네는 상당히 잘 해내고 있지만 몇몇 부분에서는 역량을 좀 더 개발할 필요가 있네. 우리도 자네를 도와줄 방법을 찾아보겠네. 자네는 우리 팀의 중간 70퍼센트에 속하네. 우리 팀을 떠받쳐 주는 중요한 허리라고 할 수 있겠지. 이런 현실을 반영해서 자네 연봉을 책정하겠네."

평가가 최하위권에 머문 사람에게는 이런 말을 할 것이다.

"조, 안타깝게도 실적이 좋지 않아. 지금까지 우리가 이야기를 나누었듯이, 자네 실적은 지난 6개월 동안 목표에 미치지 못했네. 우리가 중요하게 생각하는 평가 기준인 걸 알면서도 아이디어를 공유하지 않았어. 자네는 우리 팀의 하위 10퍼센트에 속해 있네. 따라서 연봉이 인상되지 않을 거야. 내년까지 자네 적성에 더 맞는 일자리를 구할 수 있도록 내가 기꺼이 돕겠네."

차별을 비판하는 사람은 별다른 근거도 없이 이처럼 성과를 기준으로 한 차별을 '등급을 매겨 내쫓기Rank and Yank'라고 비아냥거린다. 성과가 부진한 사람을 해고하는 조치는 '잔인'할 뿐 아니라 성과 평가가 주관적이라고 혹평한다. 이런 혹평에 나는 어떻게 대답할까? 차별이 실제로는 권한 부여라고 대답할 것이다. 차별은 직원들에게 불확실성의 어둠에서 자신의 미래를 스스로 조절할 수 있게 해 준다. 관리가 제대로 되지 않는 기업들이 불확실성이란 어둠에 휩싸여 있다는 건 부인할 수 없는 사실이지 않은가!

놀랍게 들리겠지만, 이런 투명성과 권한 위임은 무척 드물다. 지난 10년 동안 나는 청중에게 "여러분의 관리자가 여러분의 성과를 어떻게 생각하는지 알고 있습니까?"라고 수없이 물었다. 운 좋은 날에는 20퍼센트의 청중이 손을 들었지만, 일반적으로 5퍼센트 남짓한 청중만이 손을 들었다. 이 정도라면 '의욕을 죽이는 현상'이라고 말할 수 있지 않겠는가?

차별은 팀워크를 해치는 주범이라고 비판하는 사람들도 있다. 그들의 주장에 따르면, 상위 20퍼센트의 자리는 한정되어 있기 때문에 모두가 그곳에 들어가려고 이전투구를 벌일 거라는 것이다. 하지만 결코 그런 사태는 벌어지지 않는다. 분명히 말하지만, 차별은 목표와 행동에 관련된 직원의 성과를 기준으로 이루어진다. 따라서 관리자는 팀워크도 보상과 직결된 중요한 행동이란 점을 명확하게 전달하면 된다. 이런 기준에 따르면, 팀워크를 해치는 사람은 상위 20퍼센트에 속할 수 없다. 심지어 중간층인 70퍼센트에도 속할 수 없다. 그럼 어떤 일이 벌어지겠는가? 그렇다. 팀워크는 스테로이드 주사를 맞은 것처럼 활기차게 돌아갈 것이다.

차별에 대한 비판은 잠시 잊자. 자신의 성과를 도외시한 채

회사의 조치를 원망할 사람이 얼마나 많을지 알아내기는 어렵다. 따라서 차별의 장점, 즉 성과를 중심으로 보상하는 시스템을 구축함으로써 얻어 낼 수 있는 장점에 진지하게 관심을 기울여 보자.

유능한 직원은 성과주의Meritocracy를 선호한다. 피할 수 없는 삶의 현실이다. 똑똑하고 유능한 사람은 자신의 가치를 알고, 승리하고 싶어 하며, 그런 꿈을 공유하는 사람들과 함께하고 싶어 한다. 그들은 자신의 가치가 물질과 영혼으로 인정받는 곳에서 일하고 싶어 한다. 옆방에서 시간을 죽일 뿐인 무능한 직원과 똑같은 대우를 받으며 일하고 싶어 하는 슈퍼스타는 없다. 그런 대우는 불공평하며 일하고 싶은 의욕을 떨어뜨릴 뿐이다.

물론 내가 제시하는 차별이 완전한 것은 아니다. 어떤 성과 평가 시스템도 완벽하지 않다. 그러나 내 경험에 따르면, 현재로서는 차별이 경쟁에서 승리하기 위한 최상의 수단이다. 차별은 흥분을 더해 주고 더 많은 기회를 만들어 낸다. 또한 차별은 유능한 직원을 미소 짓게 만들며 회사에 묶어 둘 수 있는 최상의 수단이다.

인적 자원 관리팀을 새롭게 구성하라

2013년 〈뉴욕 타임스〉에 보도된 기사에 따르면, 실리콘 밸리의 회사들은 인사부를 따로 두지 않는 현상이 대세다. 인사부를 '속도와 효율성의 적'이라 인식하기 때문이다. 눈에 띄는 예외가 있지만, 안타깝게도 실리콘 밸리에서만 인사부를 적대시하는 것은 아니다. 그러나 여기서 나는 어떤 업종에서나 인적 자원 관리는 선택 사항이 아니라는 점을 분명히 해 두고 싶다. 좋은 인사부가 없다면 인적 자원 개발은 실패할 가능성이 크며, 인사부 폐지는 위험한 짓이기도 하다. 인적 자원 개발은 직원의 행복을 위해서도 필수적이다.

하지만 인사부 존재에 대해 지나치게 낙관적으로 생각해서는 안 된다. 나는 인사부가 부당한 비난을 받는 이유를 잘 알고 있다. 대부분의 조직이 행정적인 인적 자원 관리와 실질적인 인적 자원 관리를 똑같이 취급하기 때문에 그런 비난을 받는 것이다. 이런 혼동을 끝내야 한다.

내가 어떤 의미에서 '행정적'이란 단어를 사용했는지 충분히 짐작할 것이다. 여기에서 '행적적'이라는 말의 뜻은 인적 자원 관리에서 직원을 급여 대상자 명단에 올리고 그들에게 출입증을 발급하며 수당과 보조금을 처리하는 부문을 뜻한다. 하지만 완벽한 세상에서 이런 역할은 결코 인사부 역할이 아닐 것이다. 자금부가 그런 역할을 맡는 게 더 나을 것이다. 이런 식으로 역할을 재조정할 때 인사부는 엉뚱한 업무에서 해방되어 진정으로 요구되는 역할을 해낼 수 있을 것이다.

이렇게 역할이 재조정된 인적 자원 관리부는 리더에게 곧장

보고하고, 각 부서에서 차출된 경험 많고 박식한 인간 중심적인 관리자들과 노련한 인사 관리 전문가로 구성된다. 육체노동을 실제로 경험한 공장장이나 오랫동안 지역 영업부를 운영하며 현장에서 뛰어다닌 관리자가 인적 자원 관리팀의 일원이 되어야 한다.

요컨대 인적 자원 관리팀은 경험과 지식을 겸비한 사람으로 채워져야 한다. 인적 자원 관리팀은 과속 방지턱처럼 업무 추진 속도를 늦추며 재미를 깎아 먹는 대신, 현장에서 뛰는 관리자 및 동료와 손발이 맞는 동반자가 되어야 한다.

상위 20퍼센트에 드는 유능한 직원과 중간층 70퍼센트에 속하는 전도유망한 직원을 찾아내서 그들에게 훈련 받을 기회를 제공하는 동시에, 그들이 회사를 떠나지 않고 꾸준히 성장할 수 있도록 도전 의식을 북돋워 주는 과제를 고안해 내야 한다. 또한 그들은 바로 이런 역할을 수행하는 데 자신의 능력과 통찰력을 발휘해야 한다.

하위 10퍼센트에게는 그들이 다른 일자리로 용이하게 옮겨 갈 수 있도록 지원하는 동시에, 중요한 역할이 필요한 직책은 내부 직원들로 신속하고 성공적으로 채워질 수 있을 정도로 인적 자원은 충분하다는 걸 그들에게 확실하게 인지시켜 주어야 한다. 요컨대 인적 자원 관리는 행정적 관리와 아무런 관계가 없다. 인적 자원 관리는 순전히 인간에 관련된 것이다. 다시 말하면, 뛰어난 인재를 찾아 훈련시키고 동기를 부여해 유지하는 것이 인적 자원 관리다.

이래도 인적 자원 관리가 선택 사항이라 생각하는가?

내 생각에 인적 자원 관리는 최고의 팀들로 조직을 운영하기 위해 가장 먼저 신경 써야 할 부분이다. 또한 유능한 직원이 자신의 역할에 자부심을 느끼며, 자신의 성공이 자신만이 아니라 동료들에게도 중요하기 때문에 계속 머물며 헌신해야 하는 조직의 기반이기도 하다.

물론 내가 제시한 인적 자원 관리가 최고 경영자만의 영역으로 들린다는 건 인정한다. 실제로 많은 경우에 그렇기도 하다. 그러나 당신이 소기업을 운영하거나 대기업의 한 부서를 운영하는 책임자라면, 혹은 조만간 사업을 시작할 생각이라면, 여하튼 어떤 상황에서든 당신 팀의 인적 자원을 관리할 사람을 얻을 기회가 주어진다면, 지체 없이 그 기회를 붙잡아야 한다. 영업부에서든 생산부에서든 사람을 다루는 능력을 입증해 보인 사람, 앞에서 언급한 경험과 지식을 겸비한 사람을 뽑아 인적 자원 관리팀의 리더로 삼아라. 그리고 위대한 팀을 꾸리고 싶어 하는 사람들을 지원하는 역할을 그에게 맡겨라. 그러면 믿기 어려운 놀라운 결과를 얻을 수 있을 것이다. 또한 직원들이 자신의 업무와 경력 및 회사에 대해 갖는 생각에도 큰 영향을 미칠 것이다.

당신이 어떤 계급의 리더이든 부하 직원들의 성장과 개발 및 그들의 행복은 전적으로 당신에게 달려 있다. 인적 자원 관리자의 도움을 받아 리더로서 중책을 다하라.

비즈니스라는 전쟁터에서 당신 혼자만의 힘으로는 좋은 결과를 기대할 수 없다. 앞에서도 말했듯이, 비즈니스는 궁극적으로 단체 경기다. 따라서 당신과 힘을 합해 경쟁을 이겨 낼 적절한 지원군을 구해야 한다. 먼저, 목표를 중심으로 신중하게 짜인 점검표를 엄격하게 적용해 그 기준에 맞는 능력과 행동 양식을 겸비한 사람을 채용해야 한다. 채용은 그 자체로 무척 어려운 과정이다. 그런데도 즉흥적으로 채용하기 때문에 채용이 더더욱 어렵게 느껴지는 것이다.

일단 적절한 사람들을 선발한 후에는 그들이 동기를 부여 받고 오랫동안 근무할 수 있는 환경을 조성해야 한다. 이런 환경을 조성하기 위해서는 관리자가 관료주의 문화와 정치적 행위를 부지런히 척결하고, 직원들이 주인 의식을 갖고 최선을 다해 일하도록 혁신을 강조하고 기회를 제공하는 문화를 만들어 가야 한다.

리더가 성과 평가에 대한 불확실성을 제거하는 차별을 시도하고, 직원과 관리자에게 자신의 운명을 스스로 통제할 수 있는 힘을 부여하는 방법으로도 그런 환경이 조성될 수 있다. 한마디로 성과주의에 따른 보상이 뒤따라야 한다는 것이다.

일하고 싶은 직장 환경을 조성하기 위한 마지막 조건은 인적 자원 관리팀을 행정적인 업무에서 해방시켜 진정한 업무에 매진하도록 하는 것이다. 다시 말하면, 적절한 인재를 찾아내고 자체의 경력을 구축하며, 개인의 삶만이 아니라 회사까지 바꿔 놓을 수 있는 팀을 구성하는 일을 지원하도록 하는 것이다.

이런 조건들이 모두 갖추어지면 성공은 떼어 놓은 당상이다.

천재와 떠돌이 그리고 도둑과 함께 일하는 법
GENIUSES, TRAMPS, AND THIEVES

1971년은 어땠는지 기억하는가? 이 책을 읽는 많은 독자가 그렇겠지만 그때가 어땠는지 기억할 사람은 거의 없을 것이다. 솔직히 말하면 나 자신도 그해에 어떤 일이 있었는지 정확히 기억하지 못한다. 여하튼 리처드 닉슨이 대통령이었고, 중국은 여전히 죽의 장막 뒤에 감춰져 있었다. 한편 일본은 미국의 소비자 가전 산업을 공격하기 시작했고, 휘발유 값이 갤런당 40센트였으며, 컴퓨터가 집채만큼 컸다.

또 1971년에는 셰어의 〈집시와 떠돌이 그리고 도둑〉이란 노래가 음악 차트를 석권했다. 이 장의 제목도 이 노래에서 빌려온 것이다. 우연히도 1971년에 셰어는 버림받은 사람들로 구성된 떠돌이 밴드에 대해 노래하고 있었다. 여기서 나는 다양한 유형의 아웃라이어Outlier, 정확히 말하면 하나의 공통점을 지닌 세 유형의 아웃라이어에 대해 살펴볼 생각이다.

그들은 기존의 경영 원칙을 위협한다는 점에서 똑같다.

첫 번째 유형은 집시가 아니라 '천재Genius'들이다. 달리 말하면, 평범한 사람은 이해하기 힘들거나 도무지 해낼 수 없는 일을 해내는 사람들이다. 그들은 기술적인 복잡성에서 성층권에 존재하는 사람들이다. 컴퓨터 프로그래머, 분석 전문가, 공학자 등 여하튼 당신에게는 블랙박스처럼 여겨지는 뇌를 지닌 사람들로, 옛날에는 이런 직원이 상당히 드물었다. 따라서 과거에 이런 직원은 정상에 오를 때까지 그 과정에서 대부분의 업무를 직접 처리하거나, 여러 업무를 거치면서도 업무의 핵심을 꿰뚫고 이해하는 사람이었다. 요즘에는 듀크 대학교 영문학과를 졸업한 사람이 마케팅이나 재무 분야에서 승승장구하며 조직의 성패를 좌우하는 수십 명의 컴퓨터광을 너끈히 관리해 내는 경우다.

두 번째 유형은 '떠돌이Tramp'들이다. 달리 말하면, 주로 집에서 일하거나 프리랜서, 혹은 계약직으로 일하는 사람들이다. '떠돌이'라는 단어를 썼다고 그들을 존중하지 않는다는 뜻은 결코 아니다. 일정한 곳에 얽매이지 않고 여기저기를 돌아다니는 이런 집단의 특성을 상징적으로 표현하려고 '떠돌이'란 단어를 사용했을 뿐이다. 이런 유형의 사람이 팀원이 되면 무척 중요한 역할을 해낸다. 그들은 그 팀의 업무에만 매달리지 않고 종종 종적을 감추며 딴생각에 사로잡히는 경우가 많다.

마지막 세 번째 유형은 '도둑Thief'들이다. 나는 앞에서 성실성 원칙을 위반하는 사람들에 대해 언급했다. 내 원칙은 확실하다. 이런 사람들은 신속하고 준엄하게, 또한 공개적으로 질책해야 한다. 잘못된 행동을 다른 사람이 없는 곳에서 사사로이 나무라서는 소용이 없다.

하지만 여기서는 이런 유형의 '도둑'을 다루지 않고, 훨씬 흔한 유형, 즉 당신의 시간과 에너지를 훔치는 직원, 성과를 내지 못하는 직원, 상습적으로 갈등을 유발하는 직원을 다룰 것이다. 이처럼 생산성을 좀먹는 직원들에게 내가 강경책을 쓴다고 해서 놀랄 사람은 없겠지만, 조직을 위기에 몰아넣는 가장 위험한 '도둑'이 무엇인지에 대한 내 생각을 알게 되면 무척 놀랄 것이다. 그 도둑은 사람이 아니다. '두려움'이란 감정이다. 일자리를 잃을지도 모른다는 두려움, 현재 종사하는 산업이 붕괴할지도 모른다는 두려움, 불경기가 닥칠 거라는 두려움 등이다. 따라서 당신이 리더라면, 다수의 직원이 불안감을 애인처럼 껴안고 살아간다는 사실을 인정하는 것도 당신의 일이다. 또한 그런 불안감을 진지하게 받아들이며 직시하는 것도 당신의 일이다.

천재에게는 '당신에게 배우고 싶습니다'라고 말하라

조이 레빈은 소프트웨어 개발 회사 마인드스파크의 최고 경영자로 취임한 첫날을 지금도 생생하게 기억한다. 마인드스파크는 텔레비전 퍼내틱Television Fanatic, 트랜슬레이션 버디Translation Buddy, 쿠폰 얼러트Coupon Alert 등과 같은 사무용 컴퓨터 응용 프로그램을 개발해 판매하는 회사로 알려져 있다. 그때가 2009년이었다. 그때까지 조이는 처음에는 크레디 스위스 은행에서, 그 후에는 마인드스파크의 모회사인 미디어 회사 IAC/인터액티브코퍼레이션에서 주로 기업 인수 합병에 관련된 일을 했다. 그러나 이번에는 수백 명의 소프트웨어 개발자를 관리하는 소프트웨어 회사의 새로운 리더가 되었다.

조이는 당시를 이렇게 기억했다.

"최고 기술 책임자CTO:Chief Technology Officer를 처음 만났을 때 그의 표정은 앞으로도 영원히 잊지 못할 겁니다. 그야말로 의심으로 가득한 표정이었습니다. 그는 테크놀로지에 관한 한 내가 평생 알게 될 것보다 훨씬 더 많은 것을 알고 있었을 테니까요. 누구도 부인할 수 없는 사실이었습니다."

여하튼 그들은 악수를 나누었다.

조이가 먼저 말문을 열었다.

"당신에게 배워야 할 게 많습니다. 앞으로 많은 것을 가르쳐 주십시오."

최고 기술 책임자가 의아한 표정으로 물었다.

"저한테 정말 배우고 싶으십니까?"

"물론입니다. 당신이 어떤 일을 하는지 내가 잘 모르니까요.

정말 배우고 싶습니다."

조이는 그 순간 모든 것이 바뀌었다며 이렇게 덧붙였다.

"그의 표정이 의심에서 안도하며 마음의 문을 여는 표정으로 바뀌었습니다. 지금도 그렇게 바뀌던 표정이 기억에 생생합니다. 그런 깨달음의 순간 덕분에 나는 함께 일할 수 있었고, 실제로 긴밀하게 협력하며 일해 냈습니다."

현재 조이는 마인드스파크를 비롯해 IAC의 여러 자회사를 거느린 사업 부문(매출 1조 7500억 원)을 운영하고 있다. 그가 마인드스파크에서 최고 기술 책임자와 맺은 협력 관계는 양쪽 모두가 승리하는 방향으로 '천재'들을 관리하는 방법을 탁월하게 보여 준 사례라 할 수 있다.

여기서도 다시 진실과 신뢰의 리더십이 성공의 열쇠다.

진실 부분은 양쪽 모두의 이해로부터 시작된다. 구체적으로 말하면, 업무에 관한 한 어떤 미스터리도 있을 수 없고 앞으로도 없을 거라는 양쪽 모두의 이해가 뒷받침되어야 진실 추구가 온전히 시작된다. 다시 말하면, 관리자는 어떤 업무를 일정한 수준으로 이해할 수 있을 때까지 묻고 또 물을 것이고, '천재'는 오랜 시간이 걸리더라도 짜증 내지 않고 열성적으로 대답하고 또 대답해야 한다는 의미다. 때때로 이런 유형의 진실 추구는 일이 이해 가능한 작은 단위로 분해될 수 있어야 한다는 뜻이다.

조이 레빈은 마인드스파크의 최고 경영자로 취임하기 전 인수하려고 공들였던 회사의 사례를 들려준다.

당시 그 회사의 최고 기술 책임자가 최고 경영진에게 새로운 데이터 센터가 화급하게 필요하다고 알렸다. 잠정 가격만 1000억 원이었다.

점잖게 말하면 예상하지 못한 요청이었다. 경영팀은 최고 기술 책임자의 제안서를 치밀하게 검토하며, 그에게 이런저런 질문을 던졌다.

"왜 데이터 센터 전용 건물이 필요한가?"

"당신이 말한 곳에 반드시 데이터 센터 건물이 있어야 하는 이유는 무엇인가?"

"그 건물에는 어떤 하드웨어가 설치되는가?"

"우리가 지향하는 전략적 성과에 하드웨어 하나하나가 어떤 영향을 미치는가?"

마지막 질문, 즉 일을 전략적 성과에 연계시킨 질문이 진실 추구에서 특히 중요하다. 여하튼 IT의 '천재'들도 다른 모든 부문의 전문가와 다를 바 없기 때문이다. 그들도 자신들의 프로젝트에 덤으로 필요한 온갖 부가 장치를 덧붙이려 한다는 점에서는 똑같다. 차이가 있다면, 다른 부서가 돈을 요구할 때 언급하는 이유가 상대적으로 이해하기 쉽다는 것이다.

요약해서 말하면, 인수하는 과정에서 시도한 진실 추구로 데이터 센터의 신축에 투자된 총비용은 1000억 원이 아니라 2000억 원이었다. 더 많은 돈이 투자되었다고 해서 그 회사가 더 궁색해지지는 않았다. 조이의 설명에 따르면, 오히려 상대적으로 작은 문제를 해결함으로써 회사는 훨씬 더 유연하고 생산적으로 변했다.

신뢰 부분은 천재들을 관리하는 데 어떤 역할을 할까? 조이 레빈이 마인드스파크에 출근한 첫날 깨달았듯이, 상대에게 존경심을 보일 때 신뢰는 자연스레 뒤따른다. 또한 전문 지식과 올바른 가치관을 겸비한 고급 두뇌와 함께 일할 때도 상호 신뢰를 기대할 수 있다.

조이는 기술 계통에서 최고 전문가들은 이중 언어를 구사하는 사람들이라고 설명한다. 그들은 테크놀로지에 관련된 용어를 거침없이 사용하며, 그것이 그들의 실제 모습이기도 하다. 하지만 그들은 비즈니스에 관해서도 거침이 없다. 그들은 회사의 목표와 가치관을 포용하며, 어떤 행동이 매출이나 비용과 직결되는지 잘 알고 있다. 또한 경쟁을 걱정하며, 통계 수치에 대해 강렬한 책임 의식을 느낀다.

조이 레빈의 설명에 따르면, 생산 책임자는 테크놀로지 전문가여서 손익 계산서나 그와 유사한 자료를 등한시하는 몽상가여도 상관없다. 하지만 그의 상관까지 몽상가여서는 안 된다. 관리자는 마감 시간과 손익 및 상품군을 걱정해야 한다. 관리자는 실리적이고 분석적이어야 한다. 조이가 중요한 사항을 지적했다.

"최고 기술 책임자라면 언젠가 최고 경영자가 되기를 바라는 사람입니다. 최고 기술 책임자라면 중간쯤에서 협상하려고 숫자를 부풀리지 않아야 합니다. 최고 기술 책임자와 최고 경영자는 한팀이어야 합니다."

'블랙박스' 같은 직원들을 어떻게 관리해야 하는가를 보여 주는 또 하나의 멋진 사례는 듀크 대학교 영문학과를 졸업한 로저 (가명)에서 찾아진다. 로저는 서른네 살로 애틀랜타에서 첨단 시청각 장비들을 설계해 설치하는 회사를 운영하며, 상업용 복합 건물 어디에서나 음악과 텔레비전 및 인터넷을 즉각적으로 완벽하게 사용할 수 있게 해 주는 방법을 꿰뚫고 있는 45명의 직원을 관리하고 있다. 게다가 대부분의 직원이 음향 공학과 컴퓨터 음악으로 석사나 박사 학위를 받은 인재들이다.

"나는 그들이 아는 것에 대해 전혀 모릅니다."

로저는 선뜻 인정한다.

조이 레빈이 그랬듯이, 로저도 알려고 하는 노력을 게을리하지 않았다.

"나는 지금도 많은 질문을 합니다. 내가 그들에게 무엇이든 배우려고 하며, 그들의 일에 무척 관심이 많다는 걸 그들에게 보여 주려 합니다. 실제로 그들이 하는 일에 관심이 많은 것도 사실입니다."

그러나 로저는 테크놀로지에 대한 전문 지식을 얻으려는 노력은 자신의 업무 중 작은 부분에 불과하다고 생각한다. 더 큰 부분, 즉 더 중요한 부분은 회사의 일차적인 전략적 목표를 중심으로 똘똘 뭉친 팀을 만드는 것이다.

"내가 가장 심혈을 기울이는 것, 또 팀이 일차적으로 관심을 기울여야 하는 것은 그 누구도 흉내 낼 수 없는 만족감을 고객에게 주는 겁니다. 때때로 고객들이 우리를 찾아와서 다른 회사에 대한 불만이나 우리가 과거에 제공한 시스템에 대한 불만을 쏟아 냅니다. 때로는 좋은 관계가 더욱 확고해지는 경우도 있습니다. 어떤 경우든 우리가 고객과 더욱더 가까워지는 기회라고 생각합니다."

이런 점에서, 로저는 내가 이 책에서 지금까지 언급한 팀 구성의 원칙들을 몸으로 실천한 교과서적 사례라 할 수 있다. 그는 직원들을 완벽하게 파악했고, 그들의 삶과 관심사에 열정적으로 마음을 쏟았으며, 그들의 일에 의미를 부여하려고 애썼다.

"나는 직원들에게 전체적인 상황을 알려 주려고 매일 노력합니다. 회사가 변화를 시도한다면 어떤 이유에서 그러는지, 그런 변화를 받아들이는 게 그들 자신과 고객에게 어떤 점에서 좋은지를 설명하려고 애씁니다. 내 역할은 팀에게 동기와 영감을 부여하는 겁니다. 직원들이 우리 회사에서 일하는 걸 사랑하는 사람이 되도록 그들을 관리하는 게 내 역할입니다."

그렇다. 이런 역할을 제대로 해내려면 일을 이해해야 한다. 그러나 일하는 사람에 대해서도 이해해야 한다.

다시 로저의 말을 인용해 보자.

"내 생각이지만, 팀원들은 내가 그들을 진심으로 인간답게 대하며 염려한다는 걸 알고 있습니다. 따라서 내가 일에 대해 말하면, 그들을 신뢰하기 때문에 그렇게 말하는 것이라 생각합니다.

이런 신뢰 관계 덕분에 우리는 협력해서 많은 일을 해낼 수 있습니다."

결국 '천재'들을 관리하는 방법은 평범한 직원을 관리하는 방법과 크게 다르지 않다. 그들의 독특한 능력이 진정한 인간관계, 즉 진실과 신뢰를 바탕으로 한 관계를 구축하는 데 걸림돌이 되지 않도록 주의하기만 하면 된다. 어쨌든 천재도 결국에는 인간이다.

떠돌이들과 일할 때 꼭 알아야 할 것

현재 집에서 일하는 미국인의 수는 대략 5명 중 1명으로 추정된다. 그러나 야후의 최고 경영자, 마리사 메이어가 재택근무를 폐지했던 2013년에는 그보다 더 많았으리라고 대부분이 추정할 것이다. 당시 마리사는 재택근무제를 폐지한 이유를 이렇게 설명했다.

"일하기에 절대적으로 좋은 공간이 되기 위해서는 커뮤니케이션과 협력이 무엇보다 중요합니다. 그래서 나란히 앉아 일하는 게 꼭 필요하다고 생각해요. 이것이 전 직원 모두 사무실에 출근하도록 한 이유입니다."

마리사가 계속 재택근무자를 공격했더라면 더 좋았을 것이다. 그랬다. 마리사를 지지하는 사람이 적지 않았다. 나도 마리사를 지지했다. 내 경험에 따르면, 부하 직원들이 같은 공간에 있지 않으면 어떤 리더도 혁신적인 변화를 끌어내지 못한다. 그러나 야후의 정책에 대한 전반적인 반응은 '나는 다른 식으로 일할 수 없다'라거나 '시간을 되돌릴 수는 없다. 재택근무가 일의 미래다'라는 식이었다.

여기서 나는 '모두가 9시부터 5시까지 함께 근무'라는 업무 모델의 장점을 입증하려는 게 아니다. 가상 직원Virtual Employee, 즉 재택근무자도 이제는 현실의 일부다. 실제로 미국인 5명 중 1명이 집에서 근무한다고 발표한 조사에서도 향후 5년 내에 그 숫자가 60퍼센트 정도 증가할 거라고 예상했다(이 조사는 텔레워크 리서치 네트워크가 실시한 것으로, 그 결과는 잡지《피가로》에 발표되었다). 또한 이 조사에서는 별도의 공간에서 다수의 고객을 위해 일하는 프리랜서와 계약직의 경우도 비슷한 추세를 보였다. 구체적으로 말하면, 이 집단은 2005년에는 1000만 명이었지만 2013년에 4200만 명으로 증가했다.

그럼, 이처럼 별도의 공간에서 일하는 사람들과 계속 관계를 맺고 일하려면 관리자는 어떻게 해야 할까? 답은 사회화 Socialization를 극대화하기 위해 온갖 수단을 동원하라는 것이다. 그런데 사회화라는 것이 무엇일까? 당신 회사의 문화와 정신, 가치와 행동 원칙이 분명하게 표현되고 전달되게 해 주는 상호 작용을 뜻한다. 사회화는 무계획적으로 행해져서는 안 된다. 사회화는 테크놀로지를 활용해 끊임없이 치열하게 행해져야 하는 실질적인 최우선 순위여야 한다.

내가 스트레이어 대학교 부설 잭 웰치 경영 연구소를 운영하며 겪은 경험을 예로 들어 보자. 2010년 설립한 후 지금도 지원을 아끼지 않는 잭 웰치 경영 연구소의 MBA 프로그램은 완전히 온라인에서 진행된다. 이런 강의 방식 덕분에 세계 전역에서 등록한 900명의 학생을 완벽하게 수용할 수 있다. 게다가 모든 학생이 일을 하는 까닭에 캠퍼스에 출석할 시간도 없고 물리적 공간에서 강의를 수강할 여유도 없다. 결국 잭 웰치 경영 연구소는 완전히 가상의 공간이기 때문에 학생들이 2년 동안 물리적으로 얼굴을 맞대는 유일한 시간은 졸업식이다.

버지니아 주 헌드의 스트레이어 대학교 본부에 있는 잭 웰치 경영 연구소를 운영하는 30명의 전문가가 있지만, 교수진은 학생들과 마찬가지로 곳곳에 흩어져 있다. 40명의 교수는 모두 박사 학위 소지자이며, 다수가 경영학 석사이기도 하다. 여하튼 그들은 북아메리카 곳곳에서 강의를 진행한다. 몇몇 교수는 잭 웰치 경영 연구소에서만 강의하는 전임 교수지만, 다수는 컨설턴트나 기업 경영자로 일하는 시간 강사다. 이런 차이에도 불구하고 모든 교수가 교재 준비부터 강의까지 모든 것을 책임지고, 강의와 관련된 토론에 적극적으로 참여하며, 보고서와 프로젝트를 평가하고, 학생들이 강의에 기여하는 동시에 강의를 통해 최대한 많은 것을 얻도록 애쓴다. 교수들의 이런 헌신적인 노력 덕분에 잭 웰치 경영 연구소는 '오늘 배우고, 내일 써먹어라Learn it today, Apply it tomorrow' 라는 목표를 성취할 수 있다.

곳곳에 흩어져 있는 잭 웰치 경영 연구소 교수들을 관리하는 힘겨운 책임은 부학장인 마이클 젤리프 박사가 맡고 있다. 마이클은 학계와 기업계에서 경력을 쌓은 덕분에 양쪽에서 터득한 경험을 바탕으로 사회화를 극대화하기 위한 많은 '베스트 프랙티스'를 고안해 냈다.

그 첫째가 고객 관계 관리CRM:Customer Relationship Management와 유사한 것으로, 마이클이 각 교수와 무작위로 커뮤니케이션 하는 방법이다. 여기서 자세히 설명할 수는 없지만, 전화와 이메일 및 스카이프를 통한 채팅 등을 체계적으로 활용함으로써 모든 교수가 일주일에 한 번쯤은 마이클과 개인적으로 접촉할 수밖에 없는 시스템이라고만 말해 두자. 교수의 근거지를 방문한 경우나 전화로 30분가량 통화할 때는 접촉 시간이 길어지지만, 때로는 15분가량 안부를 주고받는 것으로도 충분하다. 하지만 우리 경영 대학원에서 강의하는 모든 교수가 매주 적어도 한 번쯤은 마이클과 인간적인 접촉을 통한 사회화를 경험한다. 또한 한 달에 한 번, 각 학과의 교수진이 웹을 이용한 회의를 개최해 커리큘럼 개발을 논의한다. 마이클이 주재하는 이 회의는 몇 시간씩 계속되는 경우가 적지 않다. 이런 회의도 사회화를 극대화하기 위한 방법 중 하나다.

물론 마이클과 교수진 간의 커뮤니케이션은 미리 예정된 접촉에만 국한되지 않는다. 누구나 예상할 수 있듯이, 이메일은 하루 종일 주고받는다. 또 필요할 때는 전화나 웹을 이용한 회의가 신속하게 마련된다. 그러나 사회화가 이런 임의적인 상호 작용에만 맡겨져서는 안 된다. 이런 상호 작용만으로는 충분하지 않다. 사회화에는 계획적인 의도성이 있어야 한다.

따라서 마이클이 잭 웰치 경영 연구소의 교수진을 관리하기 위해 사용하는 두 번째 기법은 일종의 현황판, 즉 교수가 학생들의 발언에 대해 얼마나 자주 논평하고, 과제를 평가하는 데 얼마나 시간이 걸리며, 온라인 교실에 얼마나 자주 접속하는지 등에 대한 자료를 끊임없이 제공하는 현황판이다. 이 자료들은 상대적인 비율로 계산되기 때문에 마이클은 교수들이 어떻게 강의하는지 평가할 수 있다. 어떤 마케팅 교수의 과제물에 대한 평가 빈도는 상위 10퍼센트에 속하지만, 평가의 길이는 하위 15퍼센트에 속하는 것으로 현황판에 나타날 수 있다. 이런 자료를 바탕으로 마이클은 앞에서 언급한 CRM과 유사한 방법을 통해서든 즉흥적으로든 그 교수와 한층 유의미한 대화를 나눌 수 있다.

마이클이 잭 웰치 경영 연구소의 교수진을 관리하기 위해 사용하는 세 번째이자 마지막 기법은 학계의 전통에서는 약간 벗어나지만 내 생각에는 교수들에게 변화를 유도하는 촉매 역할을 해낼 수 있는 것이다. 학기가 끝날 때마다 잭 웰치 경영 연구소 학생들은 성적을 받기 전 교수를 평가해 순위를 매긴다. 생생한 강의 자료를 제공하고 학생들과 빈번하게 접촉하는 교수에게는 정신적인 보상만이 아니라 물질적인 보상까지 주어진다.

반면에 중간 정도의 평가를 받은 교수에게는 적절한 조언이 주어지며, 낮은 평가를 받은 교수는 그야말로 보호관찰에 처해진다. 이런 차별의 적용은 교수들에게 올바른 행동을 간접적으로 요구하는 강력한 방법이다. 이런 교수 등급제의 또 다른 장점이라면, 교수들이 서로 접촉하며 사회화하도록 유도한다는 것이다. 실제로 학생 참여 부문에서 가장 높은 평가를 받은 교수에게 자발적으로 전화하거나, '시각 매체 활용' 부문에서 높은 평가를 받은 교수와 접촉하려는 교수가 많았다. 마이클은 새로운 사실을 배웠다고 했다.

"내가 과거에 재직했던 학교에는 매일 얼굴을 마주치며 만나지만 생각을 전혀 교환하지 않는 교수가 많았습니다. 그들은 자기만의 방식대로 가르치고 싶어 했지요. 하지만 가상 세계의 교수진을 관리하면서, 세계 곳곳에 흩어져 있지만 생각을 항상 공유하려는 교수들로 팀을 꾸릴 수 있다는 걸 알게 되었습니다."

나는 잭 웰치 경영 연구소를 사회화 과정의 예로 소개하는 걸 좋아하지만, 사회화 기법의 좋은 사례는 어디에나 있다. 수 제이콥슨은 제이콥슨 전략 커뮤니케이션스의 최고 경영자다. 전략 커뮤니케이션스는 필라델피아에서 나날이 번창하는 회사로, 정직원은 최고 경영자인 수 한 사람뿐이며 그녀와 팀을 이룬 42명의 직원은 모두 계약직이다. 그들은 미디어 홍보부터 위기관리까지 다양한 전문 지식을 지녔지만, 대부분 기업의 정직원을 그만두고 시간을 탄력적으로 사용할 수 있는 프리랜서로 전환한

'워킹맘'이다.

수 제이콥슨은 이런 비즈니스 모델이 고객과 회사의 손익에는 유리하지만, 프리랜서들에게 공동체 의식을 심어 주고 성장을 위해 무엇보다 중요한 일종의 학습을 강화하기 어렵다는 걸 수년 전에 깨달았다. 이런 문제를 해결하기 위해 수는 화요일 아침에 여는 '번개 원탁 모임Lightning Round'을 제도화해 당시 과제를 수행 중인 모든 프리랜서가 참석해서 자신의 프로젝트에 대해 5분 동안 발언하도록 했다.

"이 시간은 자기 자랑을 늘어놓는 시간이 아닙니다. 그런 것은 허용되지 않습니다. 아이디어를 공유하고 브레인스토밍 하며 서로에게 도움을 주는 시간입니다."

이제 대부분의 직원이 '번개 원탁 모임'을 가장 즐거운 시간으로 받아들이고 있다. 그들은 서로 주고받는 동료애와 조언을 무척 좋아한다. 그래서 수는 그처럼 안정된 팀을 지금까지 꾸려 올 수 있었던 결정적인 요인이 '번개 원탁 모임'에 있다고 생각할 정도다. 누구나 알고 있듯이, 프리랜서는 일거리와 돈을 좇아 수시로 들락거린다. 하지만 지난 5년 동안 수의 곁을 떠난 프리랜서는 6명에 불과했다.

거듭 말하지만, 그 근본적인 이유는 사회화에 있다. 적어도 '떠돌이'를 관리하는 문제에서는 사회화가 답이다. 온갖 테크놀로지를 동원해서라도 연결의 끈을 놓지 않고 계획적인 사회화를 시도해야 한다. 눈에서 멀어진다고 해서 반드시 마음까지 멀어지는 것은 아니다.

도둑들과 트러블 없이 작별하는 법

문자 그대로 조직의 것을 훔치는 직원이 있다. 하지만 앞에서도 말했듯이 그런 직원은 드물다. 또한 앞에서도 말했듯이 그런 직원을 관리하기는 비교적 간단하다. 공개적으로 나무라고 해고하면 된다. 반면에 주변 사람의 시간과 에너지를 훔치는 직원은 훨씬 더 많다. 그러나 죄책감이나 여러 이유로 그런 직원을 다루기는 무척 힘들다.

성과가 떨어지는 직원, 즉 항상 꾸준히 일하지만 하위 10퍼센트에 어김없이 속하는 직원부터 시작해 보자. 물론 차별이라는 수단을 동원하면, 관리자는 그런 직원이 다른 일자리로 옮겨 가는 걸 지원할 뿐 그런 직원에게 시간과 에너지를 거의 허비하지 않아야 한다. 대신 상위 20퍼센트에 속한 직원들을 칭찬하고 응원하며 지원하는 데, 또 회사의 허리라 할 수 있는 중간층 70퍼센트에게 조언하고 독려하는 데 많은 시간을 쏟아야 한다.

그런데 이런 원칙이 제대로 적용되지 않는 이유가 무엇일까? 대부분의 관리자가 생산성을 좀먹는 무수한 회의에 참석해서 성과가 떨어지는 직원에 대해 잠깐 양념거리로 대화를 나누는 데 그치기 때문이다.

"릭이 또 스프레드시트를 끝내지 못했어. 다행히 샐리가 밤을 새우며 완성한 덕분에 고객들에게 제출할 수 있었지. 대체 릭을 어떻게 해야 할까?"

"클레어가 마감 시간을 넘겼어. 하지만 클레어가 편두통을 앓고 있어 무작정 밀어붙이고 싶지는 않아."

"랜프가 파산에 대한 우스갯소리를 끊임없이 해 대며 모두의 사기를 떨어뜨리고 있어. 대체 어떻게 해야 그놈 입을 막을 수 있을까?"

이런 말은 푸념이지 대화가 아니다. 이런 '도둑'들을 나무라고 그들의 변명을 일축하며 일을 하라고 들볶는 데 허비하는 에너지만도 상당하다.

성과가 떨어지는 직원으로 인해 어떤 상황이 빚어지더라도 대부분 한 걸음 물러서서 보면, 쉽게 해결책을 찾을 수 있다. 성과가 떨어지는 직원에게 진정으로 필요한 것은 이직移職이다. 능장을 부리는 것보다 하루라도 빨리 실천하는 게 낫다. 하지만 가까이에서 보면, 대부분의 조직이 해고를 차일피일 미룬다. 해고되는 직원의 감정적 반응을 걱정하기 때문이다. 게다가 관리자는 친구를 실직시켰다는 죄책감이나 그동안 솔직한 피드백을 주지 못했다는 양심의 가책까지 느낀다.

여하튼 이런저런 이유로 관리자는 꾸물거리고 뒤로 미룬다. 결국 인사 담당자를 만나지만 결론을 내리지 못하고 밤새 뒤척거린다. 약 300명의 직원을 둔 부동산 개발 회사의 최고 경영자인 내 친구를 예로 들어 보자. 40년 동안 회사와 동고동락하고 당시 특수 사업부 책임자로 있던 해리라는 직원을 해고하는 용단을 내리려고 그가 내내 고심했던 경험을 내게 말해 주었다. 많은 직원이 해리를 회사의 '영혼'이라 생각할 정도였다. 그 회사에서 오랫동안 근무하기도 했지만, 현재 최고 경영자의 아버지와 그가 단둘이서 지하실에서 시작했던 당시의 무용담을 동료들에게 흥미진진하게 전해 주는 걸 좋아했기 때문이다. 하지만 최고 경영자를 비롯한 최고 경영진은 10년 전부터 그가 자신의 역할을 제대로 해내지 못하고 있다는 걸 알고 있었다.

"해리 문제를 상의하려고 이사회실에서 얼마나 많은 회의를 가졌는지 모릅니다. 우리가 해리에게 해고를 통보하면 그가 어떤 반응을 보일까 걱정했습니다. 또 직원들이 어떻게 반응할지도 걱정이었지요. 우리는 해리 문제를 두고 상의하고 또 상의했습니다. 하지만 누구도 우리가 반드시 해야 할 일을 입에 담지 못했지요. 그야말로 진퇴양난이었습니다."

그렇게 여름을 힘겹게 보낸 후 결국 최고 경영자는 해리를 불러 크리스마스까지 퇴직해 달라고 부탁했다. 대대적인 환송 파티와 넉넉한 퇴직금도 약속했다. 또 언제든 회사를 방문해도 좋다는 말도 덧붙였다. 놀랍게도 해리는 '해고' 통보에 조금도 놀라지 않았다. 오히려 멋진 은퇴를 마련해 줘서 고맙다고 했다. 최고 경영자는 직원들의 반응에 더 크게 놀랐다. 직원들은 해리가 회사에 공헌한 몫을 인정하며 높이 평가했지만, 모두가 머릿속으로는 나름대로 계산하고 있었던 것이다. 한마디로 모두가 해리의 퇴직을 오래전부터 기다리고 있었던 것이다.

"해리 문제로 내가 얼마나 에너지를 낭비하고 중압감을 가졌는지 나 자신도 몰랐습니다. 그가 퇴직하자마자 나는 사업에 집중할 수 있는 시간이 하루아침에 갑자기 늘어난 것 같았지요. 5년 전에 그런 용단을 내렸더라면 좋았을 거라는 아쉬움마저 들었습니다."

이 이야기가 막연하게라도 친숙하게 들린다면, 바로 당신에게 주어지는 충고라 여겨라. 관리자인 당신에게 가장 소중한 자원은 집중력과 관심이다. 그런 집중력과 관심을 상위 20퍼센트, 그리고 그 단계에 올라갈 가능성을 지닌 직원에게 투자하라.

상습적인 갈등 유발자에게도 똑같은 방법이 적용될 수 있다. 어떤 유형의 직원을 뜻하는지 충분히 짐작할 수 있을 것이다. 어떤 의견에나 반박하고 누구하고나 충돌하는 걸 업무의 일부처럼 생각하는 직원을 가리킨다. 물론 이런 직원이 무척 쓸모 있을 때도 있다. 그들은 현상 유지에 반발하며, 집단 사고Group Think(대안의 분석 및 이의 제기를 억제하고 합의를 쉽게 이루려고 하는 경향)를 저해한다. 게다가 뛰어난 성과를 올리는 경우가 많다. 따라서 그들은 자신의 성과를 방패라 생각한다. 한마디로 '나를 해고할 수 없을 거야. 나는 너무도 소중한 존재니까!' 라고 생각한다.

하지만 이런 직원들은 관리자만이 아니라 다른 모든 직원의 시간과 에너지를 훔치는 경향을 띤다. 그들의 반박과 반대로 회의가 진척되지 못하고 제자리에서 맴도는 경우가 많기 때문이다. 관리자는 이런 현상이 일어나지 않도록 예방해야 한다. 갈등이 무조건 나쁜 것은 아니지만, 모든 팀원이 수긍할 수 있는 갈등이어야 한다. 한 사람으로 인해 갈등이 비롯된다면 그 직원에게 작별 인사를 건네야 한다. 상습적으로 갈등을 일으키는 직원을 계속 당신 곁에 둔다면 당신은 훌륭하고 균형 잡힌 관리자라 할 수 없다. 결국 당신은 도둑을 맞는 피해자가 되고 말 것이다.

우리가 정말 두려워해야 하는 것

끝으로, 비즈니스에 종사하는 사람들이 일반적으로 인정하기 싫어하는 것, 즉 두려움에 대해 살펴보자.

직장이 평생 보장되고 자신이 종사하는 회사와 산업이 미래에도 안전할 거라고 생각되던 시대는 이미 오래전에 사라졌다. 우리 모두가 주변 동료들, 심지어 유능하다고 평가받던 직원들까지 일자리를 잃고 실직당하는 모습을 지켜보았다. 또한 우리 모두가 많은 기업이 수개월 만에 도산하고 산업 전체가 붕괴되는 모습을 지켜보았다.

글로벌 한 경쟁과 경제 침체가 지속되는 미래 세계에서도 두려움은 언제나 우리를 괴롭힐 것이다.

이런 현실을 이겨 내는 것이 리더의 역할이다. 직원들에게 정말로 두려워해야 하는 바가 무엇이고, 무엇이 근거 없는 헛소문이며 추측에 불과한 것인지를 말해 주는 게 리더의 본분이다. 리더가 이 역할을 제대로 해내지 못하면 온갖 헛된 상상으로 직원들의 생산력이 눈에 띄게 떨어질 것이다.

제임스라는 지역 소매점 관리자를 예로 들어 보자. 제임스는 지난 6년 동안 팀원들과 함께 노력한 끝에 판매액을 매년 10퍼센트가량 향상시키는 놀라운 성과를 거두었다. 그런데 제임스의 여성 상관인 총지배인이 급속히 성장하던 온라인 경쟁 업체로 자리를 옮겼다. 그녀의 첫 이직이었던 것일까? 그녀는 제임스에게 전화를 걸어 자신의 팀에 합류하라고 권했다.

제임스는 당시를 회상하며 이렇게 말했다.

"그녀는 정곡을 찔렀습니다. 그녀가 우리 회사를 떠나기 전 윗사람들에게 들은 정보에 따르면, 우리가 서너 달 안에 도산할 거라고 말했습니다. 게다가 그녀도 그런 정보 때문에 급작스레 사표를 썼던 거라고 말했지요. 또한 그녀는 소매업이 전형적인 재래식 산업인 데다 온라인에서 물건을 구매하는 소비자가 점점 늘어나고 있기 때문에 소매업이 큰 곤경에 빠져 있다고도 진단했습니다."

옛 상관의 전화를 받은 제임스는 며칠 동안 일이 손에 잡히지 않았다. 소매업이 정말로 붕괴 직전에 있는 것일까? 그렇다면 왜 최고 경영자가 그런 이야기를 하지 않는 것일까? 제임스는 소매업이 지금은 소강상태에 있지만, 자신이 읽은 자료를 근거로 조만간 회복될 거라고 확신하던 터였다.

　그래도 제임스는 소매업의 장래에 대해 몇몇 동료와 의논하기 시작했다. 자연스러운 반응이었지만, 제임스의 걱정은 전염병처럼 확산되기 시작했다. 얼마 지나지 않아, 서너 직원이 모이면 어김없이 그 문제가 화제에 올랐다. 우리 회사가 곤경에 빠져 있는 것일까? 조만간 구조 조정이 있을까?

　제임스의 두려움은 유능한 직원을 빼내려는 옛 상관으로부터 비롯되었으나, 두려움은 많은 원인에서 생겨날 수 있다. 뉴스 보도, 경제 분석가, 경쟁 업체 등에서 두려움이 유발될 수 있지만, 이런 것들은 그다지 중요하지 않다. 무엇보다 중요한 것은 경영진의 대응이다. 경영진은 일관된 자세로 대응해야 한다.

　경영진은 절대적으로 솔직해야 한다. 직원들에게 각자의 성과와 성공 가능성에 대해 솔직하게 알려 주고, 기업의 재무 상황과 성장 전망에 대해서도 정직하게 알려야 한다. 또한 해당 산업의 미래에서 대해서도 이해하는 범위 내에서 최선을 다해 알려야 한다.

　이런 정보가 없기 때문에 직원들이 자신의 업무에 더욱 집중하지 못하는 게 사실이다. 업무에 관한 한 무지는 축복이 아니다. 무지는 쓸데없는 걱정과 비생산적인 행위로 이어지는 확실한 초대장이다.

　프랭클린 루스벨트가 옳았다. 우리가 두려워해야 할 유일한 것이 있다면 두려움 자체다. 리더의 책무는 좋을 때나 나쁠 때나 두려움을 근절하고 끊임없이 진실을 말하는 것이다.

다시 셰어에 대해 언급하며 이 장을 끝맺고 싶지는 않다. 그런데 셰어의 노래 제목이 주변 동료들과 달리 약간 특출 나게 행동하는 세 유형의 무리에 대해 언급하는 기본 틀을 제시해 준 것은 부인할 수 없는 사실이다.

'천재'들은 수적으로나 그 중요성에서 점점 증가하는 추세에 있다. 한편, 사무실에 갇혀 있지 않고 집에서나 밖에서 때로는 정규직으로 때로는 프리랜서로 일하려는 가상 직원들도 역시 점점 증가하는 추세다. 반면에 시간 도둑들이 있다. 성과를 내지 못하는 직원처럼 확실하게 눈에 띄는 시간 도둑이 있는 반면에, 갈등을 유발하는 직원이나 불확실성에 따른 불안감을 유발하는 직원처럼 분명하게 구분되지 않는 시간 도둑도 있다.

이제 당신은 이런 세 유형의 골칫거리들을 관리하는 기법과 전술을 갖추게 되었다. 천재들에게 질문을 퍼붓고 끊임없이 그들에 대해 알려고 애써라. 그와 동시에 그들을 인간적으로 알게 될 때까지 그들에 대한 당신의 관심과 배려를 보여 주라. 또한 그들이 진행하는 프로젝트를 이해 가능한 작은 단위로 쪼개라. 그런 한편 가상 세계의 직원들과는 계획적으로 커뮤니케이션하는 연결 고리를 만들어야 한다. 테크놀로지를 비롯한 온갖 수단을 동원해 사회화를 극대화하라. 도둑들과는 용감하고 솔직하게 맞서 싸워라.

당연한 말이겠지만, 이런 모든 기법과 수단이 결국에는 진실과 신뢰로 귀결된다. 끊임없이 진실을 추구하고 진실을 말하며, 끈질기게 신뢰를 구축하라. 그렇다면, 당신이 어떤 유형의 사람을 관리하든 별다른 차이가 없다는 뜻일까? 천재나 평범한 사람, 떠돌이나 사무실에서 일하는 사람, 두려움을 퍼뜨리는 사람이나 두려움에 떠는 사람, 어떤 유형의 사람에게나 리더, 정확히 말하면, 길동무를 데려와 팀원으로 키워 가는 방법을 아는 리더가 필요하다.

PART THREE

IT'S ABOUT YOU

【 당신에 대해 알아야 할 모든 것 】

어떤 일을 하며 살 것인가?

WHAT SHOULD I DO WITH MY LIFE?

지난 10년 동안 나는 비즈니스에 관해 많은 칼럼을 썼다. 구체적으로 말하면, 거의 500편 이상을 썼다. 주제는 리더십의 원칙처럼 끊임없이 반복되는 것부터, 조 토리 감독이 뉴욕 양키스 팀과 계약했다는 새로운 속보까지 무척 다양했다. 많은 칼럼이 전반적인 동의를 받았지만, 논란과 반발을 불러일으킨 칼럼도 적지 않았다. 그러나 순식간에 75만 명 이상이 방문하고 진심에서 우러난 애끓는 댓글이 1000여 개나 달린 〈당장 직장을 그만두어야 할 네 가지 이유〉처럼 폭발적인 반응을 불러일으킨 칼럼은 손가락으로 꼽을 정도였다.

많은 사람이 하루 종일 책상에 앉아 '대체 내가 여기서 무엇을 하는 거야?'라고 생각한다. 하지만 대부분 결국에는 자의로 그 자리에 눌러앉는다. 어떤 경우에는 타성에 젖은 무력감이 범인이지만, 불행한 직장을 당장에 그만둔 후 새로운 일자리를 구할 전망이 그다지 밝지 않거나 목구멍이 포도청이기 때문이기도 하다. 한 평론가가 이 상황을 이렇게 정리했다.

"요즘 같은 불경기에는 현재 직장이 어떤 상황이더라도 참고 견뎌야 합니다."

그러나 많은 사람이 견디기 힘든 직장을 떠나지 못하는 이유는 무엇을 해야 할지 모르기 때문이다. 그들이 아는 것이라고는 지금처럼 사는 게 정답은 아니라는 것이 전부다.

당신을 이야기하는 것처럼 들리는가? 그렇다면 계속 읽어라. 당신이 이런 문제를 해결하는 데 도움을 주려는 게 이 장의 목적이기 때문이다.

당신이 가장 재미있게 할 수 있는 일을 하고 있는가?

수년 전, 나는 마이크로소프트가 후원한 온라인 시리즈 광고, '모두의 비즈니스It's Everybody's Business' 에 참여했다. 매번 나는 한 회사를 방문해 그 회사의 경영 관리팀이 골치를 썩는 문제를 해결하는 걸 도왔다. 이 일은 기분 전환도 되고 재미있기도 했다. 그 과정에서 미국 메이저 렌터카 회사 중 하나인 허츠가 당시 허츠 커넥션이란 이름으로 시작하려는 카셰어링 서비스에 대해 조언했다(지금은 허츠 24/7로 이름을 바꿨다).

그때 그리프 롱이라는 마흔두 살의 허츠 임원을 만났다. 그리프는 기억에서 쉽게 지워지지 않는 사람이었다. 그는 온몸으로 에너지를 발산했고, 인크레더블 헐크처럼 근육이 금방이라도 양복을 뚫고 나올 것 같았다. 그리프를 만나고 얼마 지나지 않아, 그가 허츠의 새로운 사업을 운영해야 하는 고위 간부로서 능력을 입증하기 전부터 하루에 수영과 사이클을 끝낸 후 30킬로미터를 종종 달렸다는 사실을 알게 되었다. 실제로 주말이면 그리프는 철인3종 경기에 출전하거나 이 경기에 출전하려고 훈련하는 사람들을 가르쳤다.

그리프는 결국 허츠 커넥션을 담당하게 되었지만, 이 역할을 오래 맡지 않았다. 허츠를 떠나 최고급 피트니스 회사인 에퀴녹스로 자리를 옮겼기 때문이다. 나는 그의 이직을 반갑게 받아들였다. 그리프도 즐거운 마음으로 허츠를 떠났을 것이다. 요즘 그리프는 피트니스 센터를 새로 개설할 장소를 물색하러 다니거나 에퀴녹스의 관리자와 트레이너를 만나 더 많은 사람이 더 자주 운동하도록 독려하는 방법에 대해 상의하며 하루를 보낸다.

에퀴녹스로 직장을 옮기기 위해 그리프는 연봉과 승진에 대한 걱정을 떨쳐 내고, 가족을 데리고 2400킬로미터나 떨어진 도시로 이사해야 했다. 그러나 그 결과는 아주 만족스러웠다.

"지금 나는 무척 행복합니다. 아내와 아이들은 더 좋아합니다. 나는 돈을 벌기 위해 일을 한다고 생각하지 않습니다. 운명적으로 타고난 일을 하고 있습니다. 이곳까지 오는 데 20년이나 걸렸다는 게 아쉬울 뿐입니다."

그리프의 경험과 비슷한 이야기를 주변에서 들어 본 적이 있는가? 쉰 살에 병원을 그만두고 사진작가가 되었다는 의사 이야기를 들어 본 적이 있는가? 박물관을 운영하겠다고 혹은 공부를 하겠다고 대기업 중역 자리를 그만둔 사람 이야기를 들어 본 적이 있는가? 이런 이야기의 기본적인 구조는 언제나 똑같다. 진정한 삶을 살기 위한 제2의 기회를 붙잡기 위해 '감옥' 같은 생활을 떠났고, 정말 좋아하는 일을 해야 한다는 교훈으로 이야기는 끝난다.

물론 재탄생을 위한 이런 일화들은 박수를 받아 마땅하다. 하지만 평생의 진로를 결정하기 전 2~3년 동안 여러 직업이나 산업에서 일하는 것은 정상적이고 필요하다. 건전한 탐색 과정이라 할 수 있다.

그리프가 평생의 진로를 찾는 데 오랜 시간을 지체한 게 안타까울 뿐이다. 무려 20년이었다!

굉장히 흔한 현상이지만, 이처럼 긴 시간 동안 머뭇거릴 필요가 전혀 없다. 해결책이 존재하기 때문이다. '운명의 영역 AOD:Area of Destiny'이라 일컬어지는 진로 평가Career Assessment 기법이 바로 그것이다.

이상적인 진로를 어떻게 결정해야 할까? 예를 들어 설명해 보자. 당신이 두 방향에서 탄탄대로를 달린다고 해 보자. 하나는 당신이 무척 능숙하게 잘 해내는 일이고, 다른 하나는 당신이 정말 좋아하는 일이다. 이번에는 두 일이 교차하는 데가 있다고 해보자. 당신의 능력과 당신의 행복이 겹치는 곳! 이상적이라면 당신이 경력을 쌓아 가야 할 곳이 바로 그곳이다.

정말 그럴까? 그렇게 하는 사람이 있을까?

물론이다. 그리프 롱이 그랬다. 오랜 시간이 걸리기는 했지만. 그러나 그리프처럼 대부분이 AOD를 목표로 삼지 않고 사회생활을 시작한다. 대부분 학교에서 막연히 잘했던 것에 근거해 직업을 정한다. 정치학과 우등생은 법률가가 되고, 영문학과 우등생은 출판계로 진출한다. 혹은 '요즘엔 테크놀로지에 관련된 일자리가 많다'라거나 '회계사가 되면 돈 걱정은 할 필요가 없다'라는 부모의 조언을 받아들인다. 혹은 단기적으로 집에서 회사를 다닐 수 있다는 편의성이나 중요한 사람과 같은 도시에서 일할 수 있다는 이유만으로 진로를 결정하기도 한다.

이처럼 타성에 젖어 진로를 선택하는 멍청한 짓을 AOD는 이론적으로 실제적으로 단호히 거부한다. '타성'이 무슨 뜻인가? 오래되어 굳어진 좋지 않은 버릇을 뜻한다. 그런데 우리 대부분은 타성에 젖어 많은 것을 결정한다. 어느 대학에 진학할 것인가, 어디에서 살 것인가, 어디에서 일할 것인가 등 많은 것을 타성에 젖어 결정한다. AOD는 이런 결정을 저지한다. 이런 점에서, AOD는 타성의 해독제라 할 수 있다. 내가 아는 범위 내에서 타성을 해소할 수 있는 최상의 수단이다. AOD는 우리에게 '나는 누구인가?'라고 생각하게 하며, 의미 있는 행복한 삶을 살기 위해 무엇을 해야 하는가를 생각하게 해 준다. 마크 트웨인은 이에 대해 기가 막힌 말을 남겼다.

'우리 삶에서 가장 중요한 두 날이 있다면, 하루는 우리가 태어난 날이고 또 하루는 그 이유를 알게 되는 날이다.'

AOD는 바로 그 두 번째 날을 앞당겨 준다.

어쩌면 이런 이유에서 AOD 진로 평가를 시행하기가 쉽지 않을지도 모른다. 그래도 당신은 '운명의 영역'을 끈질기게 찾아내려 애써야 한다. 당신의 능력과 역량과 가치에 잔인할 정도로 정직해야 한다. 철저한 자기 성찰이 필요하기도 하다.

먼저 당신이 무척 능숙하게 잘하는 일부터 살펴보자. 당신이 그럭저럭 잘하는 것을 뜻하는 게 아니다. 그럭저럭 잘하는 일이라면, 대부분의 사람이 얼마든지 길게 나열할 수 있을 것이다. 서면 보고서를 작성하는 데 그런대로 솜씨가 있고, 수학에도 그런대로 재주가 있으며, 정리 정돈을 하는 데도 남에게 뒤지지 않는다고 생각할 수 있다. 여하튼 올바른 가정 교육, 학교 교육, 타고난 재능 덕분에 이 세상에는 나름대로 경쟁력을 지닌 사람이 많다.

하지만 그런 정도의 수준을 말하는 게 아니다. AOD의 힘은 '무척'이란 단어에 있다. 당신은 과반수의 사람보다 무엇을 더 잘하는가? 정확히 말하면, 당신은 '대부분'의 사람보다 무엇을 더 잘하는가?

이런 질문에 당신은 구체적으로 대답할 수 있어야 한다. '나는 복잡한 과학적 개념을 쉽게 풀어 설명하는 데 특히 뛰어나다. 그래서 모두가 그런 점에서 나를 칭찬한다'라거나 '나는 새로운 사업의 비용과 수익성을 분석하는 수학적 능력이 탁월하다' 혹은 '나는 팀의 일원으로 촉박한 마감 시간에 쫓기는 일을 완벽하게 처리는 데 무척 뛰어나다', '나는 합의를 끌어내는 데 남다른 능력이 있기 때문에 누구도 좋아하지 않는 상황에서 그런 일을 누구보다 잘 해낸다'라고 대답할 수 있어야 한다.

나는 2010년경부터 AOD 분석을 활용하기 시작했다. 따라서 지난 수년 동안 나는 '당신은 대부분의 사람보다 무엇을 더 잘하는가?'라는 질문에 다양한 형태의 구체적인 대답을 들어 왔다. 대학에서 서양 고전을 전공했지만 교수라는 직업을 마뜩하지 않게 생각하던 한 여성이 자신의 새로운 재능을 발견했다고 했다.

"나는 처음 보는 사람을 편안하게 해 주는 데 굉장한 재주가 있어요. 주변 사람들에게 항상 그런 이야기를 들었어요. 내가 생각해도 정말인 것 같아요."

지금 그녀는 그리스에 있는 한 미국 대학교의 해외 캠퍼스에서 관리자로 일하며 행복하게 지내고 있다. 또 헤드헌터로 일하던 20대 중반의 청년은 그 나이에 이미 직업의 위기를 맞았다.

"일이 미치도록 지겹습니다. 나는 문제 학생들과 정말 마음이 잘 맞습니다. 그런 아이들이 나를 찾아오고, 나도 그런 아이들에게 끌립니다. 그런 아이들은 속마음을 털어놓고 말할 수 있는 상대가 필요합니다. 나는 남의 말을 들어 주는 걸 좋아합니다."

결국 그는 과감히 헤드헌터라는 일을 버리고, 문제 학생들을 위한 교육 프로그램에서 일자리를 구했다.

당신이 남들보다 월등히 뛰어난 능력과 재능 및 소질을 찾기 위한 시간을 갖는 것은 아무리 강조해도 지나치지 않다. 초등학교 시절부터 대학교를 거쳐 직장을 다닐 때까지 당신의 삶을 곰곰이 돌이켜 보라. 언제 당신이 특별히 뛰어났는가? 어떤 상황에서 가장 큰 영향력을 발휘했는가? 중재자나 협상가였는가, 분석가였는가 발명가였는가, 비판가였는가 조력자였는가, 상대의 말을 주로 들어 주는 사람이었는가 앞장서서 설득하는 사람이었는가? 이런 가능성은 인간의 능력만큼이나 무한히 나열할 수 있다.

한편 두 번째 것, 즉 당신이 좋아하는 것을 알아내기는 한결 더 쉽다. 사람들은 자신이 정말 좋아하는 것을 자연스레 알게 되는 경향을 띠는데, 그 이유는 자신이 정말 좋아하는 걸 충분히 하는 경우가 극히 드물기 때문이다. 그러나 당신이 좋아하는 것을 하루라도 빨리 알아내고 싶다면 다음 주나 다음 달, 혹은 내년의 계획을 미리 생각해 보는 것이다. 그때 무엇을 다른 무엇보다 할 수 있기를 바라는가? 무엇이 당신에게 가장 큰 기대감과 흥분감 및 즐거움을 주는가? 당신 팀에 새로운 사업 계획을 제시하는 것인가? 혼자 혹은 가까운 조언자와 마주 보고 앉아 전략적 결정에 대해 숙고하는 걸 좋아하는가? 친구들을 만나 저녁 식사를 하기를 바라는가? 지역 학교에서 멘토링 프로그램의 일환으로 자원 봉사를 하고 싶은가? 지금까지 한 번도 가 보지 않은 곳을 여행하고 싶은가? 역시 이런 가능성은 한없이 나열할 수 있다. 당신은 많은 것을 하고 싶을지 모르지만, AOD 평가를 정확히 해내기 위해서는 선택 가능성을 좁혀야 한다. 어떤 행위, 어떤 일이 당신에게 가장 큰 열정을 불러일으키는가?

두 질문의 대답을 찾아냈다면, AOD를 찾기 위해 남은 것은 어떤 산업 혹은 어떤 직업이 교차점에 있는지 알아내는 것이다. 때로는 어렵지 않게 찾아낼 수 있지만, 금전적이고 개인적인 제약이나 이런저런 이유로 분명하게 찾기 어려운 경우도 적지 않다.

그리프 롱은 능력과 행복의 교차점을 어렵지 않게 찾아낸 경우였다. 그는 탁월한 운동 능력을 지닌 데다 사람들을 조직적이고 체계적으로 훈련시키는 데도 뛰어난 능력이 있었다. 또한 운동 경기에 직접 참가하고, 스포츠광들과 훈련 방법에 대해 이야기하는 걸 무척 좋아하는 사람이었다. 따라서 렌터카 회사에서 오랫동안 일했지만, 내가 그를 처음 만났을 때 헐크처럼 보였다고 해서 이상할 것은 없었다. 그는 책상 앞에 앉아 오랜 시간을 일했으나 그런 일은 그의 능력을 완전히 발휘할 수 있는 일이 아니었고 그의 행복감을 완전히 채워 주지도 못했다. 다행히 그리피에게는 둘 모두를 완벽하게 만족시킬 수 있는 업종이 있었다.

이번에는 짐이라는 내 친구를 예로 들어 보자. 짐의 경우에는

AOD의 교차점에서 직업을 구하기가 쉽지 않았다. 대학에서 뮤지컬을 전공한 그는 졸업 후 당연히 브로드웨이에서 경력을 쌓으려고 뉴욕으로 건너갔다.

많은 연예계 지망생과 마찬가지로 짐에게도 브로드웨이는 호락호락한 곳이 아니었다. 결국 짐은 2년 후 조경사가 되기 위해 다시 학교로 돌아갔다. 왜 하필이면 조경사였을까? 그는 예부터 데생에 재주가 있었고 밖에서 일하는 걸 좋아했다. 게다가 조경사가 안정된 직업인 것 같았다. 그래서 짐은 조경사가 차선이었지만 장래를 위한 적절한 해결책이라 생각했다.

실제로 짐은 15년 동안 조경사로 일했다. 그동안 학위를 받았고, 튼튼한 회사에 취직해 중견 사원으로 승진했으며, 결혼해서 두 자식을 두었다. 그리고 주말이면 교회 성가대에서 노래를 부르며 뮤지컬을 향한 갈증을 풀었다.

그러나 뭔가 빠진 듯한 기분이었다. 짐도 그것이 무엇인지 알았고, 그의 부인도 그것이 무엇인지 알았다. 그 '무엇'은 직업적 성취감이었고, 일하는 과정에서 얻는 흥분감이었다. 그리고 희망이었다.

AOD 기법을 사용해 짐은 자신이 남보다 월등히 뛰어난 것이 무엇인지 알아낼 수 있었다. 놀랍게도 팀을 하나로 묶는 능력이었다. 그제야 대학 시절 연출자들이 자기들의 작품에 자신을 끌어들이려고 서로 싸우곤 했던 기억이 떠올랐다. 문자 그대로 과장되게 행동하는 여왕과 왕이 득실대는 세계에서 그의 낙관적이고 긍정적인 태도는 그들의 차이를 무마하고 서로 협력해서 생산적인 작품을 창작해 내는 촉매 역할을 했다. 조경 회사도 짐의 그런 천부적 능력을 알아챘다. 그래서 까다로운 고객이나 인사 문제가 생길 때마다 짐에게 문제 해결을 맡겼다.

짐이 정말 하고 싶었던 일은 무엇이었을까? 가족과 함께 시간을 보내는 것을 제외하면, 짐이 진정으로 원했던 것은 노래였다.

짐의 경우에 잘하는 것과 좋아하는 것의 공통분모, 즉 교차점이 있다고 생각하는가?

짐은 창의력을 발휘해 직접 그 교차점을 찾아냈다. 뮤지컬 매니지먼트였다. 매일 직접 노래하지 않아도 노래와 함께할 수 있는 직업이었다. 그것만으로도 좋았다. 그는 어떤 공연에서나 수많은 변덕스러운 조각들이 조화롭게 움직이도록 영향력을 행사할 수 있을 것 같았다.

짐은 AOD 평가의 결과에 전율을 느꼈다며 "나한테 딱 들어맞는 직업을 찾아낸 것 같았다"라고 말했다. 그러나 짐은 금전적인 문제 때문에 곧바로 그 일에 뛰어들기가 쉽지 않다는 것도 알았다. 그의 계산에 따르면, 5~10년 후에야 조경사라는 직업에서 뮤지컬 매니지먼트로 전직할 수 있었다. AOD 평가로 찾아낸 '교차점'이 이처럼 아득히 멀리 떨어져 있는 경우가 적지 않다. 때로는 현재의 상황을 완전히 뒤바꿔야 하기 때문에 자신의 AOD를 찾아가는 게 불가능해 보이는 경우도 있다. 하지만 당신의 AOD를 아는 것만으로도 당신에게 꿈과 희망을 준다면 그것만으로도 유익하다고 말할 수 있다.

끝으로, AOD라는 단순하게 보이는 기법이 지닌 엄청난 힘, 그러나 긍정적인 힘에 대해 살펴보자. 이번에는 오로지 지질학을 전공할 생각으로 대학에 진학한 마커스란 젊은이를 예로 들어보자. 왜 지질학을 전공하려 했을까? 고등학교에서 마커스는 수학과 과학을 잘했고, 그런 학문과 관련된 직업으로는 지질학이 가장 전도유망한 듯했다. 게다가 마커스는 에너지 분야에 일자리가 많다는 이야기도 들은 터였다.

1학년을 절반쯤 보낸 후에야 마커스는 수학과 과학을 '무척 잘해야 한다'는 뜻을 깨달았다. 자신이 수학과 과학을 잘하지만 '무척 잘하지'는 않는다는 걸 확실히 알게 되었다. 또한 그는 에너지 분야에서 원하는 지질학 학위는 대학원 수준이란 것도 알게 되었다. 결국 수학과 과학의 수재들과 씨름하며 6~7년을 더 보내야 한다고 생각하니 그는 미칠 것만 같았다.

그즈음 마커스는 자신의 AOD를 만나게 되었다. 정확히 말하면, 부모가 아들의 장래를 걱정하며 AOD 테스트법을 갖고 온 것이었다.

세 사람은 마커스가 무엇에 남달리 뛰어난지 찾기 시작했고, 금세 답을 구했다. 음악이었다. 더 구체적으로 말하면, 서너 달 혹은 1~2년 후에나 유행할지도 모를 새로운 음악으로 밝혀졌다. 마커스가 어렸을 때 음악을 듣기 시작한 이후로 그런대로 재능을 보였지만 막연한 재능이었다. 또 열네 살 때부터 학교 라디

오 방송에서 '곧 유명해질' 음악을 소개하는 프로그램을 진행했고, 대학에 다닐 때도 그런 프로그램을 계속 맡았다. 그래미상 수상자가 후보로 오르기 3년 전에 마커스가 예측한다는 유명한 농담까지 있을 정도였다.

마커스가 정말 좋아하는 것을 결정하기도 무척 쉬웠다. 한마디로 음악을 듣는 것이었다. 그는 음악에 대해 친구들과 이야기를 나누고, 음악과 관련된 블로그들을 읽으며, 무명 밴드의 공연장에 가는 걸 좋아했다.

지금 마커스는 음악 프로그래머로서 유망한 경력을 쌓아 가고 있으며, 행복하다고 말하는 것조차 부족할 지경이다.

그의 부모도 무척 행복해한다. 아들이 진로를 바꾼 데 대해 그의 부모들이 내심 섭섭해하면서도 내게는 행복하다고 거짓말을 했을 것 같은가? 그럴 리는 절대 없다. 내가 바로 마커스의 아버지이기 때문이다.

여하튼 세상에는 수많은 직업에 관련된 책이 있고, 어떤 책에나 진로 평가 기법이 수록되어 있다. 나는 새로운 진로 평가 기법을 다시 만들며 쓸데없이 시간을 낭비하고 싶지는 않다. 내가 아는 범위 내에서 '어떤 일을 하며 살 것인가?'라는 질문에 정확한 답을 알려 주는 방법을 가장 효과적으로 제시할 뿐이다.

'운명의 영역'에서 일하며 살아가라. 그곳에서 성취와 행복을 동시에 느낄 수 있다. 그런 일을 할 때 일은 더 이상 일로 생각되지 않고, 충만한 삶을 살아갈 수 있을 것이다.

편안한 삶이 언제나 좋은 것은 아니다

내가 젊었을 때만 해도 기업가 정신을 강조하는 사람이 많지 않았다. 아니, 기업가 정신이라는 게 뭔지도 모르는 사람이 태반이었다. 한마디로 공룡들이 지구에서 서성거리던 때라고 할 수 있다. 고층 건물에 자리 잡은 회사에서 양복을 말끔하게 차려입은 사람들이 경력을 차근차근 쌓아 가던 때였다. 그렇게 은퇴할 때까지 월급쟁이로 사는 것만으로도 미래가 보장된 시절이었다. 1970년대 석유 위기가 닥치자 많은 인재가 지질학과로 몰려들었다. 에너지 분야가 활성화되며 돈이 모여들 곳으로 예상되었기 때문이다. 한편 지난 30년 동안 투자 은행과 컨설턴트 회사에서는 경영 대학원을 졸업한 고용주가 진공청소기가 카펫에 떨어진 과자 부스러기를 빨아들이듯 경영 대학원 졸업생들을 끌어들였다.

지난 10년 동안에는 기업가 정신이 전성기를 누렸다. 하지만 창업에 도전하는 기업가 정신이 광범위하게 확산된 것은 아니다. 〈월스트리트〉가 보도했듯이, 연방 준비 제도 이사회가 발표한 2013년의 자료에 따르면, 서른 살 이하의 개인 사업자 비율이 24년 만에 최저치로 떨어졌다. 그러나 창업이란 시대정신이 상위권 경영 대학원에서는 굳게 자리 잡은 게 사실이다. 스탠퍼드 경영 대학원에서는 취업을 위한 면접에 참여하지 않는 게 일종의 명예 훈장으로 여겨질 정도다. 창업해서 자기 사업을 시작할 텐데 번거롭게 취업 면접에 참여할 이유가 있겠는가. 내가 강의한 적이 있는 매사추세츠 공과 대학교MIT 슬론 경영 대학원의 경우에는 대략 6명 중 1명이 졸업하기 전 사업을 시작한다.

이런 창업 열풍이 불어닥친 이유는 무엇일까? 기업가 정신으로 창업에 도전하는 일이 무척 흥미진진해 보이는 게 사실이지 않은가? 또 용감무쌍하게도 보인다. 창업가는 나름대로 규칙을 써 가지만 규칙이란 것은 없다. 사무실은 창고에 있고, 회의는 오락실에서 열린다. 수년 동안 그야말로 동물처럼 일한다. 그러다가 어느 날 증권 거래소에 상장된다. 수년 후에는 다른 기업에 인수되어 큰돈을 손에 쥔다. 세계를 일주하며 신나게 여행한 후 스포츠 전문 프랜차이즈를 인수해 다시 사업을 시작한다.

이제는 이런 것이 사람다운 삶이다!

그러나 한 가지 문제가 있다. 기업가가 되기 위해서는 '아이디어'가 있어야 한다는 것이다. 평범한 아이디어가 아니라, 감동적이고 흥미진진하며 가치를 더해 주고 패러다임을 바꾸는 엄청난 '빅 아이디어'가 있어야 한다. 이미 존재하는 모든 아이디어를 뛰어넘는 차별화된 아이디어가 있어야 한다.

또 다른 문제도 있다. 그처럼 기발한 아이디어와 더불어 두려움이 없어야 한다는 것이다. 위험을 극복하는 평범한 저항력이나 평균 수준을 넘어서는 저항력 정도를 말하는 게 아니다. 기업가, 진정한 기업가가 되려면, 냉철한 용기와 광기에 가까운 열정, 비이성적인 결단력이 있어야 한다. 그 아이디어를 실현하는 과정에서 틀림없이 반복적으로 겪게 되는 죽음의 고비를 견뎌 낼 수 있어야 한다. 돈이 순식간에 바닥날 수도 있다. 멍청하기 이를 데 없는 실수를 범할 수도 있다. 동업자와 부품 공급자가 한순간에 등을 돌릴 수도 있다. 게다가 잠을 자는 시간이 턱없이 부족할 수도 있다.

여기서 나열한 것은 창업한 기업가가 겪는 고통의 일부에 불과하다. 대부분의 사람이 창업 방정식 가운데 이 부분에 대해서는 잘 알고 있다. 그런데 내가 경험한 바로는 대부분의 창업자가 '빅 아이디어Big Idea'라는 개념을 제대로 이해하지 못하는 듯하다. 실제로 2001년 이후 나는 강연을 다니며 수많은 사람을 만났다. 기업가가 되고 싶은 열정을 신나게 쏟아 내지만, 내가 "그래서 당신만의 특별한 상품이나 서비스가 무엇입니까?"라고 물으면 대부분 멈칫한다.

물론 완벽하게 대답하는 사람도 간혹 있었다. 중고 의류를 온라인으로 판매해 의류계의 판도를 바꿔 놓겠다는 아이디어와 편두통을 치료하는 휴대용 의료 기기를 만들겠다는 아이디어가 대표적인 예였다. 나는 이 두 가지 아이디어를 처음 들었을 때 소름이 돋았다. 현재 두 회사는 창업해서 승승장구하고 있다.

그러나 대부분은 이런 식으로 말한다.

"아이디어요? 아직까지 특별한 아이디어는 없습니다. 새로운 애플리케이션이 되겠지요. 확실하지는 않지만요. 그래도 창업하는 기업가가 되고 싶습니다. 다른 사람 밑에서 일하고 싶지는 않거든요."

이런 열망도 당연히 있어야 한다. 하지만 열망만으로는 충분하지 않다. 열망은 필수 조건의 하나에 불과하다.

그렇다고 당신이 평생 기업의 노예로 힘들고 단조로운 일을 운명적으로 할 수밖에 없다는 뜻은 아니다. 준비된 아이디어가 없다는 것은 아직 뭔가를 시작할 때가 되지 않았다는 뜻일 뿐이다. 당신이라면 어떤 사업을 시작하겠는가? 기업가 환경에서 당신이 시작할 만한 일을 얼마든지 찾아낼 수 있다.

해외 진출을 다룬 장에서 언급한 버니 윌리엄스를 기억하는가? 인테리어 디자이너로 오랫동안 성공적인 경력을 쌓은 버니는 2010년 아시아에서 제작한 가구를 세계 전역의 소매점에서 판매하는 방식으로 가구 사업을 시작하기로 결심했다. 그녀의 아이디어는 어떤 점에서 다른 아이디어에 비해 더 참신하고 혁신적이었을까? 버니는 아시아 장인들의 솜씨를 빌려 꼼꼼하게 작업함으로써 자신의 이름을 상표로 붙인 최고급 가구를 대량 생산해 자기 집을 멋지게 꾸미고 싶은 주택 보유자들에게 적정한 가격으로 판매하는 방법을 찾아낼 수 있었다.

또한 그녀는 자신이 무엇을 모르는지에 대해서도 정확히 파악했다. 재고 자산을 담보로 유동성을 확보할 수 있는 재고 금융 Inventory Financing이나 회계 장부를 작성하는 법을 몰랐다. 그래서 이 분야에서 자신을 도와줄 전문가들로 팀을 꾸렸다.

만약 당신이 특별한 아이디어도 없이 기업가를 꿈꾸고 있다면, 그런 팀의 일원이 되는 방법도 우선적으로 생각해 봄 직하다. 지난 30년 동안 얼마나 많은 창업 지망생이 눈부신 성공을 거둔 신생 기업에서 시작했는지 생각해 보라. 당신도 이런 길을 택할 수 있고, 대단한 기회가 될 수 있다. 오늘날까지도 버니는 자신의 성공을 재무팀에 있다고 믿는다.

"내가 무엇을 할 수 있는지 정확히 알고 있었습니다. 그것은 전부 디자인에 관련된 것이었지요. 그 밖의 것은 모두 그들에게 의지했어요. 그들은 나에게 많은 것을 가르쳐주었습니다."

물론 팀의 일원으로서 당신은 신생 기업의 아이디어를 제시한 창업자들과 똑같은 영광을 누리거나 주식을 분배 받지는 못한다. 그러나 언젠가 당신만의 '빅 아이디어'를 상품화할 때가 오면 당신은 준비가 된 것이다. 그 가치는 돈으로 환산할 수 없을 것이다.

결국 모든 것은 당신의 선택에 달려 있다

'일과 삶의 균형Work-Life Balance'이라 일컬어지는 문제를 다루지 않고는 경력에 대한 이야기를 끝냈다고 할 수 없다. AOD 진로 평가 기법이나 다른 기법을 통해 당신이 깨어 있는 시간에 평생 종사할 일을 선택한다면, 일하지 않는 시간에는 무엇을 하지 않을 것인지, 혹은 무엇을 덜 할 것인지도 결정하는 것이다.

내가 '선택'이란 단어를 사용한 것에 주목해 주기 바란다. 간단히 말하면 나는 '일과 삶의 균형'이란 표현보다 '일과 삶의 선택Work-Life Choice'이란 표현을 더 좋아한다. '일과 삶의 선택'이란 표현에는 모든 진로 결정에는 결과가 따르고 '결정을 내린 사람'이 그 결과를 이해하고 받아들여야 한다는 뜻이 함축되어 있다. 반면에 '균형'이란 표현에는 50:50의 분배가 이상적이란 뜻이 함축되어 있다.

그런데 50:50의 균형이 이상적인 사람도 있겠지만, 나는 그렇지 않다. 일이 정말 재미있기 때문에 일하는 것이며 그래서 집중력도 발휘할 수 있다. 따라서 내 경우에는 80:20이나 70:30의 분배가 더 낫다. 그러나 거듭 말하지만, 이런 분배도 결국에는 선택이다. 각자가 선택해야 할 몫이다. 따라서 나에게 시간을 어떻게 써야 한다고 왈가왈부하지 않기를 바란다. 나 역시 남들에게 일과 삶을 어떻게 분배해야 한다고 충고하는 걸 그다지 달갑게 생각하지 않는다.

기본적으로 나는 이 모든 것이 가치, 즉 개인적 가치관에 따라 달라진다고 생각한다. 지적인 대화와 학습, 혼자만의 시간과 한두 친구와 맺은 깊은 우정을 소중하게 생각하는 사람의 삶과 일에 대한 선택이, 돈과 명예를 소중하게 생각하고 파티에 초대 받는 걸 좋아하는 사람의 선택과 같을 수는 없다. 40대에 최고 경영자가 되기를 꿈꾸며 일요일에는 스카이다이빙으로 짜릿한 모험을 즐기는 20대의 브랜드 관리자가 삶과 일의 선택에서 내리는 결정이, 경영 대학원을 졸업했지만 시간을 탄력적으로 사용하며 자신의 자식을 키우는 데 도움이 될 거라는 생각에 비영리 조직에서 일하는 사람의 선택과 같을 수는 없다.

어떤 가치관이 더 낫다고 누가 말할 수 있겠는가? 적어도 나는 아니다. 누군가 50:50으로 균형을 맞춘 삶과 일을 선택하고 그 결과까지 수용한다면, 그에게 힘을 실어 주자. 20:80의 분배나 80:20의 분배도 마찬가지다.

하지만 이런 분배를 대외적으로 발표해 보라. 나는 언젠가 그런 식으로 이야기했다가 사방에서 호된 비판을 받은 적이 있다.

2012년, 나는 〈월스트리트〉가 플로리다의 팜비치에서 주최하는 '경제와 여성'이란 콘퍼런스에서 강연을 해 달라는 요청을 받았다. 나는 그 행사에 새로운 의제를 던질 생각도 없었고, 신문의 표제를 장식하면서 블로거들을 화나게 할 생각은 더더욱 없었다. 하지만 내가 방금 앞에서 말한 대로 '일과 삶의 선택'에 대해 이야기하면서 그런 소동이 벌어졌다. 더 구체적으로 말하면, 직장에서 성공하려면 더 많은 결과를 내놓고, 어려운 과제를 떠맡고, 당신의 위치를 정확히 가늠하기 위해서라도 관리자에게 지속적으로 철저한 평가를 요구해야 한다고 주장했다. 또한 가족과 함께하고 취미 생활을 위해 일정을 줄이고 여유로운 시간을 요구하는 것도 더할 나위 없이 좋은 선택이지만, 남성이든 여성이든 고급 사무실로의 승진을 앞당기지는 못할 것이라고 말했을 뿐이다. 그러자 곧바로 입에 담긴 힘든 표현을 동원한 온라인 폭격이 시작되었다.

하지만 재미있는 일이 벌어졌다. 상당수의 저명한 여성 최고 경영자가 내가 강연에서 한 말에 전적으로 동의한다고 말했고, 몇몇 최고 경영자는 공개적으로 그렇게 발언했다. 그러자 순식간에 논란이 종식되었다.

일과 삶의 선택이란 문제는 이쯤에서 그만두자. 일과 삶의 선택은 대단한 것이 아니라, 그저 …… 선택일 뿐이다. 당신이 진로를 결정할 때마다 그 결정에는 사회적이고 경제적이며 감정적인 결과가 따른다. 그 결과가 가치관, 즉 당신의 가치관과 맞아떨어지면 된다. 그 밖의 모든 것은 시끄러운 잡음이며 헛소리에 불과하다.

세상에는 무엇을 하며 살아가기를 원하는지 정확히 아는 사람들이 있다. 우리 모두 그런 성취를 이루기를 바란다. 하지만 그런 성취를 이루기가 쉽지 않아 안타까울 뿐이다. 이런 이유에서 나는 '운명의 영역'이란 기법을 적극적으로 추천한다. '운명의 영역'은 당신을 '내가 어떤 일을 하며 살아가야 하는가?'라는 끔찍하고 씁쓰레한 곳에서 '내가 좋아하는 일이 무엇인가?'라는 기운을 북돋워 주며 삶의 활력을 주는 영역으로 이끌어 주는 확실한 메커니즘이다.

그러니 철저하게 분석하고 평가해서 운명의 영역을 찾아내라. 당신이 남달리 잘하는 것이 무엇인가? 당신이 진정으로 하

고 싶은 일이 무엇인가? 아직 발을 내딛지 않은 어떤 꿈의 영역
이 두 일의 교차점에 있는가?

이 질문들에 대한 대답이 기업가의 길을 가리킨다면, 계속해
서 더 철저하게 분석해 보기 바란다. 새로운 '빅 아이디어'가 있
는가? 새로운 뭔가를 시작할 배짱이 있는가? 그렇지 않다면, 대
담한 신생 벤처 기업에 취직해 때가 되기를 기다리는 편이 낫다.

끝으로 당신에게 당부하고 싶은 말은, 당신이 삶에서 원하는
'균형'이 무엇인지 철저하게 파악하라는 것이다. 50:50의 분배
인가, 아니면 일과 삶 중 어느 쪽에 더 큰 가치를 두는가? 물론
'내 선택은 무엇이고, 그에 따른 결과는 무엇인가? 그 결과는 내
가치관과 일치하는가?'라는 질문에 대답하는 것도 무척 중요하
다. 여하튼 이 모든 질문에 궁극적으로 대답해야 할 사람은 바로
당신 자신이다.

수렁에서 벗어나라

GETTING UNSTUCK

삶을 살아가는 과정에서 거의 모든 사람이 단테가 〈연옥〉 편에서 묘사한 상황에 부닥친다. 물이 전혀 없는 거대한 구덩이에 갇힌, 버림받은 영혼들이 필사적으로 빠져나갈 길을 찾는다. 암울한 상황이지 않은가? 지금 당신이 오도 가도 못하는 진퇴양난의 상황이라면 바로 이런 처지일 수 있다.

당신은 팀을 끌어가는 리더로 승진하기를 바라거나 전반적인 관리자로 승진을 꿈꾸는 한 분야의 전문가일 수 있다. 혹은 한 부서의 손익을 총괄하기에 충분한 경력을 쌓았지만 승진이 늦어지는 중간급 관리자일 수 있다. 따라서 당신은 상관이나 인적 자원 책임자에게 그런 사실을 지적하며 승진 시기에 대해 묻지만, 돌아오는 대답은 언제나 똑같다.

"아직 아닐세, 아직 아니야. 조금만 더 참고 견디게."

그러나 당신은 아득히 옛날처럼 여겨질 정도로 오랫동안 참고 견뎠다.

그런 기다림은 영혼을 메말려 죽인다. 당신은 비즈니스를 사랑하고, 더 많은 일을 해낼 수 있다고 확신한다. 게다가 '운명의 영역'에서 일하고 있다고도 생각한다. 그러나 단테의 연옥에 갇힌 사람들처럼 당신도 앞뒤가 꽉 막힌 기분이다.

그렇다고 절망하지는 마라. 연옥과 같은 상황(이 땅에서는 직장 생활)에 대한 진실이 있다면, 그런 상황이 결국에는 종말을 맞는다는 것이다. 어떤 변화도 없다면, 어느 시점에 당신은 좌절감을 이겨 내지 못하고 온갖 수단을 동원해 변화를 모색한다. 감옥에서 벗어나는 기분으로 조직 내에서 수평 이동을 하거나, 지금의 일에서 벗어난다는 것만으로도 더 좋게 느껴지는 회사로 옮긴다. 때로는 회사가 당신에 대한 인내심을 상실하고 조금씩 혹은 돌연 당신을 밀어내는 경우도 있다. 어떤 경우든 기분 좋은 이야기는 아니다.

이런 이유에서 나는 당신이 다른 길을 구축해 가는 방법, 즉 당신이 열망하는 승진을 손에 넣는 방법을 소개해 보려 한다.

쉬울 거라고 생각하는가? 그렇지는 않다. 그러나 누구나 승진이란 꿈을 이루어 낼 수 있다. 승진을 위한 과정은 당신이 오도 가도 못하는 교착 상태에 빠져 승진하지 못하는 이유를 정확히 이해하는 것부터 시작되어야 한다. 그 후에는 변화를 모색하기

위해 실천해야 할 여섯 가지 방법이 있다. 여섯 가지 모두를 시
도해도 상관없지만, 두세 가지 방법만 제대로 시도해도 승진의
교착 상태에서 충분히 벗어날 수 있을 것이다.

누구도 변화를 좋아하지 않는다는 사실은 새삼스레 말할 필
요도 없을 것이다. 따라서 서너 가지의 변화를 동시에 시도하라
는 말은 북극권에서 일광욕을 하라는 말처럼 터무니없이 들릴
지도 모르겠다. 그러나 단테는 연옥을 묘사하며 '이곳에는 형벌
이 있을지언정 죽음은 없다'라고 정확히 표현했다.

당신의 삶이 이런 모습이어서야 되겠는가!

왜 승진하지 못하는가

승진이 중단되거나 늦어지는 사람들의 이야기를 들어 보면
눈에 띄는 공통점이 있다. 하나는 정상 참작 요인이며, 다른 하
나는 특수한 환경이다.

그러나 일반적인 관점에서 말하면, 승진이 중단되거나 늦어
지는 데는 몇 가지 이유가 있다. 따라서 당신의 상황을 단번에
뒤바꿔 놓을 수 있는 방법들을 소개하기 전 그 이유들에 대해 대
략적으로 살펴보자.

첫째, 회사에 당신이 승진할 만한 자리가 없기 때문에 승진이
늦어질 수 있다. 쉽게 말하면, 당신보다 윗자리에 있는 '방해꾼'

이 있기 때문이다. 그 방해꾼은 대체로 당신의 상관이며, 일을 매우 잘하는 데다 퇴직하거나 전직할 생각도 없는 사람이다. 어쩌면 당신 상관도 자신의 승진을 가로막는 사람이 윗자리에 있을 수 있다. 이런 상황은 당사자들을 미치게 만들지만, 일반적으로 회사에서 비일비재한 현상이다. 이런 상황을 빚어낸 주범은 성장 부진이다. 다시 말하면, 기업과 산업 및 경제 전반이 힘든 시기를 맞아 정체되어 있거나 심지어 위축되고 있기 때문이다. 이런 상황에서 승진할 기회를 붙잡기는 어렵기 마련이다. 그러나 가족 기업의 경우 승진의 지체는 고질적인 현상이다. 높은 자리가 '미리 운명 지어진' 몇몇 사람으로 채워지기 일쑤이기 때문이다.

당신이 이처럼 '방해'를 받는 상황에 놓여 있다면, 엄밀하게 말해서 한 가지 선택밖에 없다. 그런 정체 상황을 얼마나 오랫동안 견뎌 내면서 끌고 갈지를 결정하는 것이다. 그렇다. '결정'해야 한다. 당신의 인내심에 유효 기한을 정해야 한다. '1년 내에 획기적인 변화가 없다면 윗사람들의 의향을 떠보겠어. 2년 후에도 똑같은 상황이라면 그때는 이곳을 떠나겠어'라고 결론 지을 수 있다.

이런 평가에서 주의할 점은 회사에서 당신의 위치를 정확히 고려해야 한다는 것이다. 승진의 물꼬가 트이면 당신은 정말 승진할 가능성이 있는가? 당신은 업무 평가에서 A⁺를 줄곧 받았는가, 아니면 B 정도에 불과했는가? 당신의 평판은 어떤 풍파에도 흔들리지 않을 정도로 굳건한가? 당신 상관은 유능한 직원을 승진시키는 사람으로 알려져 있는가, 아니면 뛰어난 실적을 거둔 직원도 승진시키지 않는 사람으로 알려져 있는가? 이런 자료들 하나하나가 당신이 직접 작성하는 '인내 계약'의 조항들을 결정하는 데 무척 중요하다.

참고 기다려야 하는 적정한 시간에 대한 법칙은 없다. 당신의 가치관과 위치, 상황과 제약 및 회사의 미래 등을 고려해 명확하게 시간표를 직접 작성해야 한다. 이렇게 하더라도 교착 상태가 해소되지 않을 수 있다. 하지만 확실한 계획과 잠재적인 출구 전략을 갖추고 있다면, 하루하루의 불안감이 분명히 크게 줄어들 것이다.

둘째, 여러 분야에 대한 전문 지식이 충분하지 못하다는 것이 승진이 중단되고 지체되는 또 하나의 원인이다. 이런 현상은 어디에서나 확인된다. 예를 들어 설명해 보자. 현재 메리는 뛰어난 재무 분석가이고, 제프는 마케팅의 귀재다. 그런데 경영 대학원 시절 메리와 제프는 간부로 가장 빨리 승진할 수 있는 가장 확실한 방법, 게다가 오랜 세월에 걸쳐 유효성이 증명된 방법은 모든 부문을 성공적으로 돌아다니며 능력을 발휘하는 것이란 말을 귀가 따갑도록 들었다. 한마디로 여러 포지션을 무리 없이 소화할 수 있어야 한다는 것이다.

"너희는 모든 부문에서 2~3년간 근무해야 한다. 국제 부문에서는 좀 더 시간이 필요할 거다. 다재다능한 능력을 보여 주는 포트폴리오를 구축해야 한다."

터무니없는 말이다! 물론 핵심 인재를 여러 부서에 근무시키며 경험을 쌓게 하는 회사가 없지는 않다. 그러나 대부분의 회사는 자신의 업무에 탁월한 능력을 증명해 보인 직원을 승진시킨다. 그런 직원이 성공의 사다리를 차근차근 올라가 정상을 차지한다. 재무 관련 업무의 귀재가 마케팅부에서 2년을 근무해야 마케팅이 매출에 미치는 영향을 이해하는 것은 아니다. 누구라도 직감적으로 혹은 예민한 관찰을 통해 마케팅의 중요성을 인식할 수 있다. 또 창의력이 뛰어난 마케팅의 귀재가 생산부에서 2년을 묵묵히 일해야 품질이 중요하다는 사실을 깨닫는 것은 아니다. 하지만 '다방면의 전문 지식을 갖추어야 한다'라는 일반적인 속설이 여전히 건재하기 때문에, 한 분야의 뛰어난 전문가가 자신의 영역에서 벗어나 엉뚱한 부서에서 미미한 존재로 사라지는 경우가 비일비재하다.

당신이 어떤 분야에 재능이 있는데 오로지 승진하고 싶은 욕심에 당신의 재능과 어울리지 않는 분야로 자리를 옮긴다면, 아이스하키 스타가 얼음판을 떠나 농구 선수가 되는 것과 다를 바 없다. 마이클 조든이 야구 선수가 되겠다며 농구계를 떠난 적이 있었다. 그 결과가 어땠는지 우리 모두 기억하지 있지 않는가. 농구에서는 역사를 새로 쓴 최고의 선수였지만 야구에서는 마이너리그를 벗어나지 못하는 평범한 선수에 불과했다. 요점은 '몸에 맞지 않는 옷을 입지 마라'는 것이다. 승진이 중단되고 늦어지는 이유가 바로 여기에 있다. 이런 교훈을 스스로 깨닫는다면 해결책은 명확하다. 당신이 능력을 발휘할 수 있는 분야로 돌아가는 것이다. 하루라도 빨리 돌아가면 그만큼 승진도 빨라질 것이다.

셋째, 승진하지 못하는 또 다른 이유는 태도에 있다. 그렇다. 예절을 지키라는 뜻이다. 상관을 미워하고 경멸하는 사람에 대해 말하는 것이다. 겉으로는 규칙을 따르지만 속으로는 조직과 리더들을 경멸하고 혐오하는 사람을 가리킨다.

내가 상관을 혐오하는 사람들에 관해 거의 10년 동안 글을 쓰고 강연한 끝에 깨달은 게 있다면, 정작 그들은 자신이 상관을 혐오하는 사람이란 사실을 모르는 경우가 많다는 것이다. 그들의 주장에 따르면, 그들이 문제가 아니라 회사가 문제다. 책임자들은 한결같이 멍청하고 무능력하다. 또한 책임자들은 돈만 밝히고 고객이나 상품에 대해서는 전혀 모른다. 게다가 그들의 동료들도 나을 게 없다. 모두가 윗사람에게 아첨을 일삼을 뿐 회사의 발전을 위해 무엇이 필요한지 모른다.

그렇다고 내가 상관 혐오자들이 자신의 태도를 깨닫기를 기대하는 것은 아니다. 그러나 상관 혐오자들이 어떻게든 자신의 그런 태도를 깨달음으로써 자신의 승진이 늦어지는 이유를 제대로 이해하고, 사고방식이 크게 달라지지는 않더라도 자신의 상황을 인정하기를 바랄 뿐이다. 상관 혐오자들이 흔히 그렇듯이, 당신이 유능하고 똑똑하더라도 어떤 상관도 자신을 경멸하는 사람을 도와주려고는 하지 않을 것이다. 그런 기적은 바라지도 마라.

여하튼 상관 혐오자에 대해서는 이 정도로만 해 두자. 그래도 상관 혐오자는 상대적으로 적은 편이어서 그나마 다행이다.

이번에는 마지막으로, 승진이 지체되는 가장 흔한 이유에 대해 살펴보자. 바로 '성과'다. 정확히 말하면 '성과 미달'이다.

성과 미달이라고 해서 열심히 일하지 않는다는 뜻은 아니다. 당신은 업무에 전력투구했을 수 있다. 그러나 초등학교에서나 결과보다 노력이 더 중요하게 여겨진다. 직장은 결과로 평가되는 세계다.

하지만 문제는 여기에 있다. 현실 세계에는 성과를 내지 못하면서 자신이 그런 위치에 있다는 걸 모르는 사람이 무수히 많다. 앞에서 말했듯이, 관리자가 직원들에게 각자의 정확한 위치를 솔직하게 말해 주지 않기 때문이다. 물론 관리자는 눈코 뜰 새 없이 바쁘거나 직원들이 스스로 자신의 위치를 알아야 한다고 생각한다. 혹은 마음이 너무 여려서 직원들에게 각자의 미미한 성과를 직설적으로 말해 주기 힘들다고 말한다. 여하튼 관리자들은 이런 식으로 변명한다.

이런 변명들은 이해가 되지 않는다. 앞에서도 말했지만, 성과를 정확히 알려 주지 않는 것은 잔인하고 부당한 짓이다. 누구에게나 자신이 하루에 8~10시간씩 행한 일이 어떤 결과를 얻었는지 알 자격이 있다. 직원들에게 성과를 정확히 알려 주기를 바란다.

그런데 당신이 성장하는 회사에서 힘들게 일하며 승진에 전혀 방해를 받지 않는 상황에 있지만, 또 몸에 맞지 않는 옷을 입지도 않고 상관을 미워하고 경멸하지도 않지만, 상관의 눈에는 당신이 승진하기에 부족한 사람으로 보일 수 있다.

다시 말하면, 상관이 판단하기에 당신은 '큰사람'이 아니다. 대범한 성격Big Personality을 말하는 게 아니다. 실제로 대범한 성격은 당신이 성공의 사다리를 오르는 데 때로는 방해가 될 수 있다. 당신의 외향적인 면을 오만하다고 해석하며, 당신을 뭐든 아는 체하는 사람이나 허풍쟁이로 취급할 수 있기 때문이다. 따라서 대범한 성격의 소유자는 주변의 질시를 받는 공동의 표적이 될 수 있다.

내가 말하는 '큰사람'은 일을 다루는 폭과 깊이가 큰 사람을 뜻한다. 폭과 깊이. 당신이 어떤 일을 하든 상관이 당신에게 바라는 것은 폭과 깊이의 결합이다.

기대에 부응하는 것만으론 부족하다 압도적인 결과를 보여 줘라

자신에게 이렇게 물어보자. 매일, 매달, 분기마다 상관의 기대치에 얼마나 부응하는가? 항상 목표를 달성하는가? 당신에게 주어진 할당량을 채우는가? 당신에게 주어진 주문장을 모두 사용하는가? 그렇다면, 크게 잘못된 것이다. 그 정도로는 충분하지 않다.

당신의 폭과 깊이를 입증하고 싶다면 기대치에 부응하겠다는 생각부터 고쳐야 한다. 기대치를 넘어서야 한다. 기대 수준을 훌쩍 넘어서는 결과를 보여 줘야 한다. 달리 말하면, 모든 과제에서 한도를 더 높이 설정해야 한다는 뜻이다. 또한 상관이 자신의 역할을 더 깔끔하고 더 쉽게 해낼 수 있도록 모든 면에서 노력을 기울여야 한다는 뜻이기도 하다.

상관은 당신에게 어떤 일을 하라고 요구하지만, 이미 그 일에 대한 답을 대략적으로 알고 있다. 당신이 제공하는 세부 사항과 통계 자료 및 분석을 통해 상관은 자신의 답을 재확인함으로써 자신의 상관에게 더 확실하게 프레젠테이션 하려는 의도가 감춰져 있다. 설령 상관이 당신에게 부여한 과제에 대한 답을 전혀 모르고 있더라도 그 과제가 어떤 식으로 진행되어야 하는지에 대한 대략적인 방향은 머릿속에 그리고 있다.

기대 수준을 넘어선 결과를 내놓는다는 것은, 상관의 머릿속에 있는 생각이나 아이디어를 추정해 완전히 새로운 차원으로 끌어올린다는 뜻이다.

시카고의 헤드헌터 업체와 1년 동안 인턴사원으로 계약한 두 대학 졸업생을 예로 들어 보자. 1년이란 시간 내에 일정한 성과를 올리면 정직원으로 승진하지만 그렇지 못하면 회사를 떠나는 조건이었다. 두 졸업생은 3개월 동안 한팀에서 훈련을 받은 후 각자 고객 회사의 빈자리에 적합한 후보자 목록을 작성하는 과제를 맡았다.

톰이란 인턴사원은 자신의 미래에 대해 다소 애매한 신호를 받았다. 구체적으로 말하면, 톰을 담당한 관리자의 평가에 따르면, 그때까지 톰의 업무 성과는 B에서 B+의 영역에 있었다. 그런대로 훌륭했지만 정직원이 되기에는 부족한 성과였다.

한편 신디라는 인턴사원은 아이비리그 졸업생이란 훈장을 달고 그 헤드헌터 회사에 들어간 터였다. 그 때문인지 그녀는 고위 경영진과의 특별한 점심 식사에 두 번이나 초대를 받았고, 많은 임원이 그녀의 타고난 총명함에 감탄하기도 했다. 하지만 그녀의 근무 성적은 참담할 정도여서 C+를 넘지 못했다.

평가를 끝내는 날이 다가오자 톰은 잠을 잘 수 없었다. 부모 집의 지하실에서 비참하게 살고 싶지도 않았고 정직원이 누리는 혜택도 꿈꾸었다. 그때 톰은 문득 깨달았다. 자신이 제시한 후보자 목록에 상관이 만족하겠지만, 헤드헌터 업계를 더 폭넓게 또 더 깊이 분석한 보고서, 특히 잠재적인 새로운 비즈니스를 개발할 수 있는 분야를 제시하는 보고서를 제출하면 상관이 만족하는 수준을 넘어 감동할 것이란 생각이 들었다.

톰은 그런 큰 그림을 그리기 시작했다. 조사의 폭과 깊이를 더해 고객 회사에 적합한 슈퍼스타 후보자 목록을 작성했고, 고객 회사의 성장률 및 여러 변수를 기초로 각 후보자가 고객 회사에 얼마나 관심을 가질지에 대한 자신의 평가까지 덧붙였다. 게다가 톰은 최종 보고서에 같은 업계에 있는 여섯 회사의 조직표까지 포함했고, 그중에서도 가장 신속히 성장하는 회사를 집중적으로 분석했다.

반면에 신디는 회사의 옛 파일을 뒤적거렸고, 링크트인을 뒤졌으며, 대학 시절에 알고 지낸 한 산업 분석가에게 전화를 걸어 도움을 받았다. 그녀의 목록은 '마지못해 한 듯한 냄새'가 물씬 풍겼다.

정상적인 사람이라면, 둘 인턴사원의 이야기가 어떻게 끝났는지 충분히 짐작할 수 있을 것이다. 그렇다. 신디는 지금 다른 분야에서 일하고 있다. 반면에 톰은 정직원으로 채용되어 능력을 발휘하고 있으며, 이제 그의 아래에 두 인턴사원을 두고 있기도 하다.

신디와 톰의 차이가 무엇이었을까? 톰은 숙제를 정시에 끝낸다고 승진이나 성공이 확실히 보장되는 것은 아니라는 사실을 깨달았다.

무엇을 더 할 것인가 생각해 내고 실천에 옮겨라.

힘든 과제를 자진해서 맡아라

기대 수준을 넘어서는 결과를 내놓는 것은 당신이 매일 지향할 수 있는 목표지만, 때로는 까다로운 과제를 자진해서 떠맡아 완벽하게 해냄으로써 당신 능력의 폭과 깊이를 증명하는 기회로 삼을 수 있다.

많은 사람이 주목하는 힘든 과제, 특히 누구도 건드리지 않으려는 과제라면 금상첨화다. 상관만이 좋아하는 프로젝트라도 상관없다. 모두의 생각에 십중팔구 실패할 것 같은 합작 사업, 생산 문제로 조만간 문을 닫아야 할 상황에 처한 공장, 엄청난 물량을 주문하지만 불가능한 마감 시한을 요구하는 것으로 알려진 새로운 대형 고객을 떠맡는 것도 당신에게는 기회일 수 있다.

안타깝게도 대다수의 직원이 '그러잖아도 불안한 상황에서 실패가 뻔한 일을 떠맡을 이유가 있을까?'라고 생각하며 이런 기회를 피한다.

이런 의문은 그런대로 타당성이 있지만, 불가능해 보이는 과제를 떠맡아 성공할 경우에 얻는 긍정적인 면을 고려하면 이야기가 완전히 달라진다. 성공하는 순간, 당신의 명함은 추종자에서 리더로, 평범한 직원에서 승리자로 바뀔 수 있다. 또한 당신의 이름을 회의론자에서 확신주의자로 세상에 알릴 수 있다.

물론 실패할 수도 있다. 그렇다고 세상이 멸망하지는 않는다. 다른 직장을 찾을 때 당신의 이력서에 새로운 능력과 경험을 더할 수 있다.

하지만 최상의 시나리오로 전개될 경우에 그 영향은 엄청날 것이다. 왜 진작 그처럼 흥미진진한 프로젝트에 도전하지 않았는지 아쉬울 것이다.

언제나 내 편이 되어 줄 추종자들을 만드는 법

꽉 막힌 승진 가능성을 타개하기 위해 당신이 시도할 수 있는 또 하나의 변화는 추종자를 확보하는 것이다. 당신이 발언하면 동료는 물론 상관도 경청한다는 사실을 조직원들에게 보여 줘야 한다.

다행히 당신이 기대치를 넘어서는 결과를 얻는 첫 변화를 이루어 냈다면 추종자는 자연스레 확보될 수 있다. 사람들은 조직에 가장 큰 기여를 하는 사람의 말에 귀를 기울이기 마련이기 때문이다.

따라서 자신 있게 발언하라. 철저하게 준비해 확신을 갖고 발언하라.

앞에서 다룬 인사 담당 책임자를 기억하는가? 그는 미국 중서부에 있는 냉동 냉장 설비 제조 회사에서 일했다. 그 회사는 사모 투자 회사에 인수된 상태였다. 그는 회사의 성과 평가 과정이 경영 방식과 긴밀히 연결돼 있지 않음을 확인하고는 회사의 운명을 바꿔 놓았다. 그는 모두가 한눈에 파악할 수 있는 도표를 작성해 자신이 찾아낸 결과를 입증해 보였다.

이런 통찰력, 즉 회사를 한 단계 더 도약시키고 승진을 보장하는 통찰력은 우연히 얻어지는 게 아니다. 그 인사 책임자는 경쟁에서 뒤지지 않겠다는 마음가짐으로 시작했다. 그는 회사의 리더처럼 생각하며 '왜 이런 프로젝트들이 더 신속하게 진행되지 않는 것일까?'라는 의문을 풀려고 애썼다. 그리고 온갖 데이터를 파고들며 며칠을 몰두했다. 그는 문제를 단번에 해결할 방법을 찾아 나섰고, 결국에는 찾아냈다. 그런 '베스트 프랙티스' 덕분에 그는 회사의 영웅이 되었을 뿐 아니라, 사모 투자 회사의 구인 목록에서 그 어떤 최고 경영자보다 앞에 놓일 수 있었다.

그러나 데이터는 명철한 통찰력을 키우기 위해 파고들어야 할 하나의 채석장에 불과하다. 어떤 업종에나 반드시 읽어야 할 선구자적 이론이 있고, 놓치지 말아야 할 학문적 연구가 있다. 또한 팟캐스트와 강연, 책과 블로그, 온라인 대중 공개강좌 MOOC:Massive Open Online Course가 있다. 물론 〈월스트리트〉도 하루도 빠짐없이 읽어야 한다.

세상에는 아이디어가 넘쳐흐른다. 사방에서 밀려드는 아이디어에 헤엄이라도 칠 지경이다. 일시적인 현상이 아니라 숨을 돌릴 틈이 없다. 사방팔방에서 더 나은 지혜를 찾고, 그렇게 찾아낸 아이디어들을 종합해 당신만의 생각과 분석에 견주어 보고, 적절한 방식으로 당신의 조직에 적용해 보라.

어떤 것에나 당신만의 의견을 정립해 보라. 이런 습관이 중요하다. 누구도 로봇의 말을 듣고 싶어 하지는 않는다. 마이크로소프트가 노키아를 인수해야만 했을까? 페이스북과 트위터, 둘 중 어느 쪽에 투자하는 게 장기적으로 더 나을까? 주주 행동주의Shareholder Activism는 경제에 순기능을 할까, 역기능을 할까? 이처럼 업계 전반에 영향을 미치는 주제를 두고 분석해 보라. 당신이 종사하는 업종에서 대형 합병이 일어났다면, 관련된 모든 사람을 파악하고 그 합병이 업계에 긍정적인 영향을 미칠지 부정적인 영향을 미칠지에 대해 생각해 보라. 또 경쟁 업체가 새로운 테크놀로지 개발에 박차를 가하고 있다는 소식이 들리면, 세부적인 내용을 추적해 당신 회사에 얼마나 큰 위협을 가할지 판단해 보라. 당신이 종사하는 업종의 주된 리더들이 어떻게 활동하는지 오프라인과 온라인에서 추적해 보라. 이런 식으로 연구하며 시간을 보내면, 그들이 미래에 대해 어떻게 생각하는지 파악할 수 있고, 더 나아가 그들의 판단이 옳은지 틀린지도 나름대로 판단할 수 있을 것이다. 이렇게 얻은 통찰을 팀원들과 공유하라.

거듭 말하지만, 당신이 똑똑하다는 사실을 과시하려고 당신의 통찰과 의견을 공유하는 게 아니다. 경쟁 판도를 바꾼 도표를 작성한 인사 책임자처럼, 조직의 성공에 기여하기 위해 당신의 통찰과 의견을 공유해야 한다. 이렇게 할 때 사람들은 당신의 발언을 경청할 것이다. 또한 당신을 당연히 승진할 사람이라 생각할 것이다.

기술 발전에 뒤처지면 직장에서도 뒤처진다

당신이 마흔 살을 넘긴 독자라면 이번에 소개하는 변화에 유념해 주기 바란다. 서른다섯 살을 넘긴 독자도 크게 다르지 않다. 정확히 말하면, 테크놀로지에 대한 전문 지식은 '어린아이' 들 몫이라고 생각하는 모든 독자에게 해당된다.

이런 생각은 엄청난 잘못이다. 테크놀로지 발전에 뒤처지는 것은 전략적으로 중요한 쟁점이 논의되는 모든 회의에서 자리를 잃는 확실한 방법이다. 비유해서 말하면, 영원히 연옥에서 벗어나지 못할 분명한 방법이다.

수년 전 나는 온라인 MBA 프로그램을 홍보하기 위해 서너 곳의 광고 회사를 만났다. 상담을 시작하자마자 나는 모든 상담이 CPM^Cost Per Mille(광고 매체를 이용해 1000명 또는 1000가구에 광고 메시지를 전달하는 데 드는 비용), CPC^Cost Per Click(인터넷 이용자가 배너를 한 번 클릭 할 때마다 지불해야 하는 홍보 비용), CVR^ConVersion Rate(광고 클릭 후 실제 구매 행위로 이어지는 비율) 등과 같이 약어로 표현되는 핵심 개념에 대한 논의로 귀결된다는 사실을 깨달았다.

한 광고 회사와 회의할 때 내가 이 문제를 지적하자, 나이가 지긋해 보이는 간부가 냉소적인 웃음을 지으며 이렇게 말했다.

"요즘에는 괴짜들이 세상을 지배합니다."

맞는 말이다. 슈퍼볼의 놀라운 광고 영상에서 보듯이 광고에는 여전히 예술적인 영감이 있어야 하지만, 광고 산업이 A/B 테스트^A/B Testing(두 시안 중 더 좋은 쪽을 선택하는 무작위 실험), 전환율 최적화^Conversion Rate Optimization, 기여 모델^Attribution Modeling 등과 같은 데이터 분석과 과학에 의존하는 정도가 점점 증가하는 추세다. 10~20년 전 광고업계에 입문한 사람들에게 이런 변화는 큰 영향을 미친다. 만약 당신이 광고업계에서 성공하고 싶다면, 끊임없이 변하는 테크놀로지 혁신에 뒤처지지 않아야만 성공하고 출세할 수 있을 것이다.

다른 산업의 경우도 마찬가지다. 도무지 이해되지 않는 분석에 겁이 나더라도 모르는 것을 배우기 위해 스스로 채찍질해야 한다. 그렇지 않으면 본격적인 대화가 전개될 때 당신은 복도로 내쫓길 것이고 결국에는 길가에 나앉게 될 것이다.

내가 수십 년 동안 알고 지낸 한 중역의 이야기를 예로 들어보자. 편의상 그를 린다라고 부르기로 하자.

2011년이었다. 당시 50대 중반이던 린다는 미국 전역에 약 200명의 영업 사원을 두고 여러 부품을 판매하는 매출 5000억 원 규모의 제조 회사에서 인력 자원을 관리하는 책임자였다. 그녀는 그 일을 사랑했고, 경영팀도 나무랄 데가 없었다. 그녀가 과거에 일한 많은 회사와 달리, 그 회사의 최고 경영자는 핵심적인 결정에 인사 담당자의 의견을 무척 존중했기 때문이다.

그러나 린다를 괴롭히는 걱정거리가 있었다. 얼마 전부터 최고 경영진 회의가 회사에서 새로 채택한 고객 관계 관리CRM 시스템으로부터 얻은 정보를 바탕으로 진행되었기 때문이다. 린다는 그 시스템의 이점을 그런대로 이해했지만, 동료들은 그 시스템을 속속들이 파악하고 있는 것 같았다. 게다가 동료들은 각 영업 사원의 성과를 그녀보다 더 정확히 파악하고 있는 게 분명해 보였다.

　그러던 어느 날, 린다는 CRM에 대한 지식의 부족을 뼈저리게 실감했다. 최근의 CRM 보고서를 자세히 분석하던 동료들이 북동 지역 영업팀의 팀장을 교체해야 하는지, 아니면 해고까지 고려해야 하는지를 두고 논의하기 시작했다. 그녀가 오랫동안 사용한 전통적인 성과 평가에 따르면, 북동 지역 영업팀장은 견실한 성과를 꾸준히 내놓고 고객이나 팀원과의 관계도 좋았다. 하지만 CRM 자료에 따르면, 그는 오래전부터 새로운 고객을 확보하지 못하는 상태였고 그의 팀도 마찬가지였다. 게다가 회사가 새로 출시한 신상품 전략에서도 북동 지역의 성과가 가장 떨어졌다.

　그 회의가 끝난 후 린다는 패닉 상태에 빠졌다. 오히려 누구도 그 문제에 대해 그녀의 의견을 묻지 않은 게 다행으로 여겨질 정도였다. 그녀의 '자료'는 유용성이란 관점에서 시대에 뒤떨어진 게 분명했다. 하지만 그녀의 의견을 묻지 않았다는 것은 불길한 징조이기도 했다.

　다음 날 아침 린다는 회사의 마케팅 책임자를 찾아가 CRM 시스템에 대한 이틀간의 개인 교습을 알선해 달라고 부탁했다. 그래서 하루는 사내 직원에게 배웠고, 하루는 CRM 프로그램 판매자에게 배웠다. 그녀는 또한 마케팅 담당 부사장에게 북동 지역 영업팀장을 다루었던 최신 CRM 보고서를 바탕으로, 어떤 자료 추세가 회사의 전략적 목표와 밀접히 관련 있는지 강조하며 보고서 읽는 법을 가르쳐 달라고 부탁했다. 린다는 보고서에 실린 수치 하나하나의 의미를 캐물으며 꼬박 4시간 동안 배웠다.

훗날 린다는 내게 이렇게 말했다.

"정말 CRM 시스템을 완벽하게 알고 싶었습니다. 그래야만 했습니다. 나락에 떨어지기 직전이었으니까요. 누구도 나를 중요하게 생각하지 않는 상황을 눈앞에 두고 있었으니까요."

여기서 내가 강조하려는 것은 CRM 시스템의 효율성이 아니다. 매일 아침 눈을 뜨면 당신이 몸담고 있는 업종에서 당신이 무엇을 모르는지 생각하고, 그것이 당신을 죽일 수도 있다고 생각하라는 것이다. 린다는 인사 관리에 대한 자신만의 사일로에 갇혀 지내면서 자신이 경험적으로 터득한 인사 관리에 관련된 원칙을 고집할 수도 있었다. 하지만 그런 태도는 오늘날의 비즈니스에서는 백기를 흔드는 것과 다를 바 없다. 린다는 자존심을 버리고 적극적으로 배움으로써 최고 경영진 회의에서 자신의 자리를 되찾았다. 테크놀로지에 대한 지식이 더 이상 선택 사항이 아니라는 점을 인정할 때 당신도 린다처럼 당신의 자리를 되찾을 수 있을 것이다.

멘토는 어디에나 있다

물론 테크놀로지에서든 다른 분야에서든 전문 지식을 확대하려면 린다처럼 특정한 분야에 대한 지식을 배우는 것보다 더 많은 시간이 걸린다. 학교로 돌아가 석사나 박사 학위에 등록하거나 자격증을 취득할 수도 있고, 짬을 내 세미나에 참석할 수도 있다.

나는 평생교육을 적극적으로 권한다. 특히 상근직으로 근무하든 시간제로 근무하든 대학에서 수업을 들을 여유가 있다면 경제학의 꾸준한 학습을 권하고 싶다. 여하튼 경력을 쌓아 가는 과정에서 탄력을 잃고 싶은 사람은 없을 것이다.

그러나 평생 교육이 이제는 선택 사항이 아니라면(설령 선택 사항이더라도), 당신의 경력에 다시 시동을 걸기 위해 시도해야 할 다섯 번째 변화가 있다. 주변의 모든 사람을 멘토로 삼으라는 것이다.

솔직히 나는 멘토라는 단어를 사용하기가 망설여진다. 하지만 요즘 '멘토링'이란 말이 유행이지 않은가. 부모, 삼촌과 숙모, 진로 상담자와 리더십 강사 등 모두가 똑같이 말한다. 당신 회사에서 중요 인물을 찾아내 끈끈한 관계를 맺은 후 힘든 상황을 맞으면 편안히 앉아 그의 조언을 귀담아듣고 그를 보호막으로 삼으라고!

그러나 그처럼 번쩍이는 갑옷을 입은 기사 같은 멘토가 무척 드물다는 게 문제다. 그렇다. 번쩍이는 갑옷을 입은 멘토는 뛰어난 장래성을 보이는 젊은 사업가의 주변에나 있고, 게다가 성격상 궁합이 맞아떨어져야 한다.

현재 페이스북 최고 운영 책임자인 셰릴 샌드버그가 사회에 첫발을 내디뎠을 때 그녀의 중요한 멘토는 래리 서머스였다. 셰릴은 하버드 대학교에 다닐 때 교수로 재직 중인 래리를 만났다. 당시 셰릴은 하버드 대학교에서도 최우등생이었다. 훗날 래리는 세계은행 수석 경제학자로 일할 때 셰릴을 조사관으로 채용했고, 재무 장관으로 재직할 때도 그녀를 비서실장으로 채용했다. 셰릴의 뛰어난 지능과 지식을 고려할 때 그녀가 래리의 성공에 기여한 몫은, 래리가 셰릴의 성공에 기여한 몫에 버금간다고 말할 수 있다.

따라서 부모가 당신에게 바라는 멘토링 관계가 불가능한 것은 아니다. 하지만 그런 꿈 같은 관계는 드물다. 드물어도 너무 드물다.

이런 이유에서, 당신의 위치가 어디든 주변의 모든 사람을 멘토로 삼으라고 강력하게 조언하고 싶다. 나이도 상관없고 어떤 분야에서 일하든 상관없다. 누구라도 당신의 멘토가 될 수 있다고 생각하라. 이런 멘토들을 면밀히 관찰해 베스트 프랙티스를 찾아내라. 가령 그가 당신이 종사하는 업종에서 유명한 강연자라면, 그가 적절하게 활용하는 방법을 연구하고, 그렇게 찾아낸 결과를 당신의 프레젠테이션에 적용해 보라. 당신 부서의 어떤 관리자가 신입 사원을 훌륭하게 끌어간다면, 그의 기법을 모방하라. 회의를 탁월하게 진행하는 동료나 상관이 있다면, 그를 스승이자 인도자로 삼아라.

누구에게나 당신이 모르는 것을 하나쯤은 갖고 있다. 그렇다. 누구에게나 배울 점이 있다. 그것을 찾아내고, 당신의 것으로 소화해 일을 조금이라도 더 세련되고 멋지게 해내는 수단으로 삼아라. 평범한 수준에서 최고의 수준으로 올라서기 위해 어떤 일을 하든 지금보다 더 낫게 해내기 위한 방법을 찾으려고 하루도 빠짐없이 노력하라. 또한 지금 당장은 아니더라도 늦지 않게 지식의 폭과 깊이를 향상시켜라. 그럼 당신의 경력도 자연스레 향상될 것이다.

사랑하는 마음으로 모두를 대하라

교착 상태에 빠진 승진의 돌파구를 찾기 위한 마지막 전략은 모두를 사랑하라는 것이다. 이 전략은 지금까지 내가 제안한 그 어떤 방법보다 실천하기가 어렵다.

모두를 사랑하려면 앞에서 제시한 방법, 즉 주변의 모든 사람을 멘토로 삼기 위한 정신 자세와는 완전히 다른 정신 자세가 필요하다. 주변의 모든 사람을 멘토로 삼으라는 조언은, 동료들과 어울리며 그들의 지식과 경험을 당신의 것으로 소화하려고 노력하라는 뜻이었다.

하지만 모두를 사랑한다는 것은 지식의 영역이 아니라, 마음의 문제다.

인류학자의 주장이 맞는다면, 인류는 천지개벽 이후 부족들로 나뉘었다. 그 부족들은 각자의 이익을 보호하기 위해 연대를 맺어 적을 제거했다. 또 이런저런 소문을 주고받으며 주변에서 일어나는 일을 알아내려 애썼다. 여하튼 인류학자의 주장에 따르면, 험담하고 비판하며 밀담으로 정보를 나누고 파벌을 결성해 음모에 가담하는 것은 인간의 본성이다.

그래서 어쨌다는 건가? 그렇게 하지 말라는 것이다.

물론 무척 어렵다는 걸 나도 인정한다. 나도 위에서 나열한 못된 짓을 했다는 걸 인정한다. 나도 남을 험담하고 비판했으며 귀엣말을 나누었다. 그런데 그게 내게 도움이 되었을까? 돌이켜보면 아무런 도움도 되지 않았다. 더구나 요즘에는 이런 행위가 누구에게도 도움이 되지 않는다.

따라서 다른 방법, 진정으로 효과가 있는 방법을 시도해 보자. 긍정적인 평가가 아니면 다른 사람에 대해 언급하지 마라. 비밀스러운 모임에 가입하지 마라. 다른 사람을 모함하지도 말고, 정치 공작을 펼치지도 마라. 처음에는 어떤 파벌에도 가담하지 않으려는 당신의 태도에 사람들이 당혹스러워할 것이다. 하지만 오랜 시간이 지나지 않아 사람들이 당신의 진면목을 알게 되고 당신을 믿을 만한 사람이라 평가할 것이다. 다시 말하면, 어떤 조작도 하지 않아 믿고 함께 일할 수 있는 사람, 또 진실성과 리더십을 몸으로 실천해 보이는 사람이라 평가할 것이다. 이런 평가를 받을 때 승진은 틀림없이 보장된다.

단테는 연옥을 반드시 피해야 할 곳이라 썼다. 연옥은 어떤 희생을 치르더라도 벗어나야 할 곳이다. 당신이 어떤 이유로든 승진하지 못하고 있다면, 그곳이 바로 연옥이다.

이 장의 목적은 승진의 교착 상태를 벗어나기 위한 여섯 가지 방법을 소개하는 데 있었다. 여섯 가지 방법을 활용하면 당신이 폭과 깊이에서 새롭게 향상된 모습을 주변에 충분히 보여 줄 수 있으리라 확신한다. 물론 여섯 가지 모두를 시도해도 상관없지만, 두세 가지 방법만 제대로 사용하더라도 당신은 크게 성공하며 승진의 교착 상태에서 벗어날 수 있을 것이다.

수렁에서 벗어나기 위해서는 변해야 한다. 당신이 처음 기업계에 뛰어든 이유를 되새겨 보라. 더 높이 성장하고 성공하기 위해, 멋진 삶을 꾸려 가고 재미있게 살기 위한 것이 아니었던가.

교착 상태에 빠져 오도 가도 못하는 기분이라면 이런 변화는 일어나지 않을 것이다. 기대에 부응하는 데 그치지 말고 최고를 지향하라. 기대 수준을 넘어서고 더 높은 곳을 꿈꾸라. 힘든 과제를 자진해서 떠맡아라. 최악의 경우에도 경험을 얻을 수 있을 것이고, 최상의 경우에는 완전히 달라진 평판을 얻을 것이다. 뛰어난 통찰력과 설득력 있는 견해로 추종자들을 확보하라. 그럼 모두가 당신의 말을 경청할 것이다. 테크놀로지는 젊은이의 몫이라 생각하지 마라. 하루가 다르게 발전하는 테크놀로지를 젊은 마음으로 받아들여라. 모두를 멘토로 받아들여라. 그들의 경험과 지식으로 당신의 머리를 채워라. 끝으로, 힘들더라도 정치

공작과 험담을 버리고 너그러운 마음으로 모두를 사랑하라. 사
랑은 돌고 도는 법, 따라서 당신이 먼저 사랑하면 당신도 사랑받
기 마련이다.

끝날 때까지는 정말 끝난 게 아니다

IT AIN'T OVER TILL IT'S OVER

새로운 출발에 대해 생각해 보며 이 책을 마무리 지으려 한다.

계획한 대로 경력을 쌓아 가는 사람은 거의 없다. 내가 아는 범위 내에서, 기업계에 들어와 한 번의 장애물도 만나지 않고 승승장구한 사람은 거의 없다. 대부분은 어느 시점에 직장을 바꾼다. 40~50년 동안 한두 번, 심지어 서너 번 직장을 옮긴다. 때로는 자의로 옮기지만 때로는 어쩔 수 없이 옮긴다. 그리고 퇴직의 시기를 맞이하며 대단원의 막이 내린다.

직장을 옮길 때마다 나는 출발선에 다시 서게 된다. 퇴직한 경우도 다를 바 없다. 멋지지 않은가.

그렇다. 끝날 때까지 끝난 게 아니다. 다시 시작할 때마다 나는 다른 모습을 보여 줄 수 있다. 과거의 실수를 잊고 완전히 새로운 걸작을 그려 낼 수 있다. 이보다 신나고 흥미진진한 것이 또 있을까? 환경은 내가 선택한 게 아니더라도, 재탄생은 성장의 기회이며 더 충만하고 풍요로운 삶을 만들어 갈 수 있는 기회다. 하지만 대부분 실직이나 이직을 다른 식으로 생각하며 두렵고 혐오스럽게 받아들인다. 이런 반응이 인간의 본성이라 하지만, 부정적인 생각은 자멸을 초래할 뿐이다. 부정적인 생각은 나를 파멸의 구렁텅이로 몰아넣는다.

얼마 전 코넬 대학교에서 여성 경영 대학원생을 상대로 강연을 했다. 강연 주제는 '스물한 살에 알았으면 좋았을 것들'이었다. 그 첫 번째가 '당신은 무엇이든 할 수 있다'였다.

맞는 말이다. 당신은 무엇이든 할 수 있다. 물론 일을 엉망으로 망칠 수도 있고, 진행하던 프로젝트가 주저앉을 수도 있다. 당신 팀을 떠받치는 정신을 파괴하는 얼간이를 고용하는 실수를 범할 수도 있고, 하루아침에 짐을 싸서 집으로 돌아가라는 명령을 받을 수도 있다. 퇴직하고 이튿날 아침에 일어나서야 영원히 일자리를 떠났다는 사실을 깨닫고 미칠 것처럼 따분하게 시간을 보낼 수도 있다. 어떤 상황이든 상관없다. 당신이 끝났다고 생각할 때에야 끝나는 것이다.

어떤 경우에도 끝났다고 생각하지 마라. 어떤 단계가 끝났다는 것은 다시 시작할 기회가 생겼다는 뜻이다. 더 많은 경험이 있는 까닭에 더 현명하고 더 대담하게 다시 시작할 수 있다는 뜻이다.

'당신은 무엇이든 할 수 있다'라는 메시지는 코넬 경영 대학원 학생들에게 약간 충격적으로 들렸을지 모르겠다. 그들이 그때까지 경험한 세상은, 어쩌면 우리 모두가 때때로 경험하는 세상은, 그들을 가차 없이 내뱉을 기회를 호시탐탐 기다리는 하나의 거대한 거부 기계 같았을 것이다.

하지만 그런 기계는 없다. 오직 삶이 있을 뿐이다. 끝날 때까지 끝난 것이 아니다.

어떤 형태로든 끝을 맞을 때 당신은 겁먹고 움츠리며 아무것도 하지 않을 수도 있지만, 반대로 미래의 새로운 가능성을 모색할 기회로 삼을 수도 있다. 다시 말하면, 새롭게 다시 시작하라는 초대장일 수 있다.

해고는 당연히 끝이 아니다

직장 생활에서 끝은 세 가지 형태로 나타난다. 최악의 상황, 즉 해고부터 살펴보자.

'해고解雇'는 고용 계약을 해제한다는 뜻이므로 그런대로 완곡한 표현이다. 입에 담고 싶지는 않겠지만 당사자는 머릿속으로 '파면'된 것이라 생각한다. 해고가 과거의 어느 때보다 만연된 현상이지만, 슬픔과 당혹감은 물론이고 분노까지 밀려오는 해고는 삶의 과정에서 참고 견뎌야 할 가장 괴로운 경험 중 하나임이 분명하다. 해고를 당하면 우리는 한없이 무력해지며 '갈 데가 없어. 이제 끝났어'라고 생각할 수 있다.

그레이엄의 이야기를 예로 들어 보자.

그레이엄은 지역 통신 회사에서 홍보 담당 중역으로 거의 15년 동안 근무했지만, 2010년 어느 날 아침 그의 모습은 그 회사에서 보이지 않았다.

해고 통보를 받은 날, 그레이엄과 통화를 했다. 그는 이렇게 물었다.

"어떻게 나한테 이런 일이 닥친 걸까요?"

그 질문에 대한 대답은 의외로 간단했다. 그레이엄은 그 회사에서 상위 40퍼센트에 속해 성과에 미달하는 직원이 아니었지만, 그의 연봉이 심각한 문제였다. 그는 장기근속자였기 때문에, 그를 충분히 대신할 수 있는 임원으로 교체할 때 예상되는 비용보다 그의 연봉이 35퍼센트나 높았다. 게다가 홍보 책임자를 교체하면 새로운 사업을 훨씬 더 공격적으로 고안해 낼 가능성도 높았다. 또한 경제 상황이 침체된 까닭에 더더욱 그레이엄은 정리 해고의 주된 표적이 되었다.

여하튼 그레이엄은 자신에게 그런 상황이 닥칠 줄 꿈에도 몰랐다. 게다가 그는 해고된 사실을 도무지 믿지 못하겠다는 반응을 보였다.

"집에서 꼼짝하지 않을 겁니다. 이 도시에 사는 사람이면 내가 해고당한 걸 다 알고 있을 테니까요."

결코 농담이 아니었다.

앞에서도 말했듯이 해고된 후에는 한동안 충격을 받아 휘청대는 게 인간적인 모습이기도 하다. 당신이라도 무릎이 휘청거려 제대로 서 있지 못할 것이다. 그러나 나는 이런 문제를 엄하게 다룸으로써 해고된 사람들에게 도움을 주고 싶다. 슬퍼하고 분노하라! 좋다. 하지만 그 후에는 불굴의 용기를 끌어올려 자기 연민을 끝내야 한다. 하루라도 빨리 끝내야 한다. 나와 같은 교회에 다니는 한 부인이 언젠가 말했듯이 '자기 연민이 지루하게 계속되면 결국 주변에 아무도 남지 않고 자기밖에 없게 된다는 게 문제'이기 때문이다.

해고의 충격을 극복하는 데는 여러 방법이 있다. 상담이나 친구의 우정과 가족의 격려도 해고의 충격에서 벗어나는 데 도움이 된다. 운동이나 기도와 명상도 도움이 되고, '힘내!'라는 단순한 격려로도 충격을 극복할 수 있다. 그러나 내 경험에 따르면, 당사자가 해고된 사실을 스스로 인정해야만 진정으로 해고의 충격에서 벗어날 수 있다.

그렇다. 해고되었다는 현실을 인정하라. 당신이 어떤 이유에서 해고되었는지 깨닫고, 결국에는 당신의 책임이었다는 걸 인정해야 한다. 나는 앞에서 신상품을 잘못 출시함으로써 치명적인 타격을 입었다는 걸 인정할 때 비롯되는 효과에 대해 다루었다. 해고는 개인적인 문제라는 게 다를 뿐 똑같은 효과를 기대할 수 있다.

당신 상황을 다른 사람이나 다른 무엇의 탓으로 돌리고 싶은 심정은 충분히 이해한다. 멍청한 상관, 음해하는 동료, 비참한 지경에 떨어진 경제 상황의 탓으로 돌리고 싶을 것이다. 이런 책임 전가는 그 사촌인 부정적인 생각과 마찬가지로, 당신의 발전을 저해하는 감정에 불과하다. 책임 전가는 해고를 교훈적인 경험, 즉 한층 더 향상된 새로운 모습으로 거듭나기 위한 출발점으로 삼는 걸 방해할 뿐이다.

그러니 해고된 현실을 인정하고, 최고 경영자의 관점에서 해고된 이유를 찾아내라.

'내가 너무 자주 마감 시한을 넘겼고, 그로 인해 상관에게 믿음을 주지 못했기 때문에 해고되었다.'

'내가 우리 상품을 진정으로 믿지 못하고, 그런 불신을 온갖 형태로 드러냈기 때문에 해고되었다.'

'나는 분기마다 목표를 달성했지만, 동료들과 아이디어를 공유하는 걸 거북하게 생각했기 때문에 해고되었다.'

설령 당신이 순전히 당신 잘못 때문에 해고된 것이 아니더라도 당신이 잘못한 부분을 빠짐없이 인정하라.

그레이엄도 결국에는 자신의 잘못을 인정하며 이렇게 말했다.

"경제 상황이 우리 산업 전체에 악영향을 미쳤습니다. 우리도 영향을 받지 않을 수 없었지요. 하지만 나는 장기근속자여서 안전할 거라고 생각했습니다. 멍청했던 겁니다. 회사의 장래를 생각해야 했어요. 최고 경영자처럼 생각해야 했지요. 내가 우리 회사에 필요했던 새로운 사업을 만들어 내지 못했기 때문에 오히려 장기근속자인 내가 영순위 해고 대상이 될 수밖에 없었습니다. 내가 밥값을 제대로 못했으니까요."

해고를 인정하면 찬물로 샤워한 것처럼 정신이 번쩍 들고 새로운 기운이 샘솟는다. 그때까지의 잘못을 바로잡고 다시 시작하겠다는 의욕이 활활 타오른다. 자신의 장점과 단점을 한층 냉철하게 판단하며 예전보다 더 현명하고 치밀하게 행동하게 된다.

과거에 그레이엄의 치명적인 약점이 나태함이었다면, 해고된 이유를 깨닫고 인정한 순간부터 나태함이 완벽하게 사라진다. 그런 약점을 떨쳐 낸 후 그레이엄은 자기 사업을 시작했다. 요즘 그는 '굶주린 늑대'라는 표현이 어울릴 정도로 맹렬하게 고객을 찾아다니고 있다. 작년에 15억 원의 매출을 올렸고, 사업 규모를 다른 도시로까지 확대했다.

그레이엄이 해고를 끝이라 생각했다면 이런 극적인 변화는 일어나지 않았을 것이다. 하지만 그는 해고를 새로운 시작, 그것도 자신이 이야기를 만들어 갈 수 있는 새로운 세계의 시작으로 받아들였다.

직장을 옮겼을 때 꼭 알아야 할 것

직장 생활에서 당신에게 재탄생을 요구하는 두 번째 상황은 전직할 때 닥친다.

뭐라고?

전직할 때 당신이 새로운 모습으로 거듭 태어나야 하는 이유가 이해되지 않을지도 모르겠다. 당신이 새로운 회사에 채용되었다면 이미 상당한 능력을 인정받았다는 뜻이고, 당신 회사가 인수되는 과정에서도 자리를 굳건히 지켰다면 역시 능력을 인정받았다는 뜻일 테니까.

맞는 말이다. 그러나 이렇게 생각해 보자. 당신이 새로 채용되었든 인수되었든 새로운 조직의 일원이 된다는 것은 다른 나라의 시민이 되는 것과 같다. 당신이 탄 비행기가 외국 땅에 착륙했을 때 당신은 그 나라의 국가國歌를 불렀을지 모르지만, 그 나라의 완전한 시민이 되기 위해서는 다시 배워야 할 것이 많다. 새로운 언어와 새로운 관습, 새로운 사람, 새로운 과정과 새로운 관례도 배워야 하겠지만, 당신이 아직 경험한 적이 없는 미묘한 문화의 차이도 배워야 한다.

따라서 당신 자신을 위해서라도 지금까지와 똑같은 방식으로 생각하고 행동하면 될 거라는 선입견을 버려야 한다. 더구나 자신을 지키려는 보호막을 내리고 마음의 문을 활짝 열며 적극적으로 변하려 한다면, 많은 것을 배우고 한층 더 성장하는 기회를 붙잡을 수 있을 것이다.

그렇다고 당신에게 진정한 자존심이나 개인적인 가치관까지 내던져 버리라는 뜻은 아니다. 당신이 오랫동안 축적해 온 소중한 지식까지 버리라는 뜻은 더더욱 아니다. 그렇게 한다는 건 말도 안 된다. 오히려 새로운 회사의 '시민권'을 기회로 삼아 당신의 능력을 증대하고 확대해야 한다. 또한 새로운 행동 기준을 시도하며 지금까지 일하던 방식을 대대적으로 개혁해야 한다.

내가 리더십을 주제로 강연한 이틀간의 세미나에 참석한 한 임원을 예로 들어 설명해 보자.

그는 캘리포니아에 있는 가족 소유의 포도주 회사에서 거의 평생을 보냈다. 그는 판매팀의 책임자로 100여 명의 직원을 관리하고 있었다. 그런데 그 회사가 유럽의 한 복합 기업에 인수되었다. 그 복합 기업이 마케팅에 대대적인 자원을 투자하기로 약속했기 때문에 인수는 임원들에게 무척 반가운 소식이었다. 하지만 새 소유자가 된 복합 기업은 유럽 본사의 경영팀을 데려온 까닭에, 그 임원에게 그런 변화는 달갑지 않고 불길하게 느껴졌다. 실제로 유럽 경영팀은 회의를 시작하기 전 분위기를 달구기 위해 관례적으로 갖던 스포츠에 대한 대화를 금지했고, 직원들에게 인기 있던 회사 구내식당을 축소했다. 게다가 그들이 요구하는 고객 서비스는 다수의 '옛 주인'에게 냉정하고 비인간적으로 느껴질 정도였다.

그 임원의 경력이 위기를 맞은 것일까?

실제로는 그렇지 않았다. 그런 상황에서 그는 사표를 쓰는 대신 자신이 환골탈태하기로 마음먹었기 때문이다. 그는 포도주가 생산되는 나파라는 도시를 사랑했고, 회사의 상품을 굳게 믿었으며, 인수자의 의지를 고려하면 인수자만이 아니라 조직 전체를 위한 위대한 미래를 만들어 갈 수 있을 거라고 판단했다. 따라서 그는 '이런 것은 우리가 예부터 해 오던 방식이 아니야'라는 거부감을 버리고, 인수자가 새롭게 제시하는 경영 방식 뒤에 감추어진 '이유'를 알아내려 애썼다. 따라서 회의 자리에서나 개인적인 대화에서 늘 적극적으로 또한 정중하게 이런 질문을 했다.

"새로운 예측 모델의 근거를 알고 싶은데 도움을 받을 수 있을까요?"

"중서부 시장에 대한 이번 평가가 상당히 참신하고 흥미진진하던데, 어떻게 그런 평가를 내리게 되었는지 이야기해 줄 수 있을까요?"

그 임원은 새로운 프로그램에 적극적으로 참여할 것이며, 그 프로그램의 성공을 위해 열린 마음으로 전력을 다하겠다는 의지를 보여 준 것이다.

그 임원이 보여 준 반응은 새로운 환경을 '어휴!'라는 탄식이 아니라 '와우!'라는 감탄사로 맞이하는 긍정적인 반응이었다. 물론 옛 방식과 옛 장점이 그에게 잘 맞을 수 있었지만, 옛것을 고집하면 과거에서 벗어나지 못한다.

새로운 환경에서 새롭게 시작해야 한다. 새로운 환경은 새롭게 달라진 당신을 요구한다. 열린 마음으로 변화를 시도하되, 철저하게 바뀌어야 한다.

퇴직 이후의 삶에 대하여

이번에는 퇴직에 대해 살펴보자.

대부분의 사람에게 퇴직은 해고와 완전히 다른 것으로 여겨진다. 요컨대 기쁨의 눈물이 더해지는 작별이다. 규칙적으로 반복하던 일상적인 삶과 작별하고, 끝없이 반복되던 회의와도 작별하는 시간이다. 당신의 일과표를 채우던 사람들과 작별하고, 생산성 향상 요구에 시달리던 생산 공장과도 작별하는 시간이다. 또한 상품이나 서비스를 판매하려고 고객을 방문하던 일상과도 작별이고, 시카고에서 연착된 비행기를 기다리며 공항 터미널 바닥에 앉아 휴대폰을 충전하던 시간과도 작별이다.

퇴직과 더불어 당신은 이제 당신만의 시간을 갖게 된다.

때로는 퇴직이 지적인 안정을 안겨 주기도 한다. 퇴직한 후에는 참신한 아이디어를 짜내야 한다는 압박감에서 벗어나고, 관련된 비즈니스에 어떤 것도 덧붙여야 할 필요가 없기 때문이다. 어쩌면 당신은 일반적인 정년을 넘겼고, 어느 날 주변을 둘러보고서야 당신이 어느덧 방해꾼이 되었다는 걸 깨닫고 퇴직을 결심했을 수 있다. 당신의 자리를 이어받기를 염원하며 당신이 조직을 떠나기를 손꼽아 기다리는 더 젊은 사람들의 앞길을 가로막을 수는 없으니까. 당신은 그들에게 책임을 다했다고 생각하며 떠난다.

그래서 편안한 마음으로 떠난다. 하지만 퇴직이 영원한 은퇴는 아니다. 따라서 다른 모습으로 다시 태어난다. 작별 인사를 건넴과 동시에 새로운 것에 인사말을 건넨다. 의미 있는 것이고 원대한 것이다.

당신이 '운명의 영역'에서 일한 적이 없다면, 퇴직은 '운명의 영역'을 시작할 때다. 학교로 돌아가 운명의 영역에 필요한 것을 배워라. 새로운 활동거리를 찾아내고, 당신이 진정으로 원했던 삶을 만들어 가라.

그레이엄처럼 창업해서 사업을 시작하라. 당신에게 익숙한 분야에서 시작할 수도 있고, 완전히 새로운 분야에 도전할 수도 있다. 프랜차이즈 체인점을 인수하거나, 신생 기업의 동업자가 되어 수십 년 동안 쌓은 경험을 활용할 수도 있다. 물론 당신의 가슴을 두근대게 하는 대의大義를 위해 자원 봉사에 뛰어들어도 상관없다. 여하튼 계속해서 성장하려고 노력하라.

골프를 치든지 정원을 가꾸어라. 전국을 여행하든지 세계 일주에 도전해 보라. 소설을 써 보라. 여하튼 당신이 진정으로 하고 싶었던 일에 도전하라. 많은 은퇴자가 우두커니 앉아 옛 시절을 그리워하며 결코 존재하지도 않았던 시절에 대한 향수에 젖는 이유는 아무것도 하지 않기 때문이다. 굳이 말할 필요도 없겠지만, 그런 삶은 누구에게도 도움이 되지 않는다.

에너지를 마음껏 발산하라. 전혀 다른 분야여도 상관없다. 퇴직이 곧 은퇴라고 생각하면 당신은 과거에 묻혀 살겠지만, 다른 모습으로 다시 시작할 기회라 생각하면 당신은 현재와 미래에 살게 된다.

나는 2001년에 회사를 떠났다. 당시 내 앞에는 탐험해 달라고 아우성치는 미지의 땅의 펼쳐져 있었다. 나는 탐험에 나섰고, 온라인 경영 대학원 프로그램을 시작했다. 한마디로 나는 새로운 영역을 개척하는 도전자가 되었다. 퇴직을 새롭게 다시 시작할 기회로 생각했기 때문에 모든 것이 가능했다. 과거에는 발조차 내딛지 않은 분야였고, 시도조차 않던 분야였다.

나만이 퇴직 후 새로운 분야에 도전한 것은 아니었다. '제2의 경력Second Career'을 완벽하게 이루어 낸 사람들에 대한 이야기는 무수히 많다. 펩시콜라의 회장을 지낸 앤디 피어슨, 메드트로닉의 최고 경영자를 지낸 빌 조지, 암젠의 최고 경영자를 지낸 케빈 셰어러는 모두 미국 경제계에서 퇴직한 후 하버드 경영 대학원의 교수가 되었다. 한편 메이저리그 볼티모어 오리올스에서 21년 동안 뛰며 2632경기 연속 출장이라는 전무후무한 기록을 세우고 2001년에 은퇴한 위대한 야구 선수, 칼 립켄 주니어는 두 곳의 청소년 스포츠 센터를 운영하는 사업을 시작했고, 강연 활동과 텔레비전 방송에도 열심이다. 마흔 살에 은퇴했을 때 이미 전설이었지만 칼 립켄 주니어의 새로운 이야기는 이제 시작된 셈이다.

이런 재탄생은 최고 경영자와 스포츠 스타 전유물이 아니다. 최근에 나는 한때 보험업계에서 일했다는 사람을 만났다. 그는 자신이 창업한 회사를 팔고 은퇴한 후 학교로 돌아가 물리 치료사가 되었고, 지금은 뉴욕에 있는 정형외과 전문 병원에 근무하고 있지만 더없이 행복하다고 말했다. 뉴욕 경찰청에서 은퇴한 후 복잡한 건설 현장을 감독하는 책임자로 제2의 경력을 성공적으로 꾸려 가는 사람도 있다. 원래 식물 병리학자였지만 은퇴한 후 온두라스에서 커피 농장을 시작한 사람, 의료 산업계의 임원으로 은퇴한 후 신학교에 입학한 사람, IT업계의 간부였지만 은퇴한 후 재즈 연주자로 변신한 사람도 있다.

이처럼 제2의 경력을 성공적으로 꾸려 가는 사람의 예는 얼마든지 나열할 수 있다. 결국 여기서 내가 말하려는 요점은 '하나의 경력이 끝났다고 삶이 끝나는 것은 아니다'라는 것이다.

요약하면, 퇴직이나 은퇴는 새로운 삶을 시작할 수 있는 기회라는 뜻이다.

물론 끝나는 것도 있어야 한다.

재탄생의 즐거움을 다룬 이 장도 이제 끝내야 한다.

또한 이 책을 끝낼 때도 되었다.

당신이 지상에서 가장 위대한 경쟁, 즉 비즈니스를 행할 때 이 책을 동반자로 삼게 할 목적에서 지금까지 비즈니스에 관련된 많은 것을 다루었다. 앞에서도 말했듯이, 누구도 비즈니스를 혼자 해낼 수 없다. 비즈니스는 궁극적으로 단체 경기다. 이런 점에서, 내가 당신의 팀원이 된 것에 감사의 말을 전하고 싶다.

그 목적을 달성하기 위해 경쟁과 전략, 해외 시장 진출과 성장, 재무와 마케팅에 관해 내가 알고 있는 거의 모든 것을 여기에 쏟아 냈다. 또한 진실을 추구하고 신뢰를 구축하는 리더십으로 팀을 이끌고, 와우 팀을 구성하며, '천재와 떠돌이 및 도둑'을 관리해 업무를 효과적이고 재미있게 해낼 수 있는 최상의 방법에 대한 내 생각도 제시했다. 끝으로 개인의 경력이란 까다로운 문제를 다루며, 어떤 일을 해야 하고 어떻게 승진하며, 퇴직을 새로운 시작으로 만들어 가는 법에 대해 언급했다.

일은 위대한 것이기 때문이다. 일이 곧 삶이고, 우리가 예부터 지금까지 줄곧 해 왔던 것이고 앞으로도 계속할 것이기 때문이다. 하루하루가 더 나은 오늘이 되기를 바란다.

이 책에서 나는 비즈니스가 단체 경기라는 것을 강조했다. 책을 쓰는 것도 다를 바 없다. 고맙게도 나는 지난 10년 동안 많은 유능한 사람과 만날 수 있었다. 한결같이 영리하고 현명하며 대담하고 너그러우며 창의적인 사람들이었다. 온갖 재능을 지닌 사람들이었다. 이 책의 개념과 방향을 결정하는 데 그들에게 많은 도움을 받았다. 그들 모두에게 사랑하고 고맙다는 말을 전하고 싶다.

먼저, 크고 작은 기업의 리더들과 기업가들에게 감사하고 싶다. 그들의 이야기와 통찰력이 이 책의 곳곳에 스며 있다. 데이브 칼훈, 에릭 피어왈드, 조셉 디안젤로, 마이클 페트라스, 데니스 깁슨, 스콧 매니스, 빈디 방가, 폴 프레슬러, 버니 윌리엄스, 조이 레빈, 마이클 젤리프, 수 제이콥슨, 그리프 롱이 그들이다. 그들은 한결같이 지혜의 봉홧불이며, 그들의 경험은 성공을 향해 굴곡진 머나먼 길을 걸어가야 하는 동료 기업인들에게 소중한 길잡이가 되리라 확신한다. 또한 여러 이유에서 본명이 언급되지 않기를 바란 사람들에게도 감사의 뜻을 전한다.

ACKNOWLEDGMENTS

지난 10년 동안 나는 함께 지낸 사람들 덕분에 한층 더 똑똑하고 영리해질 수 있었다. 클레이턴 두빌리어 앤드 라이스 사모 투자 회사의 돈 고겔은 사모 투자 회사의 역동성과 거래 방식을 가르쳐 주었을 뿐 아니라 동업자들을 관리해야 하는 복잡한 문제를 무리 없이 처리해 내는 능력을 입증해 보인 위대한 스승이었다. ICA의 창업자이자 최고 경영자인 배리 딜러는 정말 훌륭한 사업 동반자로서, 그의 예리한 판단력과 과감한 용기 및 넘치는 역동성으로부터 기업가 정신과 온라인 공간에 대해 많은 가르침을 얻었다. 한편 제너럴 일렉트릭에서 20년 동안 인사를 담당하고《뛰어난 장인들:왜 유능한 리더는 숫자를 강조하는가》를 쓴 빌 코너티는 그 후로도 절친한 친구이자 사업 동반자로 나와 함께해 왔다. 그는 끝없는 대화를 통해 인사 관리에 대한 깊은 지식을 전해 주었다. 따라서 인사 관리에 대한 그의 지식은 이 책에도 고스란히 녹아 있다.

이 책에서 언급한 많은 이야기와 아이디어는 스트레이어 대학교 잭 웰치 경영 연구소의 교수진 및 학생들과 대화를 통해 얻은 것이기도 하다. 특히 잭 웰치 경영 연구소를 지금처럼 약동하는 대학원으로 키워 낸 안드레아 백먼 학장과 딘 시펠 최고 경영자, 그리고 잭 웰치 경영 연구소를 꾸준히 지원해 준 스트레이어 대학교의 롭 실버맨 이사회 회장과 칼 맥도널 최고 경영자에게 깊은 감사의 뜻을 전하고 싶다.

뉴저지 오렌지에 있는 라이프 크리스천 교회의 목사이며

《10:당신은 당신의 삶에 몇 점을 주겠습니까?》를 쓴 테리 스미스에게 '운명의 영역'이란 표현을 처음 들었다. 비즈니스에 관련된 책에서 이 개념을 사용하는 걸 흔쾌히 허락해 준 스미스 목사에게도 고맙다는 말을 전하고 싶다.

탁월한 출판사, 하퍼비즈니스의 홀리스 하임바우크도 언급하지 않을 수 없다. 홀리스는 종이 냅킨의 뒷면에 끄적거린 짤막한 글부터 완전한 형태를 갖춘 원고까지 이 책의 제작 과정을 꼼꼼하면서 우아하고 유머러스하게 감독했다. 홀리스는 출판계 최고의 기업가였다. 윌리엄 앤드 코놀리 법률 회사의 로버트 바넷도 이 책의 탄생에서 빼놓을 수 없는 인물이었다. 그들 모두에게 다시 한 번 감사의 말을 전하고 싶다.

잭 웰치 경영 연구소의 마케팅 책임자, 메건 슬래토프 버크가 이 책을 교열을 맡아 주었다. 그녀의 면도날처럼 예리한 지성 덕분에 더욱 멋진 책이 만들어질 수 있었다.

어떤 팀에나 격려를 아끼지 않는 응원 부대가 필요하다. 나에게는 혼합 가족이란 멋진 응원 부대가 있었다. 내가 글을 쓰는 동안 짜증을 내고 불평을 하더라도 한결같은 사랑으로 나를 격려해 주었고, 책이 완성되었을 때는 나만큼이나 기뻐했던 그들에게도 고맙다는 말을 전하고 싶다.

로산 바도브스키의 도움과 인내가 없었더라면 이 책은 존재할 수 없었을 것이다. 로산은 1988년 잭의 비서로 나와 한배를 탔다. 그렇다. 1988년이다. 그때부터 지금까지 그녀는 여전히 내 곁에서 모든 일을 도맡아 처리하고 있다. 로산에게 진심으로 고맙다는 말을 전하며, 더는 책을 쓰지 않겠다고 약속하고 싶다.

　적어도 앞으로 수년 동안은.

옮긴이 **강주헌**

한국외국어대학교를 불어과를 졸업하고, 같은 대학교 대학원에서 석사 및 박사 학위를 받았다. 프랑스 브장송 대학교에서 수학한 후 한국외국어대학교와 건국대학교 등에서 언어학을 강의했으며, 2003년 '올해의 출판인 특별상'을 수상했다. 현재 전문 번역가로 활동하고 있으며, 뛰어난 영어와 불어 번역으로 정평이 나 있다. '펍헙(PubHub) 번역 그룹'을 설립해 후진 양성에도 힘쓰고 있다. 《습관의 힘》, 《문명의 붕괴》, 《촘스키, 누가 무엇으로 세상을 지배하는가》, 《비영리 분야를 위한 좋은조직을 넘어 위대한 조직으로》, 《생각의 해부》 등 100여 권이 넘는 책을 번역했고 《기획에는 국경도없다》, 《번역은 내 운명(공저)》을 썼다.

잭 웰치의 마지막 강의

초판 1쇄 발행 2015년 9월 8일
초판 19쇄 발행 2023년 12월 18일

지은이 잭 웰치 · 수지 웰치 **옮긴이** 강주헌

발행인 이재진 **단행본사업본부장** 신동해
디자인 design co∗kkiri **교정·교열** 신윤덕
마케팅 최혜진 백미숙 **홍보** 반여진 허지호 정지연 송임선
국제업무 김은정 김지민 **제작** 정석훈

브랜드 알프레드
주소 경기도 파주시 회동길 20
문의전화 031-956-7208(편집) 031-956-7129(마케팅)
홈페이지 www.wjbooks.co.kr
인스타그램 www.instagram.com/woongjin_readers
페이스북 www.facebook.com/woongjinreaders
블로그 blog.naver.com/wj_booking

발행처 ㈜웅진씽크빅
출판신고 1980년 3월 29일 제 406-2007-000046호

한국어판 출판권 © 웅진씽크빅, 2015(저작권자와 맺은 특약에 따라 검인을 생략합니다.)
ISBN 978-89-01-20448-2 (03320)